現代中国社会の基層構造

佐々木衞 著
Sasaki Mamoru

東方書店

序　章

私は一九八〇年代から二〇一〇年まで、中国社会をフィールドに社会構造と変動に関する実証的な研究を継続してきた。中国社会が産業化、国際化におずおずと着手した時期から、世界第二位のＧＤＰをほこる産業社会としての地位を確立した現代までの一連の過程を経験することができた。この貴重な時代経験は、私の研究を社会変容のダイナミズム、基層構造、人々が生活する論理などのテーマに向けさせた。豊かさへの志向とセレブを手本にした消費生活の享受、そしてグローバル化によって再生産される格差という側面は、東アジアが共通して経験するところである。中国社会はこの二十年間にこの過程を濃縮して経験しているが故に、グローバル化の中で起きている諸問題を鮮明な輪郭で出現させているのだと考える。また、中国社会の固有な構造的特質のために、社会変動を典型的な姿で表出させているのではないかと考えてきた。

中国での経験によると、一九八〇年代の後半から九〇年代前半における社会の変動は、国営企業の再編や郷鎮企業の淘汰、下崗職工（リストラされた失業者）の転職、「盲流」とも呼ばれた出稼ぎ労働者の移動など、人々のめまぐるしい移動に表れていた。隙につけ込んでチャンスをつかもうとする彼らは、「紅眼」（夢中、熱狂、羨望、嫉妬）の形相をしていた。そして、チャンスは努力の積み重ねや技術の習得の結果というよりも、人と人との関係の中でもたらされたり、「うまい話」に突然出くわした。このように成功のチャンスは偶然性を強く持つために、彼らの顔には運命に翻弄される疲れた表情が刻まれていた。特に一時滞留者が集住する地区は、汚水がたまり、ゴミが散らかっており、地元住民との交渉はなく、空間的にも、そして社会的にも隔てられていた感があった。二〇〇〇年代に入ると、人の移動のすさまじさは変わらないが、「都市に出て行けば何とかなる」といった裸一貫主義的な「闇雲さ」は薄らいでいる。これは、職業の構成や階層の構造の輪郭がはっきりしてきて、人々が社会的に移動するルートや手段が次第に定まって、制度化されてきたことを表している。だが、以前に比べて格差が縮小したというのではない。個々人の生活をみると、多くの人たちが「新中間層」として豊かさを実現できた一方、実質的な失業は少なくないし、数年で失敗したり転業したりすることも珍しくはない。むしろ、豊かさを実現するためには学歴が不可欠な条件として認識され、階層構造と移動経路が制度化されることによって、拡大する格差が見えなくなる構造が潜んでいるのではないかと考える。

東アジアの人々が現在経験しているこの現実を、中国で「新中間層」として豊かさを実現した人たちはどのように理解しているのであろうか。また格差や貧困の現実が、なぜ人々の目に見えなくなるのであろうか。この状況を人々はどの様な解釈でもって受け入れているのであろうか。さらに、格差という現実を承知した上で、もっと違った新しい生活の方法を探り、豊かな文化を創造する可能性はないのであろうか。東アジアの人々が生きている現実への深い理解、すなわち、グローバルな構造変動が生み出す人々の生活経験の仕方を、それぞれの地域の多様性に即して具体的に理解することが、まず求められている。この様な問題を考える試みとして、本書は「基層構造パラダイム」を提案している。パラダイムと名付けているが、現在の段階では従来の社会学・社会人類学の記述的方法をなぞっているにすぎない。今後、社会変動の具体的な様相を検証することによって、パラダイムとしての理論的枠組みを精緻なものに研磨していく必要があるが、本書はそのための試行として理解していただくと幸甚である。また、中国社会の構造的特徴を理解するための仮説的な枠組みとして、集団の構成原理としての「持ち寄り関係」、および「本村人間の均分主義、よそ者に対する格差」に着目している。

本書は第一部と第二部に分かれ、序章、本論の八章、補論、そして終章からなる。

第一部は第一章から第四章によって構成される。研究パースペクティブの仮説的な提示を試みた。

第一章と第二章は、研究の枠組みに関する論考である。研究のパースペクティブ、中国社会変容の構造的特殊性、予備的な作業枠組みを論じた。第一章は先行研究のレビューという形態で、第二章は私自身の十年余の研究成果をとりまとめる形で論じた。「基層構造パラダイム」、集団構造の論理としての「持ち寄り関係」、「本村人間の均分主義、よそ者に対する格差」を分析枠組みとして提示した。

第三章と第四章は、主として一九九七―一九九九年度「現代中国の産業化における基層文化の変容と展開」（文部省科学研究費補助金、国際学術研究）、一九九九―二〇〇〇年度「現代中国の社会変容と『伝統の組み替え』に関する研究」（文部省科学研究費補助金、基盤研究（C））による研究成果である。このモノグラフ研究資料は、『中国村落社会の構造とダイナミズム』（佐々木衞・柄澤行雄編、東方書店、二〇〇三年）としてすでに上梓している。しかし、村の会計記録や家族の聴き取り調査記録の中には、公開するには配慮が必要なところも多く、著書に資料を掲載するのをためらった。だが、調査を実施した三河市M村と西L村は近年大きく変容し、資料を公開してもプライバシーの侵害、資料を提供してくださった方々へ迷惑が及ぶ心配がなくなったので、二〇〇五年に論文として紹介した。一九九〇年代、北京の近郊村としての地理的優位性を発揮して、産業化、近代化に大きく舵を切った村の社会構造、家族の構造を検証した。持ち寄り関係としての均分主義、及び、分化と統合という二つのベクトルが構成する構造的ダイナミズムが、産業化を推し進めるエネルギーを引き出していることを論じた。また、村の会計記録に関する詳細な分析は他に例がないと考える。一九九〇年代のモノグラフは現代の集団構造をもっとシンプルに表出しており、仮説的な研究枠組みを導き出す道筋を明らかにしている。

第二部は、第五章から第八章、及び補論によって構成される。第一部で提出した仮説的な研究枠組みの有効性を、青島市のモノグラフ研究から実証的に検証することが目的である。言うまでもなく、青島は二〇〇〇年代になって急速に膨張した都市であり、グローバル化の中の産業化という中国の二重の近代化（現代化）を顕著に体現した都市である。なお、本研究は二〇〇〇—二〇〇三年度「中国朝鮮族の移住とエスニシティ：都市居住者に関する社会人類学的研究」（日本学術振興会科学研究費補助金、基盤研究（B））、二〇〇三—二〇〇六年度「国境を越える移動・エスニシティ・地域社会の再構築に関する比較社会学的研究」（日本学術振興会科学研究費補助金　基盤研究（A））、および二〇〇七—二〇一〇年度「グローバル化における東アジア地域社会の構造転換 The Structural Change of Local Communities under Globalization in East Asia.」（日本学術振興会科学研究費補助金、基盤研究（B））による調査研究の成果である。青島をフィールドとして、主に二〇〇〇年代の中国社会の変容、特に、人の移動に研究の焦点をあて、グローバル化の下の人の移動、地域社会の変動、階層分化、アイデンティティを検証した。これらの研究プロジェクトによる研究成果の一部は、論文集『越境する移動とコミュニティの再構築』（佐々木衞編著、東方書店、二〇〇七年）として出版した。

第五章は、都市が周縁に拡大する形態を、住宅販売価格と賃貸価格に注目して検証したものである。バージェスの同心円地帯モデルが提示した地域特性の同心円的分化と、都心に近く老朽化した住宅が貧しい移民の流入地になったという「遷移地帯（Zone in Transition）」論に依拠した。青島では単位（企業）の管理から切り離された住宅、開発のただ中に置かれた地域が「遷移地帯」の構造に近い機能を果たしており、流動人口の一時滞留地となっていることを検証した。
第六章と第七章は、三つの社区を事例に、住民の規範性にもとづく地域社会がどこに、どの様に形成されるかを検証した。第六章は、元漁村が居民委員会を組織するとともに、生産大隊の資産を引き継ぐ実業総公司を組織して、新住宅を建設し、住民の教育と生活環境を整えている事例を示した。この活動の論理は、利益を共有する者とそうでない者との分限を明確にしているところにある。集団の構成原理としての「持ち寄り関係」、および「本村人間の均分主義、よそ者に対する格差」の論理が貫かれていることを検証した。

第七章は、青島の二つの都市社区を事例に、社区を構成する居民委員会、不動産管理会社、実業総公司の関連を検証した。居民委員会の活動は行政の末端機能としての活動が多く、規範的コミュニティの核としての期待は難しいことを明らかにした。これに対して、社区の中で生活環境を整える活動は民間の不動産管理会社が重要な機能を果たしていることを指摘した。また、不動産会社によって管理されるゲイティッド・コミュニティ（gated community）としての小区は、閑静な居住環境を保全し資産価値を高め、「新中間層」の生活を象徴する空間を形成している事実を検証した。なお、都市社区においても生産大隊がかつてあった地域では、元住民が参加する実業総公司が様々な企業を経営しており、元住民は股分（株）を配分されて、利益を教授する権利を保持していることも明らかにした。

第八章は、人々の移動は個人的なネットワークに助けられることが多いが、民族的な文化活動や企業家組織などを通して形成される制度化したネットワークが、個人的なネットワークを担保し、移動者のエネルギーを引き出していることを検証した。また。制度化したネットワークの活動は、企業家個人の財政的支援とリーダーシップが重要な役割を果たしており、パトロンとしてのパーソナルな人間関係と力量によるところが大きいことを指摘した。調査は中国朝鮮族を対象にしており、少数民族としての特殊な条件をはずして考察することは出来ないが、しかし、中国人の移動は、海外華僑のコミュニティが示すように、移動先に「会館」、「チャイナ・タウン」と呼ばれるコミュニティの形成を伴ってきたのであり、これらは本論で検証した制度化されたネットワークと呼ぶものに共通する。また本テーマは、社会人類学のモノグラフが検証した移動者たちと故郷との絆、親族ネットワーク、地域コミュニティと同質のものであるが、本論で検証した現代の産業化した社会の中で構成されるネットワークは、個人的な選択性と多層性において顕著な特色を持つことを明らかにした。

補論は稲月正が執筆した。都市社区で実施した階層移動とコミュニティ意識の質問紙調査の結果をまとめた。作業仮説として提示した「持ち寄り関係」の集団構造、「本村人間の均分主義、よそ者に対する格差」の論理を、質問紙調査で検証することが目的であった。地域住民の地理的移動、家族の構成、ネットワーク、財産所有状況、階層移動、コミュニティ意識を質問した。青島市の急激な社会発展を経験したにもかかわらず、調査対象者の約半数の人が青島域内、もしくは近郊の域内で移動していることがわかった。しかし、現住地への定住志向は高くはなかった。職業移動では、農業から従業者への移動が顕著ではあるが、階層移動から見ると父親と同じ階層を引き継ぐ傾向もまた明瞭であった。また、コミュニティ・モラールを測定する指標を用いた調査では、地域への統合、愛着、関与の項目間に明確な関連を見ることが出来なかった。日本の地域社会を構成する論理と質が異なっているのではないかと予測させる。

激しく変容する中国社会のモノグラフは、五年の歳月を経てばすでに過去の事実となっていく感がある。本論で取り上げた三河市の事例はまさにその感が濃厚であり、また青島市の事例でさえモノグラフの事項を現在形で記述するにはもう一度確認が必要な箇所が多くある。こうした現実の前で、一九九〇年代の村落と家族の構造、二〇〇〇年代の地域社会の構造を論じる意味があるのかと何度も再考せざるを得なかった。しかし、二十年間を振り返ってみると、やはり一連の歴史的過程として連続している事実も新たに発見することが出来るであろう。即ち、中国社会の急激な変容も、集団の構成原理としての「持ち寄り関係」、および「本村人間の均分主義、よそ者に対する格差」という構造的特徴から読み解くと、社会変動の形態と論理の輪郭が浮き出てくるのである。中国が二〇一一年三月に策定した「中華人民共和国国民経済・社会発展第十二次五ヶ年計画要綱」で懸命に実現に向かおうとしている格差是正と中国的国民社会の成熟の方向も何らか予測できる。本著がこうした検討に少しでも糧となれば幸甚と考える。

本書に掲載した論考は二十年間に調査の成果であるが、本書では主に二〇〇五年以降に記したものを収録した。一九九〇年代から二〇〇四年までの論考は、佐々木衞・方鎮珠編著『中国朝鮮族の移住・家族・エスニシティ』（東方書店、二〇〇一年、財団法人トヨタ財団「成果発表助成」）、佐々木衞・柄澤行雄編著『中国村落社会の構造とダイナミズム』（東方書店、二〇〇三年、科学研究費補助金「研究成果公開促進費」）、佐々木衞編著『越境する移動とコミュニティの再構築』（東方書店、二〇〇七年）として上梓しているので、参考にしていただければ幸甚である。

この間、多くの方々のご指導をいただいた。三河市の調査では、現地を紹介してくださった陸学芸教授（中国社会科学院栄誉学部委員、北京工業大学人文社会学院院長）、現地調査にはいつも同行してくださり丁寧なアドバイスをしていただいた張厚義教授（中国社会科学院社会学研究所名誉教授）、そして二十五年来に渡って指導をいただいている程歗教授（中国人民大学名誉教授）には、感謝の言葉がない。本書を上梓することで、研究が一つの姿にまとまっていく喜びをお伝えしたい。青島調査は都会ということもあり、また、人の移動が激しくなかなか焦点を絞ることが出来なかった。青島市檔案館副館長で三十年来の旧知の楊来青さんには、貴重な歴史資料を閲覧させていただいた。また青島の発展状況について、青島出身者ならではのお話を聞かせていただいた。質問紙によるコミュニティ意識調査は崔鳳教授（中国海洋大学法政学院）の全面的な協力のおかげで実施することが出来た。また、この調査では、調査の設計、質問紙の作製、資料の整理と、多くの仕事を稲月正教授（北九州市立大学基盤教育センター）が引き受けて下さった。本書では補論として稲月正教授の整理による資料を掲載させていただいた。補論という扱いは稲月正教授には失礼ではあったが、ご海容いただいたことに感謝を申し上げたい。

現地調査では多くの方々の協力をいただいたことは言うまでもない。あまりに多いため、お一人お一人のお名前を記して感謝することが出来ないことをお許しいただきたい。改めて、感謝を申し上げます。

なお、本書の出版に関わる費用は、神戸大学国際部から支出していただいた。私が日本学術振興会北京研究連絡センター長として北京に赴任するに際して、神戸大学から中国事務所副所長の肩書と、様々な支援をいただいた。神戸大学国際部の支援のおかげで、中国で活動するに十分な条件を整えることが出来た。多大な支援があったことを特に記して、謝意を表したい。

二〇一二年　北京

第一部　中国社会構造分析の試論的枠組み

開発が進む嶗山区（区政府庁前）2009年9月

開発を待つ地域（嶗山区庁舎の東隣接区）2009年9月

第一章　現代中国社会のダイナミズムに関する試論的枠組み

　本稿は、現代中国社会の変容を読み解くための枠組みを試論的に提示することに目的がある。一九八〇年代後半から、本格的な実証的な中国研究が蓄積されてきた。すでに十数年を経て、研究の総括も始まってきた。中国社会の構造変動にかんする共同研究は、成果をシリーズとして出版するまでになっている。(注1)

　今日、中国社会を全体的に把握するための枠組みの検討が試みられ、検証される時期に到達したと考えることができよう。しかし、全体的に把握するための枠組みは、統一されたものを構想するのではなく、おのおのの関心と視点によって論じられる対象と次元を異にする様々な試みとして構想されるべきものであろう。分析の枠組みは、具体的なトピックスに対して研究を遂行するための基本的な見通し、調査研究を設計する指針、そして資料を読み込む「ストーリー」として機能することが求められる。従って、提示されるべき分析の枠組みは、暫定的、可変的な仮説的構成となるものであろう。論者によって提起された仮説的な分析の枠組みの有効性を相互に検証し、枠組み間の関連を位置付けていくことで、複層的な、そして多角的な立体像を得ることができるのではないかと考える。

では、中国の村落社会の変容をどのような視点から考察することができるのであろうか。現地に入り、資料を収集する基本的な研究枠組みをどのように構成したらよいであろうか。まず、先行研究をサーベイしながら、基本的な視点をさらに深化させてみよう。

一、現代中国社会に関するモノグラフ研究

現代中国社会のモノグラフ研究は、一九八〇年代に新しい進展をみせている。外国人研究者には中国研究者との共同研究という形式をとらざるを得ないが、対象地域に直接足を踏み入れることができるようになり、自分の目で見、耳で聞き、そしてノートを取ることもかなり自由になった。現地での直接体験は研究のイマジネーションを広げ、試論的な仮説の検証が可能になってきた。この十数年間にどのような関心から研究してきたのか、われわれの関心を位置づけるために、まず概括してみよう。

(一) 時代区分による各時期の研究の特色

解放後に記述されたモノグラフ研究を著者が対象社会に身を置いた時期と記述された時期にしたがって区分すると、(1) 第一期：一九三〇年代から土地改革期に中心があるモノグラフ、(2) 第二期：文化大革命期を中心に描いたモノグラフ、(3) 第三期：人民公社解体後のモノグラフ、(4) 第四期：現代のグローバル化の中にある中国村落モノグラフの四つに区分することができる。土地改革時を対象に記述したモノグラフは早くとも一九五〇年代後半、多くは一九六〇年代に出版されている。文化大革命期のものは一九八〇年代に対象地に入り資料を収集しているのがわかる。人民公社解体後の社会をテーマとしたモノグラフは一九九〇年代になって出版されている。そし

て、二〇〇〇年代に入り、グローバル化の中の中国、中国のグローバル化という視点から、都市化の巨大な波動のなかに取り込まれた都市―農村の新しい関係、階層構造の変動に関心をもったモノグラフが出版されるようになった。

モノグラフ研究は調査地に長期に滞在するなどして、インテンシブな調査研究を遂行するところに特徴がある。従って、モノグラフ研究は対象地域を一ヵ村か小地域に限定して、モノグラフの登場人物は固有名詞で語られることが多い。このように限られた対象を生き生きと詳細に描くことで、地域で生起した事件を読者は豊かなイマジネーションで読み解くことができる。また、モノグラフの記述はある特定のトピックスに集中していることも多いが、全体としてみると、個々のモノグラフが互いに共鳴しあって、中国社会の全体像を構成するのである。ここに挙げたモノグラフ研究は読者に豊かなイマジネーションを喚起する力を発揮している。研究対象地域に比較的自由に足を踏み入れることができるような時期に来ても、その時代の詳細な記録としての価値は損なわれていない。

第一期と第二期のモノグラフは、村落社会の変動に関するルポルタージュの性格が強く出ている。社会主義革命という多くの人が予想しなかった、あるいは社会主義的価値を実現するユートピア的運動とも考えられた事態が進行するのに直面して、その過程を詳細に報告することに努めている。底辺から社会を改造しようという渦巻くエネルギーは観察者を圧倒したに違いない。親族、郷紳階層、民間信仰集団などの多元的な構造が共産党国家権力の中に一元化していくドラスティックな過程をつぶさに描くことに関心は集中している。しかし、革命後は外国の研究者が中国農村に足を踏み入れることが困難になり、一九四九年以降は直接見聞することがほとんど不可能になった。『チェン村』の著者たちのように、香港に移住した人たちに対するインタビューという方法によっても、垣間見る情報は現実に起きている事実を推測するイマジネーションをかき立ててくれたのである。情報が制限され、間接的にしかうかがうことができなくなるほど、限られた情報の中から事実に近いものを描こうとする関心は濃縮された。

第二期になると、中国社会の社会主義的改造の現実は理想とずいぶん隔たっていることが外部に具体的に伝わってきた。文化大革命の熱狂と運動への倦怠、権力の恣意的な濫用、生産の逓減と人為的な貧困という現実が「竹のカーテン」の隙間から漏れてくる。そして伝統的な支配権力の解体、家族的構造秩序の排除、これに代わる社会主義的価値秩序の建設など、革命的な政策の実施と社会の変革にも関わらず、人々の行動の規範の中には伝統的な観念や習慣は持続するという現実が次第に鮮明になったのである。こうした事実の前に、中国社会の構造的原理としての家族主義や縁故主義、あるいは権力の濫用と暴力を生み出す社会構造の検討が研究テーマとなっている。社会主義革命の中で伝統的な構造、観念、行動スタイルの持続と変容という課題、さらに、革命的な活動は伝統的な観念や行動スタイルによって支えられていたのではないかという試論的仮説の検証が、社会学的・社会人類学的なテーマの中心となった。

第三期には中国社会の変動に伴う新しいテーマが関心を引き起こしている。経済改革によって生まれた企業家の社会的位置づけ、社会移動と中間層の形成、都市と農村との関係、産業化や企業改革と社会保障システムの改革、ジェンダー、高齢化社会、国家と社会の存立関係など、社会学的テーマが正面から取り組まれるようになった。しかし、中国社会の基礎構造、社会構造と秩序の論理の検討は、中国社会の研究にとって欠かすことができないテーマであることには変わりはない。「社会主義的な市場経済」建設という現代中国の基本問題も、中国社会の構造的特質が現代の社会構造改革の中でどのような具体相として表出するかという社会学的テーマに捉え直される。改めて、「伝統」の継続と変容というテーマが新しい課題となっているのである。

また、第三期の研究には、従来の短期的な滞在による「訪問調査」の限界を突破した業績が蓄積され始めたことが強調されるであろう。三谷孝らの業績は満鉄調査部の『中国農村慣行調査』を引き継ぐものだが、調査対象村落の追跡調査にとどまらず、解放後の五十年間の村人の経験を詳細に記述している。とりわけ文化大革命中の記録は、村人との信頼が不可欠だが、長期に渡る継続的な調査によってのみ可能となったであろう。中国農村調査の新しい可能性を切り開くことができたと評価できる。

第四期に見る現代のモノグラフ研究は、中国の社会変動をグローバルな変動のなかにおいて、その論理との関連で検証しようとするところに特徴がある。中国社会の構造変動のトピックスとして、政治構造の民主化、就業構造の変動、階層構造の変容、新しい都市―農村関係の構築と戸籍制度改革、規範的な地域社会の形成、初等教育・社会保険制度・養老制度の改善などなどがあるが、これらの諸問題はグローバル化の中の構造転換と軌を一つにしていることは言うまでもない。東アジアの中の地域の固有性と多様性に注目しながらも、他方、社会構造変動の世界的同時性と構造的同質性にも注目する複眼的なパースペクティブによる分析図式が求められているのである。

（二）日本における現代中国農村のモノグラフ研究

一九九〇年代に入って激動する中国農村社会の現状報告、さらに、社会変動に関する社会学的分析を目指したものも多く出版されてきた。経済発展、住民組織、人口移動、階層構造、格差、都市―農村関係などが主要なテーマとなっている。

細谷昂が編集した『沸騰する中国農村』(1997)はまさに題名が示すとおり、村が郷鎮企業を通して経済発展に巻き込まれていく姿を活写したものである。また、陳桂棣・春桃『中国農民調査』(2004)が告発する農村幹部の汚職はすさまじい。地方幹部が税金や公金をでっち上げて、私腹を肥やし、抗議する農民を圧殺する姿を克明に描いており、読者を震撼させる。しかし、道路や学校をはじめとする社会生活のインフラ整備を地方政府に請け負わせているシステムこそが腐敗を生む原因なのだが、著者は地方幹部たちの「搾取」を生じさせる構造的な分析にまで至っていない。熊谷苑子・桝潟俊子・松戸庸子・田島淳子の編著『離土離郷』(2002)は、沿岸部で働く女性出稼ぎ労働者の移動と生活意識を報告している。本書の対象は、江南地域の郷鎮で創業する工場に、貧しい地方から出稼ぎにきている女性たちである。彼女たちの工場から工場への移動は頻繁であり、移動先の地域社会（本村人）からも隔離されている。このような過酷な労働条件と格差の中で生活しているのだが、彼女たちは現状に肯定的であるという。出稼ぎ者たちの意識の中に被差別意識や疎外感が希薄な理由を、高い賃金、女性たちの同郷・同輩関係と経営者の温情主義、豊かな地域での結婚・定住への憧れがあると説明している。本書の題名である「離土離郷」こそが、彼女たちの期待する未来を象徴しているのであろう。

現代中国社会の激動を生み出す論理をどの様に説明すべきなのであろうか。従来の「共同体」モデルや「市場」モデルを超えたモデルを提起するとすれば、集団・人間関係の凝集性と個人的関係の拡散性という両者の相反するベクトルがどのように全体を構成するのか、という問題を検証するべきであろう。社会変動を生み出すエネルギー、変動のメカニズムの解明は、中国社会の構造を基層から問い直す課題に連動している。

この論点について、首藤明和は、撫順市周辺の農村における経済的発展の経緯から、「后台人」（後見人、口利き、顔役）が積み上げていくネットワークが社会の基盤を構成していると説明している（2003）。人間関係優先主義と言い換えることも出来るモデルであるが、一九四〇年代に福武や旗田が躊躇いがちに論じた中国社会の結社的性格、また、人類学者の提示した所与としての共同性の欠如という特徴に通じている。佐々木衞は、河北省三河市の二つの村落における一九三〇年代から現代に至る社会変動を調査した。この資料にもとづいて、中国社会のダイナミズムを理解するモデルとして、「本地人の間の均分主義」と「外地人に対する格差」というモデルを提起した。これは宗族組織が内部に分節化を繰り返すことで集団の凝集力と統合力を更新するメカニズムにも通じるものであり、「分化を通した統合」という構造秩序が現代中国においても変動エネルギーを汲み出していると論じた（2003）。

近年になって農業と農村の現代的な課題に積極的に応えるために、統計資料など精密な手法を用いた研究成果が刊行されるようになった。小林一穂・劉文静・秦慶武『中国農村の共同組織』(2007)や季増民『中国近郊農村の地域再編』(2010)はその代表的な著作である。小林一穂は、既存の組織と地域を越えた農業の組織化の中核には、優れた技術や能力を持つ農家の連合、もしくは「龍頭企業」と呼ばれる農家と市場とを結びつける先導的な企業があることを論じた。現代の中国農村と農業の再編が、結社的共同と表現できるネットワークと組織によって推進されている実態を明らかにした。また、季は都市近郊の農村が住宅地域として混住化していくプロセスを解明した。地元住民は集団資産保全合作社を組織し、生活防衛とリスク回避のために血縁と地縁による支えあいを以前よりもいっそう重視するようになったという。佐々木が論じた「財産や権利を共有するものの間の排他的平等主義」が出現するのであるが、著者は、外来の定住者がさらに増大することによって、農村でもない都市でもない境界領域として新しい文化が創発することを期待している。この都市と農村の新たな関係の構築は、都市戸籍と農村戸籍との区分に象徴される現代中国社会が抱える地域間の壁や階層格差を乗り越えて、中国が市民社会を形成する問題と連関している。また、人々の移動を通して表現される現代中国の社会構造の変容として、もっとも注目されるべき論点の一つである。

二、中国社会の構造をどのように見るか

(一) 基層構造への関心

以上の研究動向に見たように、研究関心は中国現代社会、世界の構造変動の動向に大きく左右されてきたが、中国社会に関心を持つ多くの研究者は、激変する位相の裏に変動を越えて沈潜する位相が複雑に複合している現実を見ようとしてきた。言い換えれば、変容する表層と変容を規定する基層の複層的構造に関心を引きつけられてきた

といってよいであろう。このような社会の複層的な構造を見ることによって、日本の、あるいはアジアの、そして非西欧社会の変動を構想する手がかりとしてきたのである。

中国社会をフィールドに社会変動論を考察した研究書には、上記に挙げたものの外に鶴見和子（1977）、ポール・コーエン（1984）、溝口雄三（1989）の論考が重要であろう。

鶴見和子は社会学者、ポール・コーエンは中国歴史学者、溝口雄三は中国哲学者である。研究のディスプリンが異なるにも関わらず、三者には社会変動を一方向的、直線的、単線的な段階論的なものではなく、多系的、複合的なものとして構想する点に共通性がある。

鶴見の社会変動論は柳田国男の『明治大正史　世相編』の解読から紡ぎ出されたもので、社会変動の「垂氷モデル」を構想する。われわれの日常的生活の背後に「原始的心性」が根強く生きて、しかも現代社会に対して一種の賦活力を備えていると主張する。コーエンは基層社会の内的変化と多様性に論究し、「近代化」に限定されないもう一つの道の可能性を「目標開放モデル」として考えようとしている。また、溝口雄三は、地域は固有の歴史的体験、規範の体系、社会構造を共有しており、これを「基体」と呼ぶ。中国近代史は「旧中国」の解体過程としてとらえるのではなく、「旧中国」の脱皮過程としてとらえる「基体展開論」を提示している。三者には近代化の普遍原理とされてきた段階論を相対化し、地域における社会変動の固有性と内在性を捉えようという意図みられる。

文化人類学者の川田順造は身体技法を例に取り、身体技法の地域的固有性、連続性と可変性を論証している（1995）。つまり、身体技法は、第一に同一社会内で構造的な共通性をもつこと、第二に世界観、人生観などの価値意識と文化内的な関連性をもつこと、第三に「身体的記憶」とでもいうべき身体の無意識的運動連鎖が形成されて、世代から世代に引き継がれる持続性と外的変化に従う可変性をもつと指摘する。川田は「伝統」の連続と変容と見なしているものを身体技法というモノの次元で解明しているが、アスペクトは鶴見の「垂氷モデル」や溝口の

「基層展開論」と同じであろう。

では、現代中国の社会変動を概念的に説明する場合、従来「伝統」と呼ばれ、鶴見和子が「原始的心性」、溝口雄三が「基体」と呼んだものを、どのようにモデル化すれば有効であろうか。本論では、中国社会の集団構造や秩序構造の特性、持続と変容に関心をもっている。中国社会の特徴として、家族主義、縁故主義・ネポティズム、関係主義、会党（結社）的構造などの用語で表現されてきたものがある。これらは集団の具体相において表現された用語である。これに対して、費孝通が『郷土中国』（1947）で「差序格局」と呼んだものは、集団の構成の論理を社会学的な概念として説明しようとしている。西欧の集団構造がメンバーシップを構成の原理としているのに対して、中国の集団構造は個人的な絆の連鎖として構成されており、集団としての分限が緩やかで伸縮に富んでいることを述べている。

フリードマンは、中国の宗族組織は一方では政治的な力を誇示するためにいくつもの家族集団を連合するベクトルを持つが、他方では、政治的・経済的・社会的な成功を達成した家族は自分たちの直接の祖先を祭祀する集団を分節することで、集団の政治力を確かなものにしようとする。経済的な豊かさと社会的な力をもつ宗族組織は、内部に分節化を繰り返すことで集団の凝集力を更新していると説明している（1958）。フリードマンの宗族組織論の模式を単純化すると、「分化を通した統合」といえるであろう。宗族集団のダイナミックな構造を明らかにすることに主旨がある。

筆者はこれらの視点を引き継いで、集団の構造的な論理の概念的な解釈、そして社会の変容にともなって規範秩序がどのように持続するか、組み替えられるか、あるいは、人々のエネルギーをどのように方向付けているか、という問題に関心をもっている。この研究の目的からすると、「基層構造」即ち「社会を構成する規範秩序の構造」の位相に関してモデルを概念化してみてはどうかと考える。

(二) 中国社会のダイナミズム

多くの日本人読者は、中国社会のモノグラフを読んでとまどいを感じるに違いない。集団が集合的な実態として凝集力を持つ構造に生きている日本人には、個人的な関係として集団が出現する中国社会の現実を理解するにはイマジネーションが欠けるところがある。細谷昂の研究グループが「中国農村には家が、したがって村もない」と率直な感想をもらしている(1997:408)。親族の結びつきは強いようにみられるのに、生活を律する原理は家ではなく個人にある。家族主義と個人主義が表裏一体となって結びあっている、この両者がどのように現実の社会の論理を構成しているのであろうか。イエ・ムラを集合的な実態と研究してきた日本人研究者には、中国農村社会を構成する論理をつかみ出すのは困難であった。満鉄調査部刊行班が一九四〇年から四三年までの足かけ四年にかけて実施した『中国農村慣行調査』(1952—58)、戒能通孝(1933)と平野義太郎(1933)の論争も、相反すると思われた家族主義・村落の凝集力と個人主義的原理の複層的な姿の前に、どのように向き合ってよいか戸惑いを表している。福武直と旗田巍は中国農村社会の構造の中に結社的性格を読みとっているが、結社的な絆で結ばれた社会がどのような構造と秩序を構成するのかという問題を提起するまでにはいたっていない(佐々木、1999)。しかし、われわれ日本人にとって中国社会の研究に対する関心は、まさにこの個人的に結ばれる絆のダイナミズムにあるように思われる。

ダイナミズムを、社会変動の動力、活動力、ある方向に駆り立てる力、あるいは、社会を変動させる人々のエネルギーを引き出し、方向付ける論理と解釈するなら、中国の家族・親族の研究、民衆運動や宗教結社の研究は、まさにこのテーマを検証しようとしたものであった。

滋賀秀夫は、中国の家を次のように説明している。中国の家は漢代に大きく変化した。家は祖先を共にする宗の概念を背景として同居共財において存在するが、日本の世代を越えて企業体として存続する家と異なって、父子と兄弟による「資産の持寄り関係」、「個人と個人の親族関係」として存立する「組合的」な性格を持つ。兄弟間の均分相続の貫徹、親族集団は家と家との関係にあるのではなく、個人的な父系の系譜的な位置関係によって結ばれることを論じた（1967）。

牧野巽は、中国の近世的な宗族制度は宋代になって現れ、祖先の祭祀を目的にした古宗法から、一族の共有財産と族譜を備えて強力な自衛と自治を行うものに形態が変化したことを述べた。つまり、古宗法が嫡長子系統の本家の主人を族長としたのに対して、近世の族長は人格、才能、地位、年齢、富力など個人的実力から選ばれ、また、四代前以上の古い祖先を祭祀することによって、一族が結合する範囲が広くなったのである（［1933］1980）。

増淵龍夫は、漢代の主従関係や朋友関係の中に養客結客の任侠の気風が習俗化されたこと、強者を核として任侠的な倫理で結ばれる広い個人的な関係が基盤になった民間秩序が社会の骨格となったことを報告している（1951）。

フリードマンは、宗族集団を構成する家族間の階層の差と、有力な宗族集団の複雑に分化した構造をモデル化した。つまり、一方では、一族全体の族譜を継承し、共有地を管理し、そして共通の始源とみとめる祖先を祭祀して、宗族集団としての姿を現わし、一族の便宜と安寧を実現する。また、父系の系譜関係をたどることで、他地域の宗族集団と一つに結ばれて、共有の財産をもち、祖廟を祭祀することもある。しかし他方では、政治的経済的な力を蓄えた特定の集団がでると、新しい勢力として帰属意識をたかめ、宗族集団内に分節を分化する。このような分節化が、中国の父系集団の構造的な特徴として認められている。しかし、分節の分化は、家族集団の社会的勢力を弱体化することにはならない。むしろ、分節を分化することで凝集力を更新し、宗族集団としての統合を再生する原動力となったといえる。中国の宗族集団は、あたらしい分節の分出をつうじて全体の統合と生命力が更新されるという、構造的なパラドックスを示した（1958, 1966）。

小林一美は、飢饉や干ばつなどの社会的な危機、あるいは民衆反乱時に、大同主義のもとに儒教的秩序が下層民衆、女性によって反転させられる姿を示した（1973）。
以上をまとめると、
①日本人の集団感覚の深部に存在するアスクライブドな絆は、中国では早い時期、すなわち漢代にはすでに解体してしまっている。
②家族・親族の絆、君臣・朋友の関係は、ポリティカルな（生存を実力で保障する）必要から系譜関係を確認することで、あるいは任侠的絆を結ぶことで再構成されたものである。
③人々を結び合わせるのは、集団の中心にいる個人の権力、財力、学識、武力、弁舌などあらゆる個人的才覚や実力が大きな役割を果たしている。したがって、集団は個人と個人の関係として凝集力を持つ。家の存在も資産の持寄りによる共財によって成り立つ集合体という性格をもつ。また、兄弟は均分分割の権利を共有するので、嫡子と庶子との区別は大きくなく、権威の継承は系譜的位置関係に因っては決まらない。
④中国の宗族集団は、あたらしい分節の分出をつうじて全体の統合と生命力が更新されるという、構造的なパラドックスをもつ。
⑤民衆運動や宗教結社の運動は、民衆意識に内在する「天下」、「大同主義」が均分、平等を表現し、儒教的な体制秩序を反転させる。また、民衆運動は国家正統秩序の継承と下層民衆の状況主義的カリカチュア化によって二重に構成される。
これらの構造的特徴は、全体としての関連をもつと予測するところであるが、統一的に解釈する枠組みはまだ十分検証されていない。本稿では、実証的な研究を進めていくための作業仮説として、一つの論理の中に暫定的に分析枠組みとしての構成を試みる。

(三) 中国社会の構造的特徴

以上の論点を中国社会の構造の分析枠組みとして構成するために再整理すると、次のようにまとめることが出来よう。むろん、これらの項目はわれわれ日本の社会に慣れた者の目に鮮明に引きつけられるところでしかない。また、体系的に検討して整理してものではなく、アトランダムに整理したにすぎない。しかし、これまで議論されてきた中国社会に関連する緒論点を整理しようという目的には、当面、有効であろう。

①「分化を通した統合」
②過剰人口、移住・移動の高さ
③家産の均分
④権威は系譜関係の中に継承されない、権威の脱中心性
⑤平等主義、大同主義
⑥社会構成の多層性、社会権力の多元性

まず、「分化を通した統合」という特徴は、家族・親族の研究で明らかにされた構造的特徴である。前近代の中国の民間信仰や民衆運動にたびたび現れた姿でもあり、運動の広がりの急激さと脆弱さという特徴を生み出したものと共通する。運動が一度人々を組織するとたちまち地域を席巻し、県城を占拠したり中央の権力機構を脅かしたりすることもあるが、運動が持続することはまれである。リーダー間の個人的なネットワークの中に活動は組織されているので、地域的な限定を越えて急激に高潮することは容易だが、中核のリーダーが捕捉されると運動はたちまち瓦解する(佐々木、1988)。こうした運動に内在するある種の強さと脆弱さという性格は、費孝通が「差序格局」という用語で説明した集団構造の論理、フリードマンが「分化を通した統合」とモデル化した親族の構造と通底しているのではないかと考える。

次に、過剰人口という問題は多くの論者が注目することであった。Philip Huang は過剰人口と安価な労働力、そして大部分の農家は土地だけで生活できなかったことに中国農業が資本主義的発展をみせなかった要因をみている（1985:293）。土地に頼って生活できない農民は、村外に生活の糧を見いださざるを得ない。また、度重なる旱魃や水害、イナゴなどの害虫の被害は人々を村から流浪させる。華北地域の村落の成立が移住と密接に関わっていることは、彼らの多くが共有している山西省洪洞県からの移住伝説に表れているが、清代中期からの東北地域や東南地域の開発にともなう移住もよく知られている事実である。

農家において家産の均分は徹底していた。土地や家屋などの財産はむろん、日常に使用する家具なども息子たちの間で均等に分割された。家産の分割は家族の没落を招くことが多く、「一畝百年転三家」、「富者不恒富」、「窮不過三代、富不過三代」と俗謡があるように、土地の移動と経済的な浮沈は激しかった。商家などでは家産の分割をできるだけ引き延ばそうとするのが、家長の苦慮であったことに間違いはない。『金翼』（Lin, 1947）の物語が語るように、有能な家長のもとで息子たちがそれぞれの役割を引き受けて、家族の勢力が一層拡大することができた。しかし、結局は分割に及ばざるを得ない（佐々木、1991）。

また、家産が均分されるので、嫡子や長子といえども家譜や位牌を受け継いだ宗家としての威信や義務は顕著ではない。むしろ、個人的な才覚や実力がものをいう秩序を構成した。権威と威信が脱中心的な構造をもつことは、民間宗教の活動によく表れている。Yang, C. K. は、民間宗教結社は統一的な教団組織とハイラーキカルな権威を発展させなかったと述べている（1961:339）。宗教的な魅力をもった人物が現れると、伝承された呪術的な儀式や宗教的な教義を組み替えて、彼のもとに新たな宗教集団が組織された。一方では大伝統としての儒教教義の権威と、他方では民衆の間で信仰された宗教の脱中心性とが、現実の両面を構成したのである。

平等主義と大同主義も、われわれ日本人からすると中国社会に顕著に見出される特徴であろう。平等主義と大同主義は次元の異なる概念に違いない。前者は持ち分に関する均等な権利の主張で、家産の均分分割として意識される。財産を共有するものの中での均等をいうのであるから、共有の絆をもたない他者に対して排他的になる。他者を排除した均分、つまり他者に対する格差を同時に意味する。他方、大同主義は「天下の公」といった集団の個別性、閉鎖性、排他性を突き抜けたところに思考されるものであろう。中国的な共存、平等、公平を裏付ける原理である（溝口、1980, 1988）。両者は異なる次元をもつが、しかし、生きる者の論理として持ち分の均分と生きる権利の平等として分かち難く結びつくところがあるようだ。王朝の交代期に繰り返し間歇的に勃発した民衆反乱では、「均田均糧」というスローガンとして現れ、人々のエネルギーを攫んだのである。

社会構成の多層性と社会権力の多元性は、村の社会生活によく表れる。村のほぼ半数の家族は土地に頼っては生活できなかった。長工や短工として働きに出るか、商店の店員となったり、手仕事に就いたりして何とか家計の辻褄を合わせていたのである。こうした家族には一族に頼る術もないことが多い。社会の底辺に身を寄せ合うより外はなかったのである。村の仕事や行事は、郷紳と呼ばれた社会的に地位のある男たちによって、彼らの中の暗黙の了解のうちに運営された。しかし、社会の底辺に生きる人々も、社会生活からまったく脱落していたのではない。中国でもっとも愛読された小説が『三国志演義』や『水滸伝』であったように、「弱きを助け、強きを挫く『好漢』」の兄弟的義合は民衆の規範として憧憬を集めていた。清末から一九三〇、四〇年代の社会秩序が溶解した時代には、「一貫道」などの会党や「在家里」などの教門、あるいは「八拳」などの武術集団が至る所に勢力をもったのである。こうした勢力は、郷紳階層の世界とは別に下層民衆が生きる空間を成りたたせていた。(注3)

三、中国の社会変容に関する試論的枠組み

以上にあげた①「分化を通した統合」、②過剰人口、移住・移動の高さ、③家産の均分、④権威は系譜関係の中に継承されない、権威の脱中心性、⑤平等主義、大同主義、⑥社会構成の多層性、社会権力の多元性などの特徴は、中国社会に構造的なダイナミズムを与えているのではないだろうかと考える。先に記したように、これらの項目はあくまでも日本人のわれわれが中国社会を見たときに注意を引かれる点にすぎない。しかし、日本人の目を通して捉えられる中国社会の構造的な特徴をよく表現しており、日本社会との比較の中で中国社会を動態的に理解する鍵となるのではないだろうか。中国におけるダイナミズムの構造を概念化することで、日本社会の構造を考察する対照点、あるいは日本のダイナミズムを考察する道筋を得ることができると考える。

以上の構造的な特徴から、中国社会の変容を考察する試論的な分析枠組みを構成するなら、どのようなものが可能であろうか。「伝統」の（少なくとも一九三〇年代に見られた）構造原理が、現代中国社会の構造の中にどの様に組み替えられ、新しいエネルギーを賦活させているか、という視点から考えてみよう。この場合、「伝統」（一九三〇年代）の構造が持続するという面ばかりでなく、どの局面がどの様に変化するか、あるいは新しい機能をおびて組み替えられるか、という視点から考える必要があろう。まず、起点となる枠組みを試論として以下のように示してみよう。

〈予備的な作業枠組み〉

「中軸構造」

儒教的倫理秩序、家族の父系主義、平等主義・大同主義という文化的正統性（法統）が求心的な論理として強調

されながらも、他方では、実力主義、均分主義、流動性・多層性という離心的な構造が機能している、というパラドックス（求心的な秩序論理と離心的な実態）が存在する。

「基層社会の構造原理」
家族・親族の場：父系主義と分節化による統合
集落における本地人と外地人との関係：「本村人の間の均分、外村人に対する格差」
絆を構成する論理：差序格局

「中軸構造」は、中国社会の構造を貫いている秩序のあり方、あるいは、秩序を支えている構造原理を示そうと考える。「基層社会の構造原理」は、人々が生きている社会単位とその構造原理を示そうと考える。この二つの軸が交差するところが、人々の現実に生きる論理だと考えてみよう。

それぞれの軸は対象に接近するための予備的な枠組みとして仮に設定したものに過ぎない。従来の中国社会に関する言説をまとめてみると、このように整理することができるという程度のものである。まずは、こうした仮説的枠組みを設定することによって、資料を収集する準拠点としよう。この意味では、調査研究の出発点、対象に向き合うための姿勢と着眼点を明示してみるという試みなのである。この試論的な枠組みにたって、伝統的家族・親族と村落社会の変容をどのように見ることができるであろうか。

現代の中国村落を考える上で、手がかりとなるモノグラフが二編出ている。張楽天（1998）と折暁葉（1997）である。前者は、人民公社制度の設立から解体までの経過を、政治、経済、文化、社会の全体から描いたものである。筆者がとくに強調する点は、現在の村落社会は行政村として、組織、人員、経費負担において、一つの独立した社会単位としての姿である。上級の政策を実行するばかりでなく、村落の社会生活の運営すべてに責任を持つ。

政治的に、そして社会的にもガッチリとした枠組みを持つが、その基本的な構造は人民公社の経験から成りたっていることを論証している。

後者は、香港に近い広東省の村落社会のモノグラフである。耕地が工場用地として開発され、元来の村の人口二〇〇〇人に対して外来者が五万人にも急増した村の姿を記述する。当村では、土地が地代として巨大な利益を生むばかりでなく、蓄積された資本で工場の誘致や他村の工場用地の開発まで手を伸ばしている。村内には外来者のための住宅や大きな商店が並び、農村としての景観はもはやない。こうした脱農村を経験しながら、しかし、「本地人」（本村人）は利益を「外地人」（外来者）にもらさないために、両者の間に画然とした格差を付けている。村の限られた空間の中に、「本村人」の住む社会と本村に住む「住民」との格差を固持した二重構造を出現させているのである。

このような事実を、どのように考えたらよいのであろうか。村が社会生活の単位であるばかりでなく、行政単位として村民委員会を選出し、経常経費を負担している姿は、解放前の中国村落とは大きな相違である。旗田巍が「華北の村落では、多数の農民を含めた団体としての共同事業は少なく」、「防衛的消極的協同」がみられるのみだと記述した（1973:176）構造と、どのように連続するのであろうか。また、折暁葉が報告した利益を共有する「本地人」と排除された「外地人」との歴然とした格差は、中国村落の構造とどのように関連するのであろうか。

家族関係をみると、土地改革と文化大革命によって、家族と親族の基盤は弱体化したといわれている。もはや、村落の社会生活の基本的集団としての機能を予想することは難しい。(注4) また、妻方・母方の親族ネットワークが、現実の社会生活では比較的重要になっているという報告もある。しかし他方では、文化としての家族主義の存続（王滬寧、1991）、あるいは、社会的威信の象徴としての家廟の再建と祖先祭祀の復活という報告もある（王銘銘、1997）。男系親族ネットワークの脆弱化、妻方・母方親族への依存の強まり、そして家族主義の存続や象徴としての祖先祭祀の復活など、これらの複雑に絡まった事象は、どのような方向に向かおうとしているのであろうか。

以上、現代中国の村落生活へのいくつかの関心が提起されるが、まずは、先の試論的な枠組みを提示することで、研究の全体的な見通しを立ててみることから始めなければならないのではないかと考える。

注

（1）毛里和子を代表とする七十人近い中国研究者による共同研究の成果が、二〇〇〇年から二〇〇一年にかけて『現代中国の構造変動』全八巻（東京大学出版会）として出版された。毛里和子の紹介では、「中国に構造変動は起こっているか、だとすればどのような構造変動か」（「刊行にあたって」）を中心テーマとしたとある。

　中村則弘をはじめとする日中社会学会が編集した『日中社会学叢書　グローバリゼーションと東アジア社会の新構想』全七巻（明石書店）が二〇〇八年から二〇一〇年にかけて出版された。

（2）個々の文献の紹介は末成道男編『中国文化人類学文献解題』（東京大学出版会、1995）に詳しい。

（3）佐々木衞は、近代中国社会の多層性を下層民衆の世界から記述した（1993）。また、**Siu, Helen** は伝統的村落社会の権力基盤は、親族、民間宗教、郷紳階層など多元的であったが、革命後は共産党による国家権力が村落に直接関与するようになって、権力基盤は一元化したと論じている（1989）。

（4）**Cohen, Myron L.** は台湾の事例研究から、農作業や村外に出かける商売では、妻方および母方の親族が大きな役割を果たす事実を指摘した（1976）。また、**Yan, Yunxiang** は、贈り物の交換という事項から妻方親族ネットワークの重要性を報告した（1996）。

参考文献

一、四期に区分した代表的モノグラフ研究

（一）一九三〇年代から土地改革期を描いたモノグラフ研究

戒能通孝 1933「支那土地法慣行序説――北支農村に於ける土地所有権と其の具体的性格」東亜研究所『支那農村慣行調査報告書』

第一輯
平野義太郎 1933「北支村落の基礎要素としての宗族及び村廟」（東亜研究所『支那農村慣行調査報告書』第一輯
福武直 1946『中国農村社会の構造』大雅堂（福武直著作集第九巻、東京大学出版会）
旗田巍 1973『中国村落と共同体理論』岩波書店
佐々木衞編 1992『近代中国の社会と民衆文化——日中共同研究・華北農村社会調査資料集』東方書店
Crook, Isabel and David 1959, *Revolution in a Chinese Village: Ten Mile Inn*, Routledge & Kegan Paul Ltd: London.
Crook, Isabel and David 1966, *The First Years of Yangyi Commune*, Routledge & Kegan Paul Ltd: London.
Crook, Isabel and David 1979, *Mass Movement in a Chinese Village: Ten Mile Inn*, Routledge & Kegan Paul Ltd: London.
Edward Friedman/ Paul G. Pickowicz/ Mark Selden 1991, *Chinese Village, Socialist State*, Yale University Press: New Haven & London
Hinton, William 1966, *FANSHEN: A Documentary of Revolution in a Chinese Village*, Monthly Review Press.（加藤祐三・春名徹・加藤幹雄・吉川勇一訳『翻身——ある中国農村の革命の記録』平凡社、一九七二年）
Huang, Philip C. C. 1985, *The Peasant Economy and Social Change in North China*, Stanford University Press: California.
Lin Yuehwa 1947, *The Golden Wing: A social Study of Chinese Familism*, Kegan Paul, Trench, Trubner & co., Ltd.
Myrdal, Jan 1965, *Report From a Chinese Village*, Pantheon Books（三浦朱門・鶴羽伸子訳『中国農村からの報告』中央公論社、一九七三年）
Siu, Helen 1989, *Agents and Victims in South China: Accomplices in Rural Revolution*, Yale University Press: New Heaven.
Yang, Chingkun（楊慶堃）1959, *A Chinese Village in Early Communist Transition*, Massachusetts Institute of Technology Press: Cambridge.

（二）文化大革命期を描いたモノグラフ研究

聶莉莉 1992『劉堡』東京大学出版会
Chen, Anita/ Madsen, Richard & Ungar, Jonathan 1984, *CHEN VILLAGE: The Recent History of a Community in Mao's China*, The University of California Press.（小林弘二監訳『チェン村—中国農村の文革と近代化』筑摩書房、一九八九年）
Frolic, B. Michael 1980, *Mao's People: Sixteen Portraits of Life in Revolutionary China*, Harvard University Press: Cambridge.
Huang Shumin 1989, *The Spiral Road: Change in a Chinese Village Through the Eyes of a Communist Party Leader*, Westview Press.

（三）人民公社の解体以後に主要な関心をもつモノグラフ研究

宇野重昭・朱通華編 1991『農村地域の近代化と内発的発展論——日中「小城鎮」共同研究』国際書院

三谷孝編 1999・2000『中国農村変革と家族・村落・国家』第一、二巻　汲古書院

三谷孝ほか 2000『村から中国を読む』青木書店

賈鋌・秦小相 1993『社会新群体探秘——中国私営企業主階層』中国発展出版社、北京

陸学芸主編 1992『改革中的農村与農民——対大娟、劉庄、華西等一三箇村庄的実証研究』中共中央党学校出版社、北京

王銘銘 1997『社区的歴程——渓村漢人家族的箇案研究』天津人民出版社、天津

王滬寧 1991『当代中国村落家族文化——対中国現代化的一項探索』上海人民出版社、上海

張厚義・劉文璞 1995『中国的私営経済与私営企業主』知識出版社、北京

張楽天 1998『告別理想——人民公社制度研究』東方出版中心、上海

折暁葉 1997『村庄的再造——一箇〝超級村庄〟的社会変遷』中国社会科学出版社、北京

Bruun, Ole 1993, *Business and Bureaucracy in a Chinese City: An Ethnography of Private Business Household in Contemporary China*, China Research Monograph: 43, Institute of East Asian Studies, University of California.

Byrd, William A. and Lin, Qingsong (ed.) 1990, *China's Rural Industry: Structure, Development, and Reform*, Oxford University Press.

Yan, Yunxiang 1996, *The Flow of Gifts: Reciprocity and Social Networks in a Chinese Village*, Stanford University Press: California.

（四）グローバル化の新しい都市—農村関係、階層構造に関心を持つモノグラフ

柿崎京一他編著 2008『東アジア村落の基礎構造：日本・中国・韓国村落の実証的研究』御茶ノ水書房

小林一穂・劉文静・秦慶武 2007『中国農村の共同組織』御茶ノ水書房

熊谷苑子・桝潟俊子・松戸庸子・田島淳子編著 2002『離土離郷』南窓社

佐々木衞・柄澤行雄編 2003『中国村落社会の構造とダイナミズム』東方書店

首藤明和 2003『中国の人治社会』日本経済評論社

園田茂人 2001『現代中国の階層変動』中央大学出版会

園田茂人 2005『東アジアの階層比較』中央大学出版会

細谷昴ほか 1997『沸騰する中国農村』御茶の水書房
季増民 2010『中国近郊農村の地域再編』芦書房
張玉林（Zhang Yulin）2001『転換期の中国国家と農民』農林統計協会
陳桂棣・春桃 2004『中国農村調査』人民文学出版社（納村公子・椙田雅美訳『中国農民調査』文藝春秋、二〇〇五年）
李強 2000『社会分層与貧富差別』鷺江出版社（高坂健次・李為監訳『中国の社会階層と貧富の格差』ハーベスト社、二〇〇四年）
劉一皐・王暁毅・姚洋 2002『村庄内外』河北人民出版社
陸学芸主編 2002『当代中国社会階層研究報告』社会科学文献出版社

二、その他の中国社会モノグラフ研究

中国農村慣行調査刊行会編 1952—58『中国農村慣行調査』全六巻 岩波書店
旗田巍 1973『中国村落と共同体理論』岩波書店
費孝通 1939, *Peasant Life in China: A Field Study of Country Life in the Yangze Valley*, Routledge and Kegan Pault: London.（仙波康雄訳『支那の農民生活』生活社、一九三九年）
費孝通 1947『郷土中国』上海観察社
Cohen, Myron L. 1976, *House United, House Divided: The Chinese Family in Taiwan*, Columbia University Press: New York and London.
Elvin, Mark 1973, *The Pattern of the Chinese Past: A Social and Economic Interpretation*, Stanford University Press : California.
Freedman, Maurice 1958, *Lineage Organization in Southeastern China*, The Athlone Press of the University of London.（成道男・西沢治彦・小熊誠訳『東南中国の宗族組織』弘文堂、一九九一年）
Freedman, Maurice 1966, *Chinese Lineage and Society: Fukien and Kwung-dong*, The Athlone Press of the University of London.（村田克己・瀬川昌久訳『中国の宗族と社会』弘文堂、一九七八年）
Fried, Morton H. 1974, *Fabric of Chinese Society: A Study of the Social Life of a Chinese County Seat*, Octagon Books: New York.
Kuhn, Philip A. 1970, *Rebellion and Its Enemies in Late Imperial China: Militarization and Structure, 1796–1864*, Harvard University Press:

Cambridge.

三、その他

川田順造 1995「文化としての身体技法」川田順造編『ヨーロッパの基層文化』岩波書店
小林一美 1973「坑租・坑糧闘争の彼方——下層生活者の想いと政治的・宗教的自律の途」『思想』五八四号
牧野巽 1933（1980）『牧野巽著作集　第三巻　近世中国宗族研究』御茶の水書房
増淵龍夫 1951「漢代における民間秩序の構造と任侠的習慣」『一橋論叢』十一月号
溝口雄三 1980「中国における公・私概念の展開」『思想』六六九号、一九八〇年三月号
溝口雄三 1988「中国の「公・私」」（上・下）『文学』一九八八年九月号・十月号
溝口雄三 1989『方法としての中国』東京大学出版会
佐々木衞 1988「中国の民間宗教集——構造的特性について」『民族学研究』五三巻三号
佐々木衞 1991「近代中国の商家の経営と家族構造」『山口大学文学会志』第四二巻
佐々木衞 1999「中国社会研究と日本社会学」佐々木衞・松戸武彦編著『社会学研究シリーズ　中国社会研究の理論と技法』文化書房博文社
滋賀秀三 1967『中国家族法の原理』創文社
鶴見和子 1977『漂白と定住と——柳田国男の社会変動論』筑摩書房
Cohen, Paul A.1984, *Discovering history in China: American historical writing on the recent Chinese past*, Columbia University Press: New York（佐藤慎一郎訳『知の帝国主義——オリエンタリズムと中国像』平凡社、一九八八年）
Yang, C. K. 1961, *Religion in Chinese Society: A Study of Contemporary Social Functions of Religion and Some of Their Historical Factors*, University of California Press.

第二章　グローバル化における中国社会構造の変容——基層構造パラダイムの視点から

一、はじめに

本稿は、現代中国の急激に変動する社会を全体的に解釈するための分析モデルを、人々が生きる構造の構成論理に注目して、暫定的な作業仮説モデルとして提起することにある。

現代中国の社会はグローバル化と産業化・都市化とが時間的に圧縮されて、様々な面で急速な変容を経験している。二〇一〇年三月に批准された『中華人民共和国国民経済・社会発展第十二次五ヶ年計画要綱』は「今後五年間にわたる我が国の経済社会発展に関する壮大な青写真である」と記し、経済の安定的かつ迅速な発展、産業間・農村都市間の格差の調整、科学技術教育の向上、資源の節減と環境保護、生活水準の引き上げ、社会文化建設、改革開放の継続的な展開を五年間の主要な目標として掲げている。要綱には、国際社会の中での発言力をたかめ、新科学技術の開拓、格差の是正、豊かな社会の建設をやり遂げようとする意気込みが表出されている。

現代中国社会の構造変動に関する社会学の研究主題を概括するなら、次のように整理できるであろう。（中国社会学会編、2001/2002 を参考）

i、産業構造における農業から工業へ、工業から第三次産業への急激な転換
ii、農村から都市への人口移動
iii、国家と社会の分離、市民社会・国民国家としての成熟
iv、社区と村民委員会の組織化という地域社会の再編
v、社会保障制度の整備
vi、都市的生活スタイル、市民社会的価値観の創成、情報ネットワークによるサブカルチャーの形成
vii、構造変動の担い手としての「新中間層」（私営企業家・管理者・技術者などの上層ホワイトカラー）の創出

以上の研究主題における現代中国社会研究には、注目すべき共通するパースペクティブがあるように考える。即ち、第一に、基層社会という用語で表現できる日常生活者の具体的な現実に焦点を当てていることである。現代中国の政治改革は関心の集中するテーマの一つであるが、村民委員会や居民委員会というコミュニティレベルにおける政治プロセスを具体的な姿で捉えるところに分析のリアリティが存在している。企業改革のテーマにおいても、現代中国社会に生きている人々の生活の実相を活き活きと描くことに社会学・社会人類学者の関心がある。人々の生きる現実をできるだけ詳細に記述しようという努力は、固定化された枠組みから視点を開放し、思考を新たな方向に展開させるイマジネーションをかき立てることができる。

第二に、研究者に共有される問題関心として、中国社会の変容を伝統から近代という単線的、一方向的な変化と見ないという点が指摘されるべきあろう。歴史的経験の断絶と連続の双方を複眼的に検討するところに共通した関心がある。

第三に、中国研究を日本との二地域間の視点から研究するのではなく、アジア地域の中の中国あるいは日本として捉えるという視点が成長してきことも強調されるべきであろう。

以上の三点は相互に刺激し合って、複層的な現実をふまえたアジア観や中国観を提起していると考える。以上、概略した中国社会の構造変動に関する研究領域とパースペクティブから暫定的な作業仮説モデルを提起するが、人々が生きている基層となる社会構造から考察するという意味で、そのモデルを「基層構造パラダイム」モデルとしておく。

二、「グローバル化」をどのようにとらえるか

現代中国社会の構造変動は、グローバル化のもとに展開していることはいうまでもない。グローバル化との関連をどのようにみるかが論点となる。まず、「グローバル化」における社会学的諸課題を整理してみよう。

サスキア・サッセンは、トランスナショナルに人、モノ、資本、情報が移動するメカニズムに早くから関心をもっていた。(1988) これをもとに、The Global City (1991, 2001) において都市間階層 (Urban hierarchy) モデルを提起し、世界的な規模の生産ネットワークと金融マーケットが形成する権力の中心化と周辺化のダイナミズムを論証した。

これらの代表作でサッセンが提起した社会学的な諸問題は、次のように整理できる。

第一のテーマは「グローバル化する労働移動」に関する問題群。生産の国際化が国際労働移動を引き起こした。

第二テーマは「世界都市」の出現に関する問題群。金融機構をはじめとする専門的サービスと経営管理のための高水準のサービスを世界的に提供する拠点が形成され、世界都市と呼ぶべき新しい性格の経済中心が確立してきた

ことが指摘されている。

第三のテーマは、「グローバル化の社会構造転換」に関する問題群。世界都市における階層的両極化をともなう経済的再編成と社会構造の転換に関するものである。一方では、①高度に専門的な輸出向けサービス部門に雇用されている所得水準の高いトップ・レベルの専門的労働者の生活様式が生まれ、②住宅地域・商業地域が再開発され、富裕地帯化（gentrification）の急速な拡大過程が展開する諸条件を作り出している。他方では、③スエット・ジョブ（労働条件の悪い小工場や家庭内労働）の拡大などによって低賃金職種が増大し、安価で不安定なサービス産業従事者が拡大する。④雇用関係も大企業のホワイトカラー（中産階層）を典型とする雇用関係から小規模・統一規格がない・臨時的な雇用関係へ変化する。

第四のテーマは「国家、国民社会の変容」に関する問題群。国家と市民社会の枠組みを超えたレジームが生まれることを指摘している。国境を越える資本と労働力の移動によって、国民にたいする国家の排他的な権能の基盤を掘り崩し、国家間システムや国民の成員資格は、もはや権利を実現する唯一の基礎ではなくなっているという。なお、この項には、サッセンは積極的に取り上げてはいないが、グローバル化のもとでのナショナリズム、エスニシティなどのテーマを入れることができる。

サッセンが提起したグローバル化の諸問題群を以上のように整理するならば、現代中国の社会変容、即ち、単位社会の解体、都市化、高学歴化、階層分化、都市―農村の格差などの社会学的課題は、それぞれの諸相が深く連続した全体を構成しており、グローバル化に置かれた現代中国のダイナミズムを表出していると理解できる。

三、なぜ「基層構造パラダイム」なのか

基層構造パラダイムを必要とする背景と、基層構造パラダイムとは何かを、まず説明する。

(一)「基層構造パラダイム」を必要とする背景

東アジア諸地域の近代化とグローバル化による構造転換には、それぞれの地域の独自の形態と論理があり、多様な姿が出現しているという事実がある。

現代中国の社会構造の転換では、急激な経済成長を迎え、成長のチャンスに恵まれた地域と人々がある一方、成長の波に乗るだけの条件が欠けた地域と人々があり、格差を拡大している。しかし、社会構造の転換を社会全体として見れば、経済成長を達成し、階層格差を拡大するメカニズムには、構造転換の深層に布置する中国の構造的特性が大きな規定力として存在していることを見逃すことが出来ない。個人のレベルでいうならば、農村から都市に移動するエネルギーを引き出し、新しい生活を経験し、そして、諸個人が経験した成功と失敗を受容させる論理が存在している。「中国独自の社会主義市場経済システム」という表現は、社会主義体制に市場経済システムを接ぎ木したという形容矛盾をなぞっているのではなく、中国社会に内在する固有の構造的メカニズムと論理が現代中国の構造転換の具体相に表出している現実を語っているのである。社会を構成する論理と人々が生きる観念の基層を明らかにすることで、中国社会の構造的特性がグローバル化の下で構造転換を促進させ、あるいは抑制している側面をダイナミックに論じる事ができるのではないか。さらに、この事実の上に、東アジア地域における構造転換の多様性を見いだす視座を検討することができるのではないかと考えている。

(二)「基層構造パラダイム」とは何か

中国の構造変動の特性を説明するパラダイムの一つが、菱田雅晴が提唱する「『国家・社会関係』パラダイム」

である（2005）。菱田は、資源配分における国家管理の頑強さが、グローバル化の構造転換に中国的な特性をもたらしている現状を説明している。つまり、個人レベルでは非政治的で自律的な活動が勃興しているにもかかわらず、社会レベルでは自律性が制度化されていない両面併存、言い換えるならば、国家と社会との両義的な「共棲・両棲」関係が存在していると記している。現代中国における社会・集団・個人の社会学的関係の固有的特徴と、現在進行している社会変容の複層的な構造を論じることを目的として提起したパラダイムであるといえよう。

こうした研究成果を踏まえて、グローバル化の構造転換における中国の構造的特性を、人と人との関係構造、集団の構造、社会を構成する論理から説明したいと考える。

歴史的に蓄積された社会的経験は、親族関係の形態、地域社会の構成の中に織り込まれて、人と人との関係構造として規範化されている。日本の近代化に関する研究は、「イエ」として規範化された構造が産業化のエネルギーを引き出し、社会変動の形態を方向付けたことを論証した。この命題にしたがえば、グローバル化の構造転換においても、具体相の深層に潜在する構造的特性が変動のエネルギーを引き出し、方向を規定していると考えることができよう。菱田の『国家・社会関係』パラダイム」が政治、社会、経済の領域間関係に注目したものとすれば、集団の構造、社会を構成する論理から中国の構造転換を説明する分析枠組みは「基層構造パラダイム」と呼ぶことができよう。「基層構造パラダイム」は、社会構造を構成する論理に視点を当て、社会の変動相、持続相を明らかにし、両者の関連を説明するところに目的がある。現代中国の構造転換はまだ過程の途上にあり、その方向は見定めがたいところがあるが、その変動過程を見きわめるためには、錯綜したベクトル関係を確認することがまず必要になろう。「基層構造パラダイム」は輻輳するこのような諸相の関連を確認するのに有効ではないかと考える。

四、現代中国社会の構造変動の特徴

現代中国社会の構造的特徴を、人民公社体制の設立から継続する構造的特徴として検証してみよう。

（一）人民公社体制がもたらした社会秩序、人民公社が解体しても継続する構造論理

まず、現代中国の社会の構造を見る基本的な視点を得るために、一九三〇年代から今日に至る村落の構造変容について簡単な概要を整理しておく。

Huang Philip、Elvin、Kuhnらは、一九三〇年代の華北村落に資本主義的経営が発展できなかった理由を次の諸事実から説明している。

i、過剰人口・安い労働力が存在した。
ii、綿花をはじめとする商品作物に干ばつと水害が決定的な打撃を与えた。
iii、大土地所有者は農村から離れ都市に移住した。
iv、生活を維持できない農民は四五パーセントにも及んだ。
v、経営地主も家産の均分でたちまち零落化した。

商品経済が村に浸透することで、村の経済が疲弊していったのである。また、国家と村落の関係からすると、保甲制とよばれる行政システムを導入し、税の徴収、治安の確保を図るが、村が外からの強請に耐えられなくなり、伝統的なリーダーがその地位を放棄した。それに替わったリーダーは、新しい階層の野心家で、報酬によってその任に就き、国家による村の統制と収奪が、村落社会を零落させたという。(Huang 1985, Elvin 1973, Kuhn 1970) 村落社会からのリーダーの離反、資源の枯渇を、費孝通は村落社会の溶解と認識している。(1947)

さらに、Duaraは、村落内の親族をはじめとする社会集団、社会関係の構造と行政システムとの関係をbrokerage

model（「包攬」：請負、仲介）という概念で説明している。有力者に税の徴収と秩序の維持、学校の整備などを請け負わせたに過ぎないので、制度的機構を整備すると、これに比例して非制度的機構が拡大する。また、経費の膨張が地方行政の自立性を弱め、村は攤款（経費の分担）に苦しんだという。（1988）

溶解した村落社会の再建こそが一九四九年に始まる土地革命、一九五八年の人民公社体制の設立の目的であったはずである。では、この試みは農村の社会構造にどの様な変化をもたらしたのであろうか。

土地革命では、一人あたりの土地配分が均等になるように、近隣の村落間で土地の再配分を実施した。また、農業の集団化は、工業・農業・流通・学校・民兵の単一組織化を含み、それまでの郷が担っていた行政機能を統合したコミューン組織を構成した。一九六一年以降、生産隊を基本単位とする生産・分配の集団化、生産大隊と人民公社による大型生産機械の所有と灌漑設備の管理、基本的医療・教育・生活を保障する制度に再編された。

人民公社体制は、社会主義という体制のもとでの近代的行政機構の整備であった。しかしこの体制のもとでは、生産、社会生活、教育、社会保障のシステムが政治・行政システムと一体化しているので、人々は人民公社を離れて生活ができなくなった。また、平等主義という社会主義的秩序が貫徹するのであるが、所属する生産隊、生産大隊、人民公社の体制（「三級所有制」）の中での平等・均分主義である。滋賀秀三は中国家族の基本構造を「持ち寄り関係」と説明したが、持ち寄った共有財産を持つものの間の共同性は、部外者に対する排除を意味する。「三級所有制」は共有関係の分限を明快にしたところに存立するので、村の社会関係秩序の中に、「本村人間の均分主義、よそ者に対する格差主義」が濃厚になったということができる。

一九八二年の憲法において郷政府制が復活して、人民公社は解体した。また、一九七八年以降に実施された家庭聯産承包責任制によって生産単位としての家族が復活し、市場経済化が推進された。王滬寧は、家庭聯産承包責任制が広く実行されると、村落家族文化の解消は全体的な趨勢に違いないにしても、その活発な機能は改めて注目されるという。（1991;49－58）また他方では、集団経済が請負制に転換された後、行政手段の効用は大幅に減じ、集団福利である農村の合作医療保険などの施策が急激に減少して、村の正式組織が凝集力をうしない、権威を喪失し、組織の程序を下降させているという。（1991;59－64）

しかし、農村における経済の市場化は、土地と生産を請け負った家族、もしくは個人が全てを担ったのではなかった。郷（鎮）や村の政府は、郷鎮企業の経営など、むしろ市場化を集団として積極的に推進したのである。村人の雇用の場を確保し、教育費（学舎、教員、教材）、生活と生産インフラ（道路、灌漑設備、農業機械）整備費、社会保障費（老齢年金、医療補助、生活困窮者への支援）、さらには村や郷の役人の人件費の確保まで、村と郷の政府が担うべき役割となった。（佐々木、2005）人民公社は村民委員会に再編され、村の行政機構は政治と行政、社会生活に関するものに分割されたものの、実際の機能からすれば土地の管理、行財政、政治の基礎単位として、村・郷（鎮）は人民公社体制を引き継いでいたのである。（張楽天、1998）

村と郷（鎮）の行政には近代的な義務教育の推進、社会生活基盤の整備、産業の振興と雇用機会の創出を求められ、そのための財政的裏付けを村・郷鎮政府が担わざるを得ないので、郷（鎮）と村の行政的経営には人民公社時代にもまして一層の重圧がかかった。張玉林は、国家と村の幹部による税の過度な徴収を指摘している。（2001）陳桂棣と春桃は、税金や公金をでっち上げて強制徴収する地方役人の悪行と、郷鎮政府の非効率な機構と外部職員や臨時職員を含む過剰な人員による財政悪化を告発している。（2004）

しかし、地方行政機構の肥大化、役人の過剰人員、諸々の名前を冠した税の負担強制などの事態は、行財政の負担能力を十分に備えない地域にも、社会の近代化負担を求めているところから生じていることが指摘されるべきである。また、Duaraが指摘した社会関係と行政システムにおけるbrokerage（「包攬」：請負、仲介）関係は、行政機構における上級との関係、村人との関係を規定する構造として組み込まれているので、税の取り立て項目が増えればそれだけ「乱収費」（任意な名目による税徴収）、「攤派」（費用の割当徴収）は大きくならざるを得ない。

一九九〇年代以降、農村はグローバル化のインパクトの外に考えることはできなくなった。沿海地域の農村は、外資の導入、外国企業の誘致を受けて、工業地域として発展している。土地が不動産的価値を生み、その運用から得る利益が村人に豪奢な住宅を提供するなど村の福利厚生の事業に使われている。このようなスーパービレッジと呼称される村の周辺には、村の人口を遥かに超える外村人が住んでいる。（折暁葉、1997）これと対照的に、企業の振興はむろん、農業の生産性の向上さえ期待できない地域では、大量の人口が大都市をめざして移動している。スーパービレッジと過疎化によって内側から解体しようとしている村とは、人の移動をとおしてリンクしているのである。

（二）現代中国農村の社会構造的特徴をどのようにみるか：「本村人間の均分主義、よそ者に対する格差主義」

第三章と第四章で北京近郊の事例、第五章から第七章で青島市の事例で詳述するところであるが、村民委員会への再編後の「村」の機能と特質を整理すれば次のことがいえる。

i、人民公社が郷政府と村民委員会に再編されたことで、「村」が行政単位として明確になった。

ii、村民委員会は「村」による土地管理を継承し、上級機関との関連では行財政・政治の基礎単位としての機能を人民公社体制から引き継いでいる。

iii、八〇年代以降、道路の整備と補修、農業基盤整備と大型機械の導入、工場誘致のための土地整備、学校をはじめとする公共施設の建設など、地方においてはこれまで十分でなかったインフラの整備が要求されているが、必要経費は地方に負わされており、整備を進めるほど地方負担は大きくなった。

iv、地方の負担は「村提留」（村によって運用される経費）、「郷統籌」（郷・鎮によって運用される経費）、村人による労務負担がある。農民個人から徴収する負担は限界があるので、郷・鎮と村の政府は郷鎮企業（地方政府が投資する企業）や私営企業を育成して、企業への「攤派（寄付割当金）」を徴収するか、土地の不動産運用による「村」の収益増大を計らざるを得ない。

ⅴ、企業の立地に恵まれた地域は、資本と企業を呼び込み、さらには土地の不動産的運用も可能で、「村」に蓄積される金額は膨大なものになる。村人に雇用機会を生み出すだけではなく、企業を創業するチャンスを拡大し、さらに蓄積した資金で住宅の提供など村人に手厚い福祉を提供している。

ⅵ、「肥水不落外人田（利益を外に漏らさない）」という格言のように、利益を共有するものとそうでない者との分限を明確にして、「差序格局」（費孝通、1947）として知られる「本村人間の均分主義、よそ者に対する格差」が村落社会の構造を構成する論理として働く。スーパービレッジと形容される村では、本村人とされる村人を遙かに超える村外者が長期に滞在するにもかかわらず、義務教育費の免除など本村人が享受する利益から排除されている。

ⅶ、工場の立地条件に恵まれた地域は、本村人間の凝集力を高め、本村の社会生活の中心となる層と周縁部分で生活する層に分化する。劉一皐・王暁毅・姚洋によれば、本村人、本地人、外地人の三層構造が出現しているという。すなわち、「村」に戸籍があり、「村」の提供する公共財・サービスを享受する権利を持つ人（本村人）、「村」に長期間住むが戸籍を持たない人（多くは本村の近隣地区出身者：本地人）、「村」の一時滞在者（外地人・よそ者）の階層分化である。（2002）

以上は経済的に優位に条件にある地域をモデルとして整理したものである。本論ではこの構造の論理を「本村人間の均分主義、よそ者に対する格差主義」と名付けておく。

五、「基層構造パラダイム」から見た現代中国社会の構造転換

中国における地域間の格差は、安い労働力を都市に継続的に送り込むプールを空間的に成立させている。移動者のプールは、経済的に発展した地域と条件に欠ける地域との間の絶えざる人口移動として、そして都市内での移動者の滞留として現れている。後者の姿をもっとも典型的に表現しているのが、王春光が描いた「浙江村」である。(1995) 一九九〇年代初頭の北京の南郊に、浙江省温州市出身者が七・八万人も集住する地域ができた。彼らの主な職業は衣服の縫製、販売、ボタンや針・糸の仲買である。このほか、飲食店、蔬菜販売、理髪店、診療所、幼稚園を経営する人たちがいた。地域内で日常生活がほぼ充足する空間を構成し、「浙江村」と呼ばれたのである。移動という視点から見ると、住民の多くは全国各地を移動した経験を持っており、温州市から新規に来た人も、新しい生活チャンスを切り開く基点とするために、知り合いのいる当地に暫時の居住を求めてやってきている。衣服の縫製を中核に職業が成り立っているとはいえ、多くの人たちの経営は安定せず、転業が容易な職業移動の一つのステップでしかない。こうした人たちに暫時の職業と居住を提供するのが「浙江村」なのであり、定住者たちが構成する地域社会と区分されている。

現在の中国の大都市は、定住者の生活する空間と移動者の生活する空間とが互いに織り込まれて構成されている。この構造は、以下に見るように、先に示した農村の複層的構造と同型的な論理を持つのではないかと考える。

近年、「社区」として構成されている地域社会には、経験的に次の類型があるのではないかと推測する。第一は、政府機関・(旧) 国営企業に勤務する人たちが住む地区、即ち、分配された住宅に住む定住者たちの地区である。これには、開発に伴って家屋を接収された地元の人々に、代替家屋として提供された地区も含めることができる。第二は、私営企業主・管理者が多く住む社区、即ち、マンションの購入者たちの住む地区である。第三は、事務・

店員・労働者が多く住む社区、即ち、賃貸アパートに住む人たちの地区である。

　第一のタイプは、かつての単位社会の姿を残すもので、分配住宅がそのまま現在に引き継がれたものも、また、新築されたアパート群でも福祉住宅として機関の職員と関係者に格安で分配されたものもある。機関が財政的に補助をした地域活動センターがあったり、幼稚園と小学校、スパーマーケットや郵便局など生活の利便性を備えている場合が多い。また、開発によって接収された地元に人に対する代替家屋は、無償、もしくは市場価格の半値くらいの格安で配分されたため、複数の家屋を入手できた人も少なくない。

　第二のタイプは、高級新築マンション群で、市場価格で販売されている。大都市では一平方メートル数万元するところもある。地域内には、病院、学校、レストラン、ブティック、アスレチッククラブなどの施設があり、市場原理で利便性が提供されている。

　第三のタイプは、再開発によって外見を改装しているが、居住面積が比較的狭く、暖房設備がないなど条件はよくない。かつては単位が所有するものであったが、単位の経営から切り離されて、補修が行き届かなくなり、賃貸アパートとして外部者に貸し出されている事例が多い。

　第一のタイプと第二のタイプは定住者の生活空間として構成されるが、第三のタイプは賃貸契約が一年間と短期であることや、一つの部屋を数人がシェアーすることも少なくなく、居住者の移動率は高い。しかし、第一と第二のタイプの中にも貸し出されて一時滞在者が住むことも少ない。築年が経過すると転売されることも多くなり、第三のタイプに近くなる。しかし、外来者が都市に集中的に流入する地区はこれらの他の第四のタイプ、すなわち都市の周縁部に形成される「遷移地帯（Zone in Transition）」である。

　都市で住居を求めるには暫留許可書が必要であるが、これには事業所の就業証明書を取得しなければならない。では、地方から出てきたばかりの人たちはどこで生活するのであろうか。いくつかのタイプがここでもある。インターネットなどで仕事を探す人、工場の求人広告によって仕事を探す人、ブローカーをとおして仕事に就く人がある。彼らはたいてい工場の敷地内に設けられた寄宿舎に住み込む。しかし、外来者が都市で正規の仕事に就くのは難しく、建設業、商店の従業員、飲食サービスなどインフォーマルな仕事に集中している。李強は、外来者は都市における労働市場から排除されていることを実証している。彼らの就業は親戚・友人などの知り合いを頼らざるを得なく、都市への移動もしばしば行き当たりばったりで、特に就業の約束があって農村から出てくるのではなく、まずは都会に出てから探すのが一般的であるという。（2000［2004］）彼らが頼る親戚・友人が生活している場は、シカゴ学派がいう「遷移地帯（Zone in Transition）」なのである。「浙江村」がそうであるように、都市の周辺部、開発から取り残されたところ、再開発のために取り壊しをまつ地域、すなわち、体制の制度から外れた周縁部である。

こうしてみると、「本村人」と「外地人」の格差的区別、即ち、「差序格局」は農村の社会構造に限定されるのではなく、中国社会の基本構造、集団形成の一般的な論理と関連しているのではないかと推測することができる。企業の例をあげるなら、企業の雇用関係には次のような構造がある。国有企業においては経営・管理者、技術者、一般労働者、臨時労働者の階層の分限は明瞭である。私営企業においても資本出資者・経営者、管理者・技術者、一般労働者という階層がある。この区別は雇用関係を規定しているばかりか、企業内の社会的位置も決定している。国有企業の経営・管理者の社会的位置は「単位」の中に取り込まれた「本村人」に相当する。かつて「工人」として企業の「主人」であった一般労働者は、契約によって雇用される被雇用者に流動化・周辺化させられてきた。私営企業で見ると、資本出資者・経営者は「本村人」に相当する。これに対して、私営企業の管理者・技術者は専門性が高く、企業内では基幹となる人材なのだが、彼らは雇用条件が悪ければ容易に移動するので、彼らの定着率は高いとはいえず、「本地人」（村に長期間住むが、戸籍を持たない人）の位置に相当するのではないかと思われる。一般労働者は、出稼ぎ者、流動人口からなっており、雇用する側も、雇用される側も「外地人」として認知されている。劣悪な労働条件と長時間労働にもかかわらず、彼らの賃金は低い。また、雇用保険への加入は、私営企業家も経費の負担増から望まないし、一般労働者は手取り賃金から保険料を差し引かれたくないので、加入率は低い。彼らは、企業の操業状況によっていつでも解雇できる「三不管」（誰もかまう人がいないもの）の位置に甘んじざるを得ない。

六、おわりに——東アジアのグローバル化と中国社会の構造転換の特徴

本稿を最初の問題に立ち帰って整理してみよう。本稿の目的は、グローバル化の中の構造転換とはなにか、中国における構造転換の特徴はなにか、急激な転換をもたらしている社会構造エネルギーはなにか、そして、その促進的側面と抑制的側面を解明するための作業仮説としてのモデルを提示するものであった。

グローバル化の中の構造転換とは、第一に、産業の中核となっている企業が、新しい競争的環境に迅速に対応できるように、規模の経済、垂直的統合、経営資源の内部化、企業内官僚制による構造から、企業内部の専門分野を自立、横断的で直接的な連携を可能にするネットワーク型の構造に転換すること、第二に、就労形態を流動化して、専門技術職の移動を容易にし、流動的労働市場の拡大すること、第三に、国外への生産移転、知識・技術集約的な活動の途上国への移転、第四に、移民労働者の組み込みとしてまとめることができよう。（小井土彰宏、2002）つまり、新しい競争環境の変容に応じて、迅速な対応ができるように企業内部組織を流動化すること、生産・就労形態をトランスナショナルに流動化することと概括することができる。派遣、臨時、パートという多様な雇用形態が採用されるが、このためには、安価で、いつでもレイオフすることができる労働力が常時、大量にプールされていなければならない。先進国での移民労働者の組み込みの拡大と、途上国での労働力プールの空間的拡大は、同時

的に進行している。

中国において現在進行している構造転換は、まさに右に記した構造転換に準えて進んでいることはいうまでもないであろう。（中兼和津次編、2000）国営企業の民営化と労働契約制の導入、私営企業の振興、外資企業の導入、そしてこうした企業に安価な労働力を提供するのが「農民工」の存在である。人民公社体制の終焉によって農民を土地から開放したことは、農村に緊縛していた過剰人口を流動化させることであった。しかし、全国の農村が一律に均質化したのではなく、農村の中では本村人―外地人の格差構造を依然と残しており、移動した人々は外来者として、地域の中でも、企業の中でも周縁的な地位に甘んじている。農村と都市、地域間の格差構造が移動人口を農村部から都市に陸続と向かって移動させ、企業操業状況によっていつでもレイオフできる労働力のプールの存在を可能にしており、中国におけるグローバル化の条件を構成しているといえるであろう。

格差構造は、様々な社会問題を生んでいる。外来者の子どもたちの就学には、特別の寄付金が求められ、「借読費」（本籍地以外で就学するための特別の費用）が必要である。彼らが当該地域のメンバーとして認められていないからである。外来者である彼らは、企業の従業員としてのメンバーシップが不完全なために、失業保険、医療保険の恩恵を受けることもまれである。さらには、都市本地人の就業機会を保護するために、外来者が就業できる職種を制限している都市もある。こうした格差は都市による「社会的排除」（張玉林、2001）、「集団的排除」（李強、2000）と形容されている。外来者に対する社会的な排除は農民を村に縛り付けている戸籍制度が問題なのだという指摘は一般にされるところだが、しかし、制度的な問題である以上に、本村人―本地人―外地人という社会構造の中に織り込まれている格差の構造が問題ではないかと考える。

グローバル化の中国社会は、格差構造が人々の移動エネルギーを引き出し、経済発展と社会変動の軌道を方向付けている。むろん、「差序格局」がもたらしている差別的な構造、あるいは社会不安を醸成する要因を除去する必要があることはいうまでもない。冒頭に紹介した『中華人民共和国国民経済・社会発展第十二次五ヶ年計画要綱』は、戸籍制度の改革をはじめとした格差的構造の解消を目指した果敢な政策を提起している。しかし、グローバル化を方向付けている中国的な構造、グローバル化の民衆エネルギーを汲みだしている中国の特殊な構造を無視するわけにはいかないのではないかと考える。こうした視点からすると、中国社会のグローバル化する構造転換は『第十二次五ヶ年計画要綱』の実現の中でどのような姿を現すのか、格差是正政策の方向、政策実施の困難さなど、改めて検討する必要があるのではないかと考える。

参考文献

菱田雅晴・園田茂人 2005『現代中国経済八　社会発展と社会変動』名古屋大学出版会
菱田雅晴編 2000『現代中国の構造変容五　社会――社会と国家との共生関係』東京大学出版会
小井土彰宏 2002「産業再編成と労働市場の国際化」（小倉充夫・加納弘勝編『講座社会学十六　国際社会』東京大学出版会所収）
熊谷苑子・桝潟俊子・松戸康子・田島淳子 2002『離土離郷――中国沿岸部農村の出稼ぎ女性』南窓社
中兼和津次編 2000『現代中国の構造変動2　経済――構造変動と市場化』東京大学出版会
佐々木衞・柄澤行雄編 2003『中国村落社会の構造とダイナミズム』東方書店
佐々木衞 2005「現代中国村落の構造的特質とモダニゼーション――河北省三河市X村の事例から――」（北原淳編『東アジアの家族・地域・エスニシティ――基層と動態』東信堂所収）
佐々木衞 2007「中国における土地開発ただ中のコミュニティ――青島L区S村――」『社会学雑誌』二十四号、三四―四六頁
佐々木衞 2010「現代中国の地域社会をどの様に捉えるか―所謂〈コミュニティ〉はどこにあるのか―」『現代社会の構想と分析』第八号、四四―六二頁
張玉林 2001『転換期の中国国家と農民』農林統計協会

陳桂棣・春桃 2004『中国農村調査』人民文学出版社（納村公子・椙田雅美訳『中国農民調査』文藝春秋、二〇〇五年）
李強 2000『社会分層与貧富差別』鷺江出版社（高坂健次・李為監訳『中国の社会階層と貧富の格差』ハーベスト社、二〇〇四年）
費孝通 1947『郷土中国』上海観察社
劉一皐・王暁毅・姚洋 2002『村庄内外』河北人民出版社
路風 2003「中国単位体制的起源和形成」（中国社会科学院社会学研究所編『中国社会学第二巻』上海人民出版社）
沈崇麟・陳嬰嬰・馮世平 2001『中国百県市国情調査第四批調査点問巻調査：調査報告和資料匯編』中国社会科学出版社
王春光 1995『社会流動和社会重構——京城「浙江村」研究』浙江人民出版社
王滬寧 1991『当代中国農村家族文化——対中国社会現代化一項探索』上海人民出版社
張楽天 1998『告別理想——人民公社制度研究』東方出版中心
折暁葉 1997『村庄的再造——一箇〝超級村庄〟的社会変遷』中国社会科学出版社
折暁葉・陳嬰嬰 2000『社区的実践——〝超級村庄〟的発展歴程』浙江人民出版社
中国社会学会編 2001/2002『中国社会学会学術年会獲奨論文集』第一巻、第二巻　社会科学文献出版社

Duara, Prasenjit 1988, *Culture, Power, and The State: Rural North China, 1900—1942*, Stanford University Press.
Huang, Philip C.C. 1985, *The Peasant Economy and Social Change in North China*, Stanford University Press.
Kuhn, Philip A. 1970, *Rebillion and Its Enemies in Late Imperial China: Militarization and Structure, 1796—1864*, Harvard University Press.
Sassen, Saskia 1988, *The Mobility of Labor and Capital: A Study in International Investment and Labor Flow*, Cambridge University Press.（森田桐郎ほか訳『労働と資本の国際移動：世界都市と移民労働者』岩波書店、一九九二年）
Sassen, Saskia 1991（2001）*The Global City: New York, London, Tokyo,*（*New Updated Edition*）, Princeton University Press.（大井由紀・高橋華生子訳『グローバル・シティ：ニューヨーク・ロンドン・東京から世界を読む』筑摩書房、二〇〇八年）

第三章　中国村落の社会構造

一、はじめに

一九九七年から一九九九年にかけて、河北省三河市にあるM村と西L村を対象に、社会構造とその変容を一九三〇、四〇年代から現代にいたる時間の流れの中で検討した。調査にもとづく研究成果は『中国村落社会の構造とダイナミズム』（佐々木衞・柄澤行雄編著、東方書店、二〇〇三年）として上梓した。本稿はこの中に取り入れることが出来なかった村の財務諸表を用いた村民委員会の活動分析と家族関係表を用いた家族の構造を取り上げる。前者は村落の構造と機能とを財務諸表で的確に裏付けることが目的であり、後者は分家と養老の諸事例を検討することで、現代家族の様態を描くことに目的がある。

三河市は北京市の東六〇キロに位置する。西部は北京に隣接し、東は天津市に隣接する。地域のほぼ中央を東西に京哈公路（北京とハルピンを結ぶ街道）が貫く。これに並行して北京から北戴河に通じる鉄道が走っている。

三河市は北京に接していることから、一九三〇、四〇年代は日本軍の占領や国民党の軍隊と共産党の軍隊の拮抗、革命後は反右派闘争や文化大革命など、中央の政治に影響されることが多かった。また同時に、大都市北京は、出稼ぎの地であり、農作物の消費地として、村の生活に深くかかわっている。一九八三年以降の経済の開放改革以後の展開も、それまでに個人や村が蓄積した北京との関係が重要な作用を及ぼしていることがうかがえる。調査対象としたM村は三河市の中でもっとも大きな村落の一つで、かつては盛大な廟会が催され周囲の村の中心的な役割を果たした。西L村は隣接する東L屯と一つの村を構成した時期もある小さな村落である。M村と西L村とは五〇〇メートルしか離れていないが、一九八〇年代の経済の開放政策に対する対応はまったく異なっていた。M村は、合作社時代から北京の企業の下請けとして工場を経営し、これを土台に村落による集団的企業経営を維持した。これに対して、西L村は村の企業をすべて個人の請負に出して、個人経営による経済発展を選択した。元来、企業の集積は大きくなかったという条件もあるが、村としての集団経営をいち早くやめてしまった。一九八〇年代以降の村落社会の発展の道はそれに先行する条件に左右されざるを得ないが、こんなに近くにある二つの村落がまったく異なった選択をしたことは、われわれの関心を引いたところであった。中国社会の変容の多様性、そして現代村落社会としての構造や機能の特質などを、二つの村落を対象に検討するとかなりのことが分かるのではないかと考えた。

二、三河市M村と西L村の社会概要

（一）M村の社会的特徴

M村と西L村は隣接しながらも、全く異なった姿で現代化に対応してきた。この点を中心に社会的特徴を整理す

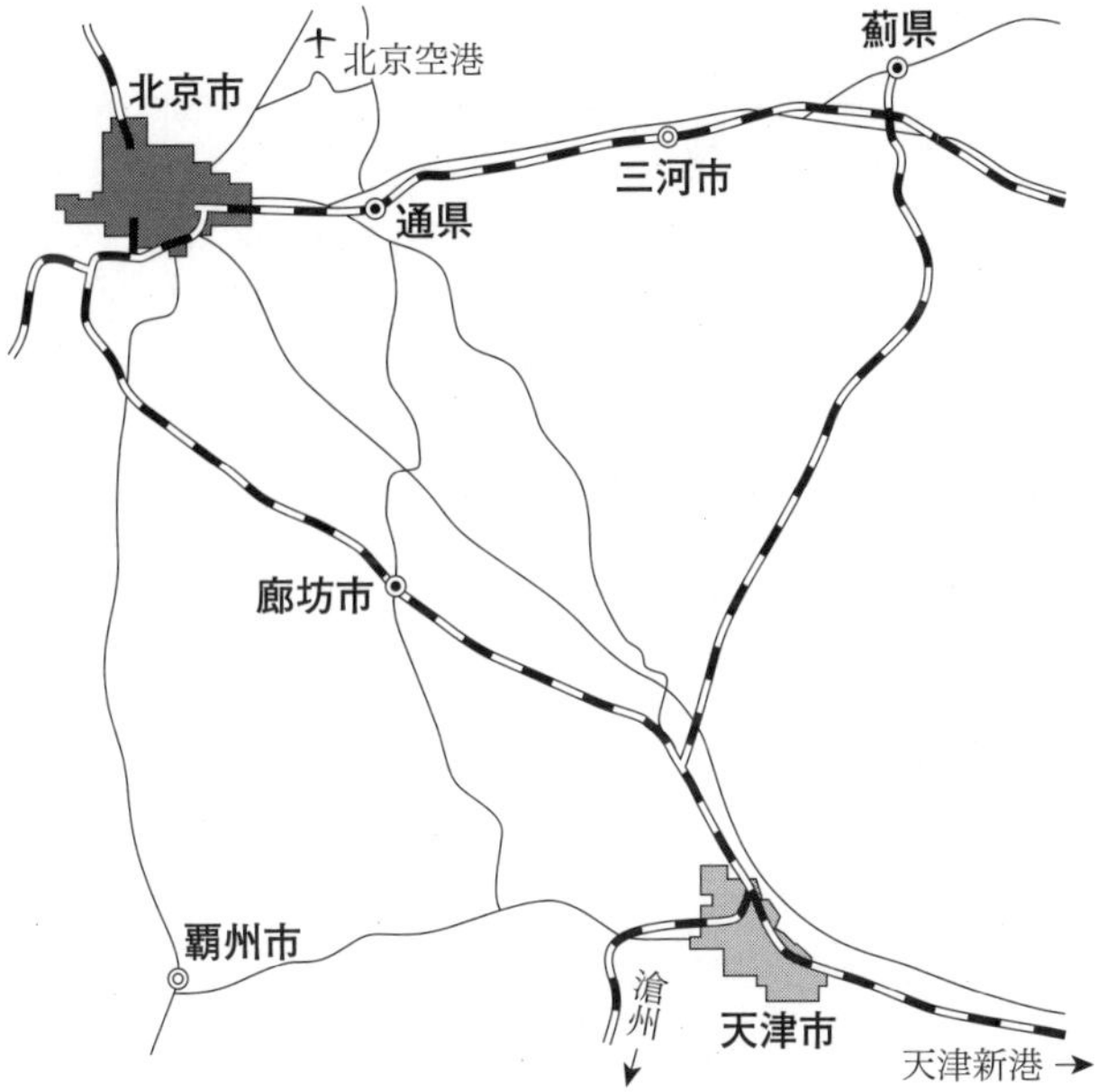

三河市の位置

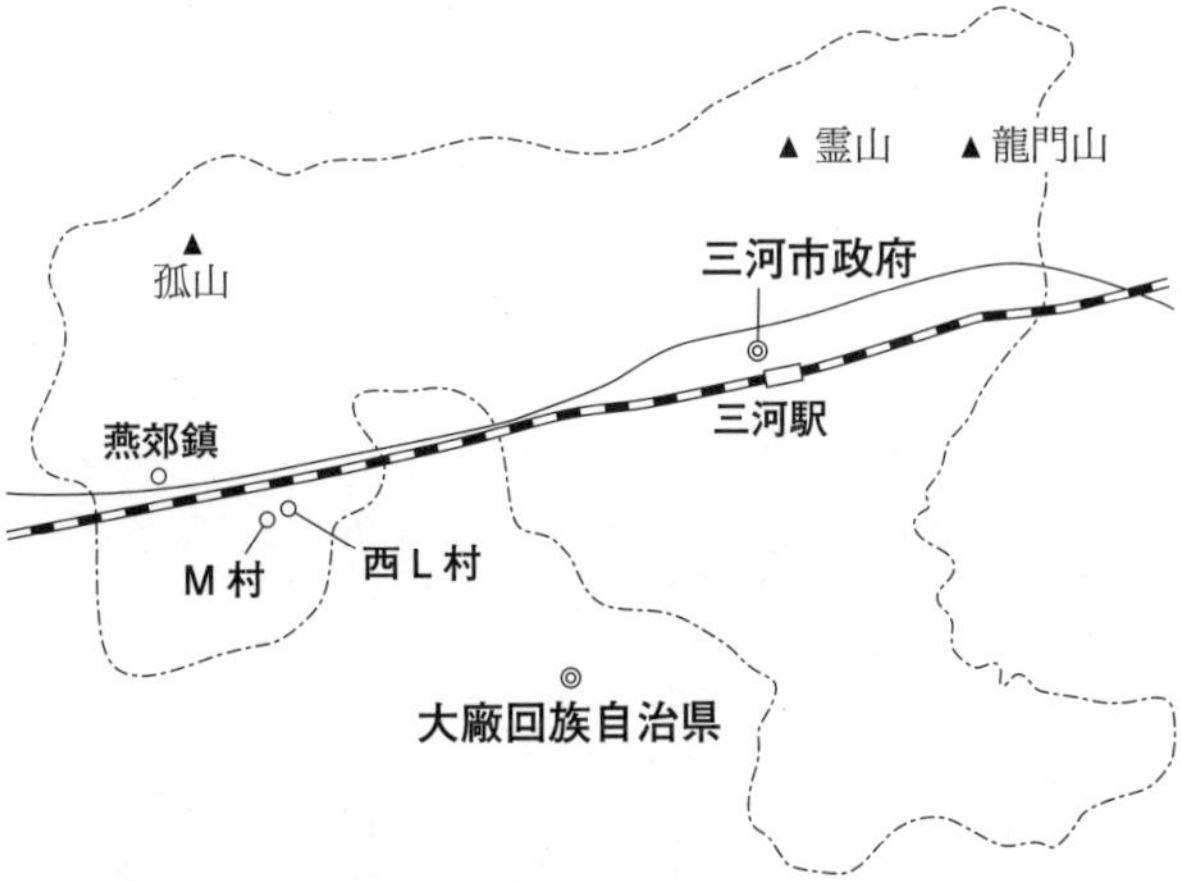

三河市の概況

三河市およびM村と西L村の概況地図（『中国村落社会の構造とダイナミズム』p.18 の概略図）

るなら、以下のようになる。

(1) M村の概況

唐代初期にさかのぼる李世民(唐第二代皇帝、太宗)の討遷伝説に村の名の起源をもつ。村内には、双塔、南塔、皇家墳などと呼ばれる遺跡が残り、清朝の歴代皇帝を祀る東陵に通じる官道に沿った村として、宮廷や権勢家門などに関連する故事を持つ。

現在(一九九七年)の村の戸数は八二九戸、人口三〇六〇人で、三河市の中でも二番目に大きな集落である。村に配分された土地は五〇〇〇畝、責任田(耕地)は二五〇〇畝である。この中には、養魚地、養豚・養鶏などの施設に使われている一〇〇畝、自家菜園地の土地が二〇〇畝ある。

(2) 社会的な特徴

①地域社会の中心性

M村は人民公社時代には十六村が構成するM人民公社の中心として、一九八三年からはM郷の郷政府の所在地として、地域の中心としての機能を果たしてきた。河北省が実施した「撤郷併鎮」政策により、一九九六年にM郷は燕郊鎮の下に統合された。

解放前、M村には五畝の敷地をもつ関帝廟(北廟)があり、農暦四月十日に廟会が開かれた。この廟会に周囲五キロ四方の村々から参拝客が訪れ、買い物客でにぎわった。また、廟の向かいに戯楼があり、舞台では劇団を招いて演劇が催された。

②村落の共同的な経営

本村には高級合作社の時代から工場が誘致された。一九五七年のネジ工場の導入に始まるが、本格的に工場が誘致されたのは、人民公社時代の一九六八年に操業を開始した洗濯機の部品製造の工場であった。後に一九八八年にホーロー加工工場となり、一九九二年から村営の工場を建設している。この外、自前の工場として、印刷・段ボール工場、服装工場、プラスチック加工工場がある。村営の企業は、村民の就業機会、生活、村の財政、国への納税を保証するためのものと位置づけられている。

近年、企業の経営は思わしくなく操業を停止しているものもあり、生コンクリート工場の新規操業や、既存施設を活用して私営企業の誘致をはかっている。

村の行財政は、年間の収支が一三〇～四〇万元になる。収入は損益企業からの利益が充てられ、支出は、農業費、道路整備費、上水道などのインフラ整備費、福祉費などに使われる。この外、一九九三年に発電施設用地として売却した土地代金七〇〇万元をはじめ、土地を国家に売却した土地代金（これまで約二三二〇畝を売却）を公益金として村で管理している。

「自分の田の水を他人の田に流さないように」という考え方で、村の利益は外に流さないようにしているという。外来人口は、本村からすると、一時滞留者にすぎない。また、結婚後、夫が妻方に同居した場合、戸籍を本村に移したとしても、入り婿した男性には口糧田は配分しない。例外は、妻に男の兄弟がいない（家に男の継承者がいない）場合に限られている。

③行政組織の整備

M村が一つの行政単位になったのは、一九五八年に人民公社が設立されてからのことである。この時に、M村は紅星人民公社・M管区・M生産大隊として再編された。土地と工場は、五村連合の共有からM生産大隊による単独の管理に移った。一九六二年以降、人民公社、生産大隊、生産隊の三級の区分と関係が整理され、M村が実質的な行政単位、そして社会・生活の単位としての分限が明確になる。

現在は、共産党M支部と村民委員会が組織されている。村民委員会は、主任、会計、出納、実物管理、企業管理、調解委員会、治保委員会、婦女連合会、民兵連で構成されている。外に、農業服務隊とM工業公司、また、村民全員が加入する生産組（村内を六つに区画し農作業の調整をする）がある。

④リーダーの継承性

土地改革時に指導的な役割を果たしたリーダーは、合作社時代、人民公社時代にも村営企業の操業に大きな役割を果たし、村の経済的な安定に貢献した。彼らの多くは、一九七〇年代以降までその役割を継続する。企業の成功とこれによる村の財政の安定が、彼らの正当性を裏づけているものとみられる。

最初の合作社（一九五三年）は村の民兵隊に参加した者が母胎になって組織された。農会と民兵隊で活躍した人たちが実権をにぎる。また、解放前に「坐腔戯」（京劇を謡う演劇集団）を組織した人たちが、土地改革時のリーダーとして活躍した。また、メンバーは村の文芸工作隊として、青年・婦人の活動の核となった。

解放前には、文秀才となったDS、その息子で唐山法院院長を務めたDYを輩出している。DYは法院院長を辞した後、本村に帰り、小学校を設立するなど村の近代化に尽くしている。文化大革命が勃発すると批判され自殺した。

⑤村落社会の複層的な構造

解放前は、D姓一族を中心とした雑姓の村であった。村には共有地（北廟の廟地）四〇畝があり、年末に「吃会」を開いた。村民一人あたり二切れの肉が配分された。

D姓一族は、二〇畝の公産、公房をもち、一族の「清明会」を催した。しかし、D姓家族は、東のD姓と西のD姓の血縁関係のない二つの家族から構成されていた。しかも、それぞれの家族内で、兄弟が土地の継承をめぐって不和となっていた。

「坐腔戯」、「摔跤」（中国相撲）、民間宗教（在家理、一柱香、一貫道など）の活動が盛んだったといわれ、行商人など外に出て働く人たちや下層に生きた人たちが参加していた。このように、同姓集団としてみても、階層的にも、村が一つのまとまりをもった生活を構成していたと考えにくい。廟地を共有することで村の凝集力を保ちながらも、大戸（地主や富農）中心の村の運営が暗黙のうちに了解され、他方、下層は独自のネットワークの中に生きているという多層的な構造を推測させる。

村の行政的・政治的なリーダーの外に、家を建てるときや冠婚葬祭など、村人の援助を頼まなければならないときなど、「支客」と呼ばれるリーダーが活躍している。現在、「支客」として村人から頼りにされるメンバーを見ると、人民公社時代に生産隊の隊長や副隊長として働いた人、また、私営企業家として成功した人である。

(二) 西L村の社会的特徴

(1) 西L村の概況

本村の戸数は二五〇戸、人口は九二八人で、このうち村外に二〇～三〇人が出稼ぎに出ている。また、ほぼ三〇〇人の外地人が本村に臨時に居住しており、製本業、活動房の製造などの作業場に雇用されている。本村人と外村人をあわせて、常住人口は一二〇〇人あまりである。

土地は二二三六畝で、耕地は一六〇〇畝、その他は宅地、工場用地、飼育場として使っている。村内に新しい住宅用地を開発中であり、すでに七〇戸分の宅地が完成している。

本村の主な業種は、建材（「活動房」とよぶ鉄骨枠にセメント板を組み付けた簡易プレハブ住宅）と漆喰の天井板（「天花板」）の生産、服装工場、製本工場、鹿や鳩の飼養などがある。

(2) 社会的な特徴

①周辺的な社会的位置

現在の村は、清朝初期の一八世紀初めに移住してきた家族によって構成されたといわれており、比較的新しい。当時の家族は、C姓、B姓、M姓、X姓であったとされる。

K姓は村の家族の七割を構成する。一九世紀の初期の飢饉の時に約八キロ東の村から移住してきたと伝えられている。K姓の家族は東L村のK姓と一つの家族と見なされている。

元来の村は「后街」を中心としたところにあった。清朝の末に、豚の仲買で財力を得たK姓の家族が村の南の人気のない場所に土壁をめぐらした住宅地（「南園子」と呼ばれる）をつくった。これが現在の「前街」となる。景観的にも、后街と前街とは溝で隔たれ、二つの集落からなっている。

②北京など大都市との結びつき

解放前の地主や富農は、北京との関係で財力を蓄えた事例が少なくない。H家は、北京で薬屋の経営で金を稼ぎ、当地に土地を買った。K姓（南園子）は、豚の仲買業（東北地域で豚を仕入れ、当地で太らせて大消費地の北京に運送する）で財産を作った。さらに、B姓は、清末から民国時代に北京の勢力家の厨房で働いて蓄財した。

一般の家族は、北京や通県の商店や企業に雇われたり、運送の仕事に携わるのが多かった。女性は、北京で女中として働く人が多かった。

人民公社時代の末期、一九七八年に北京の工場の下請けとして、縫製工場を設立した。

(3) 家族親族の特徴

本村の家族は比較的来村歴が浅く、しかも家族の盛衰が激しいので、一族の勢力を拡大する条件に欠けているが、それでも定住すると一族の墓地をもち、清明節を祝った。

K姓の親族は、東L村と西L村の境に墓地を持ち、清明節には両村のK姓がともに墓参して食事をした。また、南園子のK姓家族は西L村に墓地をもち、清明節をおこなった。この一族は豊かな家族が多く、K姓全体の清明節よりも華やかだった。初級合作社が組織されたとき、南園子の家族は彼らだけの合作社を組織した。

B姓の親族は、近年、族譜の修復に関心を寄せている。宮廷や勢力家の料理方を勤めた祖先をもち、村の中で教師として社会的な地位をもつ人もある。一族内に「掌門的」と呼ばれる冠婚葬祭などの家族の行事を仕切る人があり、一族で正月を祝ってきた。文革中もその活動を続けたといい、今日も一つの家族としての往来を続けている。

（4）村の機能

①村が行政的に自立したのは一九三七、八年に甲保制が布かれた時期といわれている。

村が行政単位として実質的な組織と機能を成立させたのは、一九五八年に人民公社が設立し、西L村が生産大隊となった時である。それまでは、村に期待された行政的な機能は弱く、しかも西L村が一つの単位として行政組織を整えたことはなかった。人民公社になって、大隊長以下の役職を置き、土地をはじめ村人の生活を共同で管理した。

②村人の生活にとって基本的な単位は七つの生産（小）隊であった。土地の管理と生産は生産隊が単位となっており、副業の経営や困難世帯への支援も生産隊が行った。生産隊ごとに生産性が異なっており、生産隊のリーダーの管理や農作業の能力が村人の生活に直接影響した。

③村民委員会の最大の関心は、三〇〇人にも及ぶ村外者の治安管理にある。村の組織の一つに「治保委員会」があるが、本村では治保委員会のもとに「治安連防隊」と「流動人口領導小組」が組織されている。前者は、犯罪の発生を防ぐために毎夜村内を巡回している。後者は、外村者の登録・管理のためのものである。

(三) 外来者の概況（一九九九年の調査記録から）

（1）M村の外来者の概況は、次のようになる。

まず、部屋の賃貸記録から見ると、三一件、六三人の登録がある。これには夫婦と子どもというような一家が居住しているものも、また、数人が一部屋を借りていることも含まれている。夫婦で居住している場合、「計画生育」の対象になるので、「流動人口既婚育齢婦女登記カード」に登録されている。M村では、二四組の家族、子ども三二人が登録されている。子どもは、男の子二〇人、女の子一二人である。

出身地別に見ると、東北地域が三〇人、山東省・天津市が一四人、甘粛・陝西省などの西部地域が八人、湖南・四川省の南部地域が四人、河北省が七人の構成である。

外来者のうち、部屋の賃貸記録と「流動人口既婚育齢婦女登記カード」に記録されない人がある。雇用者の家屋に賃貸契約を結ばないで宿泊する外来者がこの例である。

ＬＨは紙箱の製作場を経営しているが、この工場に九人の工員を住まわせている。男性一人、女性八人、一八歳から二二歳の若い独身者ばかりである。彼らはすべて山東省単県の出身である。ＬＨの妻が山東の出身であることから、故郷の青年たちを呼び集めたのだという。

商店に住み込みで働く外来者もある。ＬＷは小売店を経営しており、ここに二人の若い女性を住み込みで雇っている。一人は、ＬＷの妻の親戚の内蒙古出身の女性、もう一人は河北省の出身だが、先の内蒙古出身の女性の親戚で、この女性の紹介で雇われているという。商店や工場などの住み込みの外来者は少なくないと思われるが、部屋の賃貸記録などに記録されないために、正確に把握できない。

また、以上の外に、本村で臨時工として雇われている若い男性がいるが、短期のために村の記録に表いれていない。

（2）西Ｌ村の外来者

本村に住む外来者は、三〇〇人に及ぶといわれている。「流動人口既婚育齢婦女登記カード」には、一九組の成人三七人、子ども二二人が登録されている。一組の家族は妻が欠損している。子どもは男の子一六人、女の子六人である。子どもがいない夫婦が二世帯ある。

この家族の出身地は、東北地域二組、内蒙古二組、河北省一一組、湖南・河南省が三組、不明が一組である。

製本工場は一二〇人の工員を雇っているが、ほとんどのものが外来者である。印刷所には八〇人の工員が雇われている。第二服装廠には三〇人、K服装廠には四〇人の従業員がいる。こうした工員として雇われている人は、外来者が多い。製本工場や印刷所の工員は、工場内に住み込むものも少なくない。また、旧小学校の建物（大廟）は、外来者の宿舎として使われており、こうした工員の住居となっている。

この外に、本村には簡易プレハブ住宅や天井板を製作する作業場を経営する家族が多く、これらの作業場は数人の工員を住み込ませているのが普通である。

また、京哈公道にそってレストラン・食堂、建築資材商店、簡易プレハブ住宅製作の作業場、ガソリンスタンドなどが並んでおり、これらにも住み込みなどで外来者を雇っている。西L村から京哈公道に出る道には、外来者が住む簡易住宅が建てられて、ここにも、臨時で働く外来者が多く住んでいる。

三、財務諸表から見た西L村の村落構造

（一）西L村の行政組織

党支部と村民代表会議、村民委員会が設置されて、村の行政の中核を構成している。

党支部には、党支部書記と副書記がおかれている。

村民代表会議の定員は一二名で構成する。一九九六年に新しく制度化された。任期は一年、毎年選挙する。主な

仕事は、村民委員会の選挙候補者リストを作ること、村民委員会に意見を提案すること、村民委員会主任の罷免もできるとされている。

村民委員会の構成は、主任、副主任と各種の委員からなる。各種委員は、会計、民兵連隊長、村民小組長、婦女連主任、調解委員会主任（民兵連隊長が兼任）、治保委員会主任（民兵連隊長が兼任）、紅白理事会正副会長（村委主任、婦人連主任が兼任）からなる。村民委員会の仕事は、村政の企画と、上級機関の指令の執行が主な仕事となっている。食糧の上納、治安・秩序の維持、計画生育、民兵・兵役の遂行、村民の教育、老人や経済的困窮者の扶助、民事調停、冠婚葬祭行事の指導などの仕事があげられる。

民兵連は解放軍三河市武装部燕郊鎮武装部の指導を受けており、解放軍の後衛としての任務が基本とされている。最近の活動では、一九九七年に本村の脱穀場で放火事件があり、民兵連が出動した。

治保委員会は鎮の派出所に指導されており、主任一名と委員二名で構成される。村民間の紛争や喧嘩など、何か事件がおきると相談が持ち込まれる。一般に村の社会秩序の維持が目的である。治保委で取り扱う事件数は、年間数十件になる。

治安連防隊は治保委員会のもとに組織され、八名で構成する。八人のうち二人は専従で、他の六人は村の村民委員が兼任する。毎日、午後四時から翌朝まで車で村内を巡視している。最近、村の中には窃盗、喧嘩、若者の夜中の乱行などの犯罪が増えたので、こうした犯罪を予防するためだと説明されている。

流動人口領導小組は治保委員会のもとに組織されている。出稼ぎ者（外地人）の登録・管理などのために、一九九五年十月に発足した。本村では、村外からの出稼ぎ者によるトラブルが絶えない。とくに、喧嘩など酒に酔っておこされる事件が多い。また、売店での窃盗、人前での放尿など、村人を騒がせた事件があった。大きな事件を起こして出身地に送還された事件は一〇人以上になる。

調解委員会は、主任（村民委員会主任が兼任）、副主任（欠員）、婦女連主任、生産隊長、電工（主任）で構成する。調解委員会に持ち込まれた事件は、宅地の境界をめぐる争い、分家の際の争いなどである。とくに、古い宅地は境界が不明確なことが多く、新しい住宅を建てるときや、公共道を改修するときなどに紛糾することがある。最近、道路の境界を争う事件が起こり、葬列の進行が阻まれた例があった。この外、家禽や家畜が作物を荒らした事件があった。被害に応じて、賠償金の支払いを命じた。

村民小組は、かつての農業生産隊を再編したものである。前街と后街に対応して二組ある。主な仕事は、植え付けや収穫などの農業生産の計画と実施、および国家への食糧供出である。

婦女連は主任と四人の委員で構成される。委員は村民代表により推薦される。村の小組にしたがって四つの組に分かれている。婦女連とは別に、「計画生育会員組織」が組織されている。婦女連の活動は、計画生育と老人福祉が主である。一部の家庭は人間関係が複雑で、若い世代が親の扶養を放棄するなどの例がある。こうした家族を説得して、親の扶養をさせる。小さな問題は婦女連で対処するが、解決できない場合は調解委員会にまわす。また、困難戸の援助も主要な業務の一つである。一九九六年から九七年に欠けて、五戸の困難戸の援助をおこなった。小売部の開業、天井板工場の開業、トラクターの購入、塗料工場の開業、運輸業と簡易プレハブ住宅製作の開業に無利子の融資をした。

計画生育会員組織は、妊娠検査の実施が主な活動である。避妊手術を受けた女性は加入しない。

紅白理事会は、冠婚葬祭に関係した宣伝工作、思想工作を目的としている。迷信と宗教の打破、あるいは結婚式や葬式の華美を節約するなど、風俗の改革を趣旨とする。村民委員会主任、主婦連主任、二人の村民委員で構成する。

表1-1　財政（1998年）収入

摘　　要	金　額
企業に賃貸した地代	103,312.80
請負地（農業）の地代	33,751.00
企業に売却した土地代	278,950.00
新開住宅地の地代	295,000.00
麦作付けの土地代金	4,688.50
果樹園請負費	5,000.00
縫製工場の請負費	20,000.00
収穫請負作業代	5,000.00
変圧器（電気）利用の増額分	7,000.00
新入村家族からの徴収金	10,000.00
麦販売金	195,928.44
その他の収入	3,404.20
合　　計	962,034.94

（二）西L村の財政構造

村の財政構造は、以上で紹介した村の組織の活動を、量的にも質的にも明らかにしている。一九九八年の財務諸表は、西L村の会計帳簿から整理したものである。

まず、一九九八年の一年間の支出（表1―1）は九六万元であった。

収入の大部分の六八万元は、村が管理する土地の企業への賃貸代金、売却した地代、本村のプロジェクトの一つである宅地開発からもたらされるものである。麦の耕作、養殖池の請負費など農地として利用した地代は、四万元に満たない。本村の財政にとって、土地の不動産的利用と管理が重要な役割を果たしているのが推測できる。

支出（表1―2）を見ると、実にさまざまな項目があげられている。金額が大きな項目は、道路の補修費が一七万元、借入金の元本返済が一四万元で群を抜いている。借入金では、利子の支出が三万六〇〇〇元ある。本村のインフラストラクチャーにかかわるものでは、道路の補修の他に、幼稚園の教室の建設、水道設備の修理、街灯・道路の整備があげられて、合計一五万元になる。農業関係ではスプリンクラー借用料、種子・肥料・農薬の購入、耕耘・播種・施肥・収穫の費用、農業税・保険費用があり、約一五万元になる。道路の補修、借入金返済と利子負担、インフラ、農業関連が大きな金額の項目となっており、これらが全体の三分の二を占めている。

村民委員会の運営費は、公務活動費（表1―2の5項）、村委員会家屋の修繕費（9項）、自動車関連費（22項）、燃料費（28項）の項目が相当し、合計金額は約二二万元になる。村民の公益・福祉、生育活動費などの項目は約六万元になる。この中には一般に税として鎮に納入する費用、すなわち軍人家族への支援費、生育活動費、教育費が含まれており、村の財政から支出して村民から徴収していない。さらに、農業税も村の財政から支出している。財源が乏しい村に比べ、本村の村民の負担がずいぶん軽減されているのが推測される。豊かな財源をもつ村では、女性は他村に嫁がないといわれている。本村の村人には、自家の収入のみでは計ることができない経済的なゆとりがあるのであろう。

表1-2　財政（1998年）支出

摘　要	金　額
1, 道路の補修	172,432.60
2, 幼稚園校舎建築費	81,570.78
3, 水道設備の修理費	15,000.00
4, 街灯・道路整備費	54,615.00
5, 公務活動費	12,131.50
6, 村役場運営・出張費	5,489.10
7, 村幹部賃金	38,985.00
8, 門衛・運転手・隊長・電工賃金	31,000.00
9, 村委員会家屋の修繕費	19,000.00
10, 種・肥料・農薬代金	63,836.00
11, 耕耘・播種・施肥・収穫の費用	58,200.00
12, 農業税・小麦保険費	16,010.00
13, スプリンクラー借上げ料	10,000.00
14, 計画生育活動費	2,808.40
15, 公益福利事業費	41,702.68
16, 老党員・軍人家族への支援費	8,027.20
17, 聯防関係費用	7,948.00
18, 借入金の元本返済	140,000.00
19, 利息支出	36,155.19
20, 財産の積立費	11,536.00
21, X氏の移転費用	10,000.00
22, 自動車修理・保険・ガソリン代	19,809.76
23, 電話料金	5,100.39
24, 党報・雑誌代	9,320.00
25, 雑業の労賃	45,000.00
26, 小型の備え付け品購入	7,560.00
27, 在庫品の備蓄	21,890.00
28, 燃料費	2,000.00
29, その他の支出	8,610.00
合　計	955,737.60

表 2-1-1　現金（1998 年）

現金	借方（収入）	貸方（支出）	残額
昨年決算			17,416.51
今年決算	1,564,094.01	1,575,213.22	6,297.30

表 2-1-2　貸付

① 村外貸付金	借方	貸方（貸出）	残額
昨年決算			220,681.23
今年決算	35,115.00	32,932.00	218,498.23

② 村内貸付金	借方	貸方（貸出）	残額
昨年決算			79,214.27
今年決算	12,343.70	34,494.95	101,365.52

表 2-1-3　資産

①備品等	借方	貸方（購入）	残額
昨年決算			4,492.00
今年決算		23,127.00	27,619.00

②固定資産	借方（処分）	貸方（購入）	残額
昨年決算			858,372.75
今年決算	450.00	11,536.00	869,458.75

③建設中の資産	借方	貸方（投資）	残額
昨年決算			478,431.23
今年決算		182,432.60	660,863.83

本村の財務諸表を整理したのが表2の現金・資産・借款、表3の公積金、表4の公益金、表5の収益の各項目である。以下、それぞれについて簡単に概要を説明しよう。

まず、現金・資産・借款である。現金は六二九七・三〇元が残額となっている。貸付には村外貸付と村内貸付とあり、合計で約三二万元がある。これに対して借款は、短期と長期をあわせると約三二万元となっている。貸付金額と借款の金額とがほぼ同額の三二万元になり、一年間の収支金額の三分の一に相当する。また借款においては、短期借款には制度的な金融機関からのものと、個人三名からの借款と村の縫製工場（請負）からのものとがある。後者の借入金は合計一七万七六〇〇元にもなり、少なくない金額が個人と企業からの借款でまかなわれている。

次に、公積金である。公積金は土地の利用権の売却や宅地の開発・使用権など土地の不動産管理からの収入、および水道・電気の管理にかかわる収支である。昨年度の繰り越しが一一五万元、今年度の実績が一七〇万元にな

表 2-1-4 借款（短期）

短期借款	借方（借入）	貸方（返済）	残額
昨年決算			198,920.00
今年決算	292,600.00	414,520.00	77,000.00

内訳

①郷基金会（短期）	借方（借入）	貸方（返済）	残額
昨年決算			95,000.00
今年決算	35,000.00	130,000.00	0.00

②M信用社（短借）	借方（借入）	貸方（返済）	残額
昨年決算			40,000.00
今年決算	80,000.00	70,000.00	50,000.00

③燕郊鎮農経二部	借方（借入）	貸方（返済）	残額
昨年決算			63,920.00
今年決算	0.00	63,920.00	0.00

④個人からの借款	借方（借入）	貸方（返済）	残額
昨年決算			0.00
今年決算	27,600.00	600.00	27,000.00

⑤縫製工場からの借款	借方（借入）	貸方（返済）	残額
昨年決算			0.00
今年決算	150,000.00	150,000.00	0.00

表 2-1-5 借款（長期）

①村外借款	借方（借入）	貸方（返済）	残額
昨年決算			3,486.32
今年決算	76,750.00	36,250.00	43,986.32

②長期借款	借方（借入）	貸方（返済）	残額
昨年決算			260,000.00
今年決算	0.00	60,000.00	200,000.00

表 3-1　公積金

公積金	借 方	貸 方	残 金
昨年決算			1,152,311.31
今年実績	608,711.00	51,976.70	1,709,045.61
公益金に移し換え	219,158.43		
収益金に移し換え	123,770.87		
今年決算			1,366,116.31

表 3-2　内訳（1）

①新開地・土地・変圧器	借 方	貸 方	残 金
新開住宅地地代	295,000.00		
企業土地使用権売却	294,100.00		
住宅地使用権売却	2,000.00		
土地局への上納金		14,000.00	
土地関連払い戻し		2,500.00	
土地に関連支出		650.00	
変圧器利用代	7,000.00		
今年決算	598,100.00	17,150.00	580,950.00

表 3-3　内訳（2）

②その他の項目	借 方	貸 方	残 金
大隊の修理		11,532.90	
土砂の売却	3,371.00	16.00	
水道補修		12,827.80	
移転補償費		10,000.00	
各戸水道料金	1,740.00		
小型資産売買	500.00	450.00	
宅地使用権	5,000.00		
今年決算	10,611.00	34,826.70	-24,215.70

る。内訳にある新開住宅地地代と企業土地使用権売却は、事務費を控除した金額が表1の収支決算に計上されている。公積金として積み立てられた金額の中には、村の活動に必要な項目をあげる公益金と収益金の不足分を補っている。

また、表3―3の内訳にあるように、各戸の水道料金の徴収金額は一七四〇元で各戸一戸当たり七元にも満たないのに対して、水道補修費は一万二八二七・八〇元にもなっている。水道代としての各戸負担はわずかで、管理費などは村の負担ですべてまかなわれている。

表4は公益金の収支を整理したものである。

昨年度から繰り越された一〇万元の赤字と今年度の実績による赤字を埋めるために公積金から二二万元が繰り入れられている。

実績内訳にあるように、福利厚生、文教衛生、計画生育活動、村内の交通警察活動、機関誌の印刷など、村の民生にかかわる活動費である。一九九八年は村に幼稚園を開設したが、その費用のうち三万元はここから負担されている。積立金をもたない村では、このような項目は各戸の負担となるところである。

内訳の中にある服務費は、村の新居住者から徴収した土地管理費と養老保険料である。村外のものが村に来住するための権利金あるいは保証料と解釈できる。

表5は村の経営収益に関する項目を整理したものである。

一九九八年は約五八万元の収入に対して、約七〇万元の支出があり、一二万元の支出超過となった。超過分は公積金からの繰入で補填されている。内訳を見ると、収入では経営収入と請負費収入、支出では経営支出とその他（借款の利息）が主なものである。

表 4-1　公益金

公益金	借　方	貸方（支出）	残　額
昨年決算			-103,049.37
今年実績	14,400.00	80,509.06	-169,158.43
公積金から繰入	219,158.43		
今年決算			50,000.00

表 4-2　公益金実績内訳

実績内訳	借　方	貸方（支出）	残　額
①服務費	14,400.00		
②「X村天地」印刷		19,600.00	
③広告宣伝費		15,955.50	
④交通警察関連		3,467.48	
⑤老党員・家族支援		4,427.20	
⑥計画生育活動費		2,808.40	
⑦幼稚園開設費		31,570.78	
⑧文教・衛生		2,484.70	
⑨兵役訓練		195.00	
今年実績	14,400.00	80,509.06	66,109.06

表 5-1　収益

収　益	借　方	貸　方	残　額
経営収入	377,134.54		
経営支出		471,141.07	
請負費収入	180,190.80		
村留保・郷統籌	4,688.50	15,121.00	
その他収入	17,404.20		
その他支出		112,844.79	
管理費		104,082.05	
今年実績	579,418.04	703,188.91	−123,770.87
公積金から繰入	123,770.87		0.00

表 5-2　内訳　経営収入

①経営収入	借　方	貸　方	残　額
電気代徴収	177,414.10		
電工賃金の徴収	5,400.00		
縫製工場の水道代	200.00		
豆と小麦の販売	194,120.44		
本年の実績			377,134.54

表 5-3　内訳　経営支出

②経営支出	借　方	貸　方	残　額
臨時の雇用費		75,473.72	
電気代上納		177,496.65	
修理・保全等		36,233.80	
その他		14,578.90	
耕耘・農機具		12,383.00	
運転手・隊長・門衛・電工賃金		31,043.00	
農業税・農業保険		16,010.00	
種子・肥料・農薬		66,836.00	
小麦収穫・脱穀費		37,360.00	
電線補修費		4,726.00	
本年実績			471,141.07

表 5-4　内訳　管理費

③管理費	借　方	貸　方	残　額
事務費・出張費		6,098.10	
刊行物		9,316.24	
電話費		5,104.15	
村幹部給与		38,985.00	
その他		12,646.30	
動車維持費		19,809.76	
待費（茶菓）		12,131.50	
（不明）	（9.00）		
今年実績			104,082.05

（不明は、表作成上の操作によって設けた。会計帳簿にしたがって整理したが、収支9元の差を帳簿の中には見つけだすことができなかったためである。）

　経営収入は、豆と小麦の販売によるもの、電気代の徴収が主である。電気代は市の電気局に上納しており、村は電気局の代理として取り立てているにすぎない。電工賃金は村内の工場に割り当てて徴収している。

　経営支出は、電気代の上納をのぞくと、その主な項目は耕耘・農機具費、農業税・農業保険、種子・肥料・農薬代、小麦収穫・脱穀費などの農業関係費である。経営収益における農地と養殖池の請負費収入の大きさをも考慮すると、村民委員会の主たる業務の一つが農業経営にあることを表しているのはいうまでもない。

村の留保は、公積金、公益金、管理費として新入居者から徴収した金額、小麦の作付けの請負費として徴収した金額である。

郷統籌は、郷政府の経費（優撫費、郷道費、教育費）の上納分をさす。一九九八年は三万元を納入したが、この表には表れていない。表にあげられているのは、新入居者、村外転出者の割り当て分の徴収である。郷政府への上納額のうち、徴収分で不足した金額一万五〇〇〇元余は公積金で補填している。

管理費は村民委員会の事務所費である。

（三）まとめ

西L村は歴史が浅く、人口の規模は小さい。近隣の大きな村の周辺にあって、村としての凝集力は高くはなかった。人民公社体制が村民委員会に再編され、行政組織としての自立した機構の整備が計られた。本村では村（大隊）が経営した企業や養殖場、果樹園は、請負制度が始まるといち早く個人に請け出され、企業の直接経営から村民委員会は撤退した。村民委員会の機能を民生の面に限定したところを見ると、人民公社の「大きな政府」に比べれば、「小さな政府」を指向したといえるであろう。しかし、先に紹介したように、村が基本的な行政単位として民生一般の業務、社会秩序の維持など、組織と運営において多くのものを引き継いでおり、その機能の多さが注目される。

むろん、人民公社体制のもとでの農民を土地に縛り付ける制度は解体した。だが、村が土地を運用する体制は失われていない。むしろ、当地のように大都市近郊に位置して、工場の立地や住宅開発地としての条件がよく、不動産的な運用が新しい価値を大きくしている地域では、土地の村による管理は新しい意味をもち始めている。財務諸表が示しているように、土地を工場用地として運用したり、住宅地を開発して得た地代は、村の行政財源として用いられており、本村の民生にとって不可欠のものとなっている。地代からあがる共有財源（「公積金」）があるからこそ、道路の整備、水道代、学舎建設などのインフラ整備はむろん、優撫費（困難家族への援助）、計画生育費、教育経費など鎮政府に納めなければならない一種の税金も、村民は負担しないですんでいる。村人にとって自家の収入のみでは計れないゆとりを生んでいるのである。村のリーダーは土地を有効に管理する能力がますます強く求められている。

村が財産を増加させれば、それだけ外部者に利益を漏らすまいとする意識は強くなると思われる。本村には「外地人（外来者）」と呼ばれる人たちが、ほぼ三〇〇人住んでいる。彼らは村内の作業場などに雇用されているが、村人からは一時滞在者と見なされて、村の公益福利の享受からは排除されている。村外から新しく村に入居する家族には、入居時に地代や公積金の分担にふさわしい金額を徴収している。また、新しい住宅地に宅地を購入する場合、本村人なら一万元で購入できるが、外来者は二万元となる。このように村の共有財産が大きくなるほど、「本地人の間の均分主義」と「外地人に対する格差」の構造が改めて強く鮮明になっている。

四、中国の村落の構造と社会的性格

まず、中国の村落が行政村としての組織を整え、独自の財政と機能を持ったのは一九三〇年代に保甲制度が導入された後のことだとわかる。村の廟が廟地を所有し、この土地の収穫で村の行事をすることはあっても、せいぜい年末の吃会で食事が振る舞われただけで、村のために公共の事業を興すことはできなかった。近代的な小学校の設立などは、村の郷紳などの有力者に頼って資金を集めるより外なかった。村落が行政単位として独自の体制と財政を備え、村人のための活動が組織されたのは、基本的には人民公社時代ではないかと考えられる。

一九八三年以降、経済（経営）、行政、政治の機能と制度の分化が実施されてきたが、村は農地の共有・管理を託されているという点に三者を結合する要があるように思われる。すなわち、M村および西L村では土地が農地としてばかりでなく、工場用地として、あるいは宅地（村内者と村外者に対する住宅開発）として利益を生んでいる。利益は村に蓄積され、農地の管理、農機具やスプリンクラーなどの施設の整備、さらには、小学校の運営費などに充てられる。各家庭に分割された口糧田、あるいは請負にだされた耕地の利用はそれぞれの家庭に任されているがM村と西L村では、村人が利用する限りにおいて自由な利用が認められているのであって、村外者への賃貸、利用は村民委員会の承認が必要で、厳しく限定されている。土地は村の利益を生む元手となっているので、土地を有効に使う方法、開発のプロジェクトは村人の関心を集める。土地を村が全体的に管理している点が、今日の村の性格を解放前のものと全く異ならしめているところだと考える。

M村における村営企業の展開も村に利益をもたらし蓄積されるという点では、土地の村による管理と同じである。現在は村の党支部書記が企業の管理者にもなっており、村と企業との一体が強調されている。企業の経営的展開をすすめるためには、外部者との提携・共同出資が必要であり、そのためには請負による管理なども検討されている。しかし、企業の利益は村に蓄積され、村が一つの経営体として運営される構造は変わらないであろう。

この点は、村の企業をすべて個人に受託させた西L村と性格が異なるところである。西L村は、元来、村の規模は小さく、地勢的に周辺的な地位にあった。人民公社時代の副業は、一九七八年に縫製工場が誘致されたのみで、村営企業の蓄積は薄い。現在の党書記の姿勢には、村の集団経営を極力避けようとする傾向が見られる。このような事情もあってか、個人経営でする簡易プレハブ住宅の製作が一気に高潮をむかえた。一見、村は個人経営の企業がバラバラに集積しているかの外貌を持っている。しかし、先に述べたように、地代を財源に、小学校の建て替えや灌漑施設の設置、村人の新築家屋への要望から宅地開発を手がけているのである。また、外来者の人数が村民の三分の一にもなった今日、彼らに対する管理も村では大きな関心となっている。治保委員会のもとに「流動人口領導委員会」「治安連防隊」がおかれ、夜中に村の巡回も実施している。さらには、各種の納税、あるいは計画生育など、上級の指示・政策の実行は体制から村に請け負わされた業務であり、中国の村の性格を論じるとき体制的な外枠として看過できない要因である。

以上のように、中国の村の機能と構造は、一方は、体制から求められる機能を果たす面と、他方では、土地・財産を共同で管理するところから生まれる生産と社会生活の機能の二つの側面を見ることが必要なことはいうまでもない。しかし、中国の村の社会的性格を論じる場合、中国の村落が土地を共同で管理するその論理の検討が重要であろう。

村が村全体の土地を管理するのは、当地では土地改革まで経験したことがない。同族村落として族田を経営した東南中国と異なって、華北地域は雑姓村落が一般的であった。華北農村でも廟地を持つことはめずらしくはなかったが、土地を村で共同管理するというまでにはいかなかった。本村がそうであるように、廟地からの収益は「吃会」の費用をまかなう程度で、村の凝集力の中核となるほど積極的に利益を生みだすことはなかった。村が村の土地を全体的に管理するのは、初級合作社と高級合作社をへて、M村が人民公社の生産大隊として一つの単位となり、管理運営の制度を確立した後である。本村への土地の割り当ては近隣村に供出させられたところもあるが、ほぼ当村が所有していた範囲に重なっている。しかし、初級合作社が土地と農具・家畜の持ち寄りによって共同化されたように、村の土地が最初から村人によって共有されていたのではない。高級合作社、人民公社生産大隊は村人の土地と家畜・生産用具の持ち寄りによって組織されたのである。持ち寄りであるかぎり、構成している成員は等しく権利をもつ。今日の中国の村の構成原理は「持ち寄り関係」を引き続き継承しており、この点に社会的性格の本質があるのではないかと考える。「本村人」の間の平等主義と、「外村人」に対する格差という構造も、以上のような文脈で、リアリティを持つように思える。

したがって、村の存立とリーダーが支持される正当性は、村の利益を蓄積・活用するところにあるのではないかと考えられる。M村は村の規模が大きく、人民公社時代からの企業の集積が高かったため、村全体の経営という観点が比較的強かったと見られるが、これに比べ西L村の生産と生活の単位は生産隊という最小単位の範囲が比較的強調される傾向があった。M村ではリーダーは村の共同利益を強調し、「福祉国家」的な色彩を濃厚に持っている。西L村のリーダーは「小さな国家」を強調していた。両村のこうした相違は、村の基本構造や社会的性格が異なるというよりも、「持ち寄り」関係や「村の利益」がどの様な対象に表現されるかという、形態の違いと考えるのがふさわしいのではなかろうか。

中国の村の構成原理が「持ち寄り関係」にあると見ると、持ち寄った財産が利益を蓄積することで、村の凝集力は高くなる。本村の村営企業の経営は本村の人々の生活を基本的なところで支えており、利益を共有する絆は強い。しかし、利益を生みだすことができない村では、村の凝集力は低いと推測される。また、個人的な資産で企業を起こして、持ち寄り関係による財以上の利益を上げるようになれば、村の凝集力は低くなるのであろうか。今回の調査ではこうした地域の研究にまで及ぶことができなかったが、将来、こうした村との比較研究がすすめば、現代中国の村の展開、さらには中国における「人と人との結合関係」が正確に理解できる道が開けるのではないかと考える。

第四章　中国の現代家族の構造——分家と養老から見た現代中国家族

一、はじめに

現代中国は人民公社の解体後、私営企業の展開、市場原理の導入、国有企業改革、農地の請負耕作、村の行政への住民参加など、産業化、都市化、民主化をドラスチックな形態で進めている。大都市ばかりでなく、地方の中小都市もオフィスビルが林立するなど容貌を一転させており、農村では住宅を新築して土壁の家屋はもはや見ることができなくなっている。このような外貌の変化の背後で、家族の生活はどのような変容を経験しているのであろうか。また、現代の家族はどのような役割関係をもっているのであろうか。旧来、家族的構成こそ中国のネポティズム、家父長的秩序、権威主義、長老政治などの温床と見なされていたのであるが、現代家族の変容はそれらの構造的な秩序を変容させたのであろうか。本稿は、こうした問題を現代中国の家族構成をもっとも如実に表現するであろうと考える「分家」と「養老」に焦点を当てて検討するが、河北省三河市燕郊鎮M村と西L村から得られた知見をもとに検証する。

末成道男は中国・漢人の父系血縁を次のように概括している。「漢人にとって、父系血縁は、もっとも恒常性をもち信頼度の高い関係であるけれども、自己が選択操作する関係の一つにすぎない」。また、同一村落に居住し素性の明らかな社会関係の資産の一つになるが、強固な凝集性を必ずしも意味しない。したがって、「漢人社会においては、さまざまの紐帯のうち、なんらかの条件で一定の機能をもった紐帯が活性化し、集団構成に役立てられるが、その契機を失えば、単なる利用可能な紐帯にもどる。このように考えれば、強い父系観念の存在にもかかわらず、父系集団を欠く地域や階層が少なくないのが説明できよう」（末成、1983:268）と述べている。漢人社会が血縁の「つながり」の強さをもつ反面、しかし血縁にもとづいた集団は必ずしも組織されていないという特性を、王崧興は「関係あり、組織なし」と称している（王、1987:37）。末成道男も王崧興も、家族主義や家族の絆が強調される反面、集団的な凝集性は必ずしも強くないという姿をとらえている。中国の社会関係が状況によって選択される個人主義的な性格をもつことは、日本の社会関係が集合的な形態をとることとの対比において、日本人研究者にはとりわけ関心を引きつけられるところであろう。

家と村の共同性に関する論争では、平野義太郎（1933）と戒能義孝（1933）のものがよく知られている。平野は家族と村落の凝集力をアジア的社会構造の特質として強調し、戒能は土地関係における協同的関係の欠如を論証した。平野と戒能は中国村落社会の一つの面を一方的に強調したところに、互いにかみ合わない論争に帰結したことが理解できよう。

中国村落社会の構造が共同的な性格をもつか、それとも個人主義的な性格をもつかという二者択一の問題のたてかたは、平野・戒能の論争の背後にある「資本主義論争」、もっと拡大していうなら日本とアジアの近代化の特殊性論争に規定されたものであった。また、社会関係が集団的な凝集力に媒介されている我々日本の研究者が、パースペクティブの中に無意識のうちに内在化させている認識枠組みに規定されてもいるであろう。

先の末成道男と王崧興の論点をさらに敷衍して、家族的絆の規範的強調と実体的な集団の脆弱さという両面を一体的にとらえる解釈枠組みを構想することが出来る。フリードマンは、リニージが政治力の蓄積によって小さな単位から大きな単位に成長していく構造と、他面、組織内の他と異なる地位を誇示するために、小さな単位を分節化する構造（1987［1966］:181）の二つの面を同時的にとらえている。家族的絆の強靭さと脆弱性は、リニージ組織の連合と分節化とは論点が異なるが、形態的には結びあっていくベクトルと分散していくベクトルが表されており、家族の絆とリニージ組織には構造的には共通するところがある。この二つのベクトルを接合するものとして、中国家族における「家産の均分」、「権威は系譜関係の中に継承されない」、「持ち寄り関係」など、しばしば論じられてきた構造的特徴が指摘できるのではないかと考える。

以上のように説明される中国家族の性格と構造が、現代家族の中にどのように継承され、また変容するかという問題を、三河市の事例に従って考察してみよう。

二、親族集団の構造

当地域の村の成立伝承には、唐代初期の李世民（太宗）の群雄平定に関わる伝説を残すものも少なくない。しかし、現存する家族が当該地域に移住してきたのは清代中期で一八世紀から一九世紀初期と、彼らの来歴は比較的浅い。しかも西L村にみられるように、一八世紀初頭に移住してきた家族はすでに他出し、現在の家族はその後に移住してきた家族によって占められている。当地域は、家族・親族の勢力を地域一円に拡大する条件が欠けているのではないかと推測することが出来る。

この項では、一九四〇年代から一九七〇年代にかけて戸数が比較的多く、村の生活の中心になった家族を事例として取り上げる。

(一) K姓（西L村）の親族の構成形態

K姓は西L村でもっとも戸数が多く、村の六割はK姓家族が占めている。

西L村のK姓は隣接する東L村K姓とともに、五キロ北にある大K村から移住してきたと伝えられている。解放前には両村のK姓は二〇畝の墓地を持ち、共通の祖先を祀っていた。清明節には東L村と西L村のK姓家族がともに老墳に墓参して食事をした。

土地改革前、西L村には七つの小門（系譜の近い家族）があったといわれ、小門はそれぞれの墓地をもち、小門内の家族が清明節をおこなった。また、K姓七門の中に威信が高いと認められてK七爺と呼ばれた人があり、西L村のK姓のまとめ役としてはたらいた。

K姓七門の一つに南園子と呼ばれた家族があった。清代末に村の南の地区に土壁で囲んだ屋敷地を作り、彼らの家族が独占的に住んだ。彼らは「閻王」と呼ばれた祖先を共通にした比較的近い関係にあり、彼らの住む地区を「一爺之孫」と呼ぶこともあった。彼らには墓地と祖先を祀る祖宗堂があり、清明節をおこなった。この一族は豊かな家族が多く、清明節の食事はK姓全体がおこなうものよりも華やかだったという。

初級合作社が組織されたとき、南園子の家族は彼らだけの合作社（「集中組」）を組織した。しかし、南園子の家族全員が参加したのではない。集中組に参加した家族は、比較的土地が豊かで農具や家畜が揃っており、破産して貧しくなった家族は入れなかった。「門当戸対」（家柄や財産などの社会的条件が釣り合っていること）が条件となっていた。

(二) B姓（西L村）の親族

文化大革命の時、一族の族譜を燃やしてしまったため、近年、B姓は改めて族譜の修復に関心を寄せている。現在のB姓の家族は西L村の后街に一〇戸、前街に一四戸の計二四戸がある。清末から民国初期に宮廷や権勢家の料理方を勤めた祖先があり、解放前は豊かな家族として認められていた。現在は学校の教師など社会的な威信をもつ人もあり、村のなかでは勢力がある一族と見なされている。B姓の一族内に「掌門的」と呼ばれる人があり、冠婚葬祭などの家族の行事を取り仕切ってきた。正月の「拝年」（年賀の挨拶に訪問しあう）の行事も「掌門的」の指図で村中のB姓の家族が互いに年賀をしてまわる。文化大革命の時期もその活動に変化はなく、今日も一つの家族としてその行事は続いている。

（三）D姓の家族（M村）

①「東過道」のD姓と「西過道」のD姓

D姓はM村の大姓と見なされてきた。祖先は山東省から移住してきたと伝えられており、現在の世代（五〇歳前後）で一五代目になるといわれている。

清末の世代に名前を清（廷蕃、廷棟、廷柱の父）、泳、海（兆玉の父）、洋、江という字を持つ人があった。彼らは互いに兄弟、従兄弟の関係にあり、一族を構成していた。しかし、文革時に家譜を燃やしたので、今では関係がわからなくなった。

この世代の下から、村の東西に「東過道」と「西過道」の二つの房に分かれた。東過道は清に始まる。西過道は海に始まる。次の世代は同じ輩でありながら、東過道は「廷」、西過道は「兆」が輩行を示す輩字として用いた。輩字の序列は下記の通り。

東過道：水偏（清）―廷―言偏の字―世―文―徳―化―開

西過道：水偏（海）―兆―言偏の字―福―文―不定

②「清明節」と「吃会」

解放前、D家には老墳と公地と呼ばれた七〇～八〇畝の土地が、村の耕地の北にあった。この土地の収穫で、年末に「吃会」がおこなわれた。この土地は当時唐山法院の院長であった謀（号は燕權）が管理しており、吃会の日取りを決め、穀物を現金に換えて吃会の準備をするなど、D家の「掌門的」を務めた。公房と呼ぶ家屋があり、D家の老齢で子孫のない寡婦が二人住んでいた。公地の収穫の一部は彼女たちの生活費としても使われた。

解放直前の吃会の模様は以下のようであった。

年末に家会が開かれ、公地の収穫の状況が報告され、吃会の相談をした。吃会は北廟でおこなわれ、D姓の男性は誰でも参加できた。

廟では関帝を祀っていた。廟内に祖宗堂（祖先の名を書いた家譜）を掛け、この前に豚の頭を供えて、一同が叩頭した。叩頭が終わると、豚の頭を御輿のように担いで廟を出る。廟の門を出るとき、鞭炮を放つ。途中、鞭炮を放ちながら老墳地に向かう。老墳地には大きな墓が二基あり、その下に輩行に準じて小さな墓が並んでいた。老墳地では一家から家長が参加し、墳地での儀式を行った。年齢が高く、儀式の手順をよく知った者が、「給老祖宗叩頭吧」と呼びかける。この言葉に従って、参加した者が大きな二基の墓に跪いて叩頭した。

老墳地での叩頭が終わると、廟に帰ってきて皆で食事をした。食事をしたのは一〇〇人を越えていた。粟の飯、肉の煮たもの、豆腐が賄われた。食事が終わるのは昼過ぎになり、食べ終わると帰宅した。一家から一人残って食器を洗うなど後片付けをした。

老墳地で祭祀するのは吃会の外に、春と秋に二度ある。清明節は一家に一人男が墓参りをする。秋の寒衣節には老祖宗に紙製の衣服を焼く。清明節と寒衣節は食事を出さない。

③「東過道」のD姓と家族間の土地の継承をめぐる裁判

D清は東過道の祖先になる。三人の息子があり、長男を廷蒹、次男を廷棟、三男を廷柱といった。廷柱は号を石璞と名のった。長男、廷蒹は息子一人謙を残して早く亡くなった。その妻は若くして未亡人になり、石璞から侮蔑されることも多かった。次男の廷棟は清の四太太（四番目の妻）に養子に出された。三男、廷柱（号は石璞）は科挙の秀才に合格し、村では権勢をふるっていた。その子、燕櫂は唐山法院の院長となり、名望を得た。

石璞は老墳が手狭になったので、新しい墳墓を創設した。父の清の墓をここに移して始祖とした。新しい墳に大きなテントを張り、老墳から掘り出した清の棺を一ヶ月安置した。葬式と同じ儀式を挙行した。埋葬の時、石璞はD清を葬送する文章を書いたが、甥の謙がこの文章を貶したことが、両家の争いに油を注いだ。

石璞と甥のD謙との家族とは、小さなとるに足らない土地の境界をめぐって争いが絶えなかった。石璞は訴訟を起こして、謙を投獄させた。謙の家族は土地を売って金を作り、謙を牢から出した。その後、北京で一人の官吏と関係を作ることができ、この官吏を頼って再審の手続きをした。結局、再審がかない無罪となった。これを聞いた石璞は脳卒中を発して言語障害を起こし、数ヶ月後に病死した。

④「西過道」のD姓と家族間の相続をめぐる争い

西過道は海という名の人から始まる。東過道の祖先の清と同世代になる。しかし、彼らの系譜関係は明らかではない。海の息子は兆玉一人であった。兆玉には、詢と談の二人の息子があった。詢には一男（福伶）一女があったが、若くして死亡した。談は娘一人と五人の息子（福岳、福輝、福明、福余、福存）があった。この家族は本村で最も多く土地を持っており、解放当初、三傾の土地があり地主と区分された。しかし、村の政治への影響は大きくはなかった。村の政治にも関与せず、農業の外に商売をするでもなく、ひたすら土地だけで生きる地主の典型のような家族であった。長工一人と短工を五〜六人使って耕作していた。

兆玉は一九五一、二年に死亡した。祖母は一九五三年に死亡した。これを機に、詢と談の家族は分家を相談した。詢は早く亡くなっており、残された母と姉と息子の福伶は、祖父と叔父の談の家族と一緒に生活をしていた。談は、詢と談の兄弟で分家するのではなく、談と詢の息子たち（福伶、福岳、福輝、福明、福余、福存）六人で等分するよう頑強に主張した。このため詢の息子である福伶は反対し続けた。決着する前に土地改革がおこり、兆玉の家族は分家しないまま地主として区分された。

（四）小結

以上、K姓家族、B姓家族、D姓家族の事例から次のことが言えるであろう。

本村に移住してきた祖先を始祖として、一族の墓地をもち、清明節の吃会を開くことで、一族の集団としての姿が顕現した。しかし、文秀才を輩出したM村のD姓も、また、西L村の南園子と呼ばれたK姓の家族も、同姓同祖の親族を村全体で強固に統括するまでにはならなかった。有力な家族が勢力を持つと、彼等だけの公産をつくり出し、一族全体の清明節よりも華やかで盛大な清明節を祝った。ここでは、家族が分節化するベクトルの方が強く表現されている。むしろ、D姓における土地争いにみられるように、兄弟間に経済的・社会的な力の不均衡が大きくなると、家産分割をめぐる利害が当事者間では調停できないほど激烈になる傾向が出現した。

また、家族の活動という点では、選択的な契機が働いていることも指摘できる。西L村で初級合作社が組織されたとき、南園子の家族は比較的豊かな土地と農具をそろえており、貧しい家族と共同することを厭がった。彼等は貧しい家族を排除した自分たちだけの組織をつくろうとしたが、村の幹部たちの猛烈な反対を受けた。結局、南園子に属す家族以外のものを参加させて「集中組」を組織したが、それでも条件を等しくするような家族（「門当戸対」）を選択している。また、南園子に属す家族でも、事業に失敗し破産した家族は、排除されている。

他方では、近年、西L村のB姓が改めて族譜の修復に関心を寄せているように、一族としての姿を現すことに大きな関心も出てきた。B姓家族は、村の中でも裕福な階層に属し、勢力がある一族と見なされている。彼等は今日でも一族で正月を祝っているが、文革中もその活動を続けたと言う。一族内に「掌門的」と呼ばれる人があり、冠婚葬祭など家族の行事をとりしきっている。社会的な勢力を自覚的に表出する場合、一族の凝集力は、今日でも条件が整うと家譜の修復などの活動に結びつくことがあることを示している。

三、現代家族の形態と婚姻圏

現在の家族の形態を両村の戸表調査の結果から説明する。(注1)

M村と西L村とも四人世帯が最も多く、M村で三五・二パーセント、西L村で三二・六パーセントになる。これに続いて、三人世帯が二二〜二三パーセント、五人世帯が一八パーセントとなっている。一世帯あたりの平均はM村で三・七人、西L村で三・四人となり、少人数家族の姿を見ることができよう。

家族類型でみると、最も多いのは「夫婦と未婚の子ども」からなる核家族世帯で、M村では四九パーセント、西L村では五一・九パーセントである。次に多いのは「三世代（四世代）同居」で、M村では二二・二パーセント、西L村では一六・七パーセントである。また、一人暮らし（単身世帯）はM村で七・二パーセント、西L村で一一・七パーセント、夫婦世帯はともに九パーセント近くある。三世代以上の同居家族が少なく、少人数家族は家族の形態にも反映しているのが分かる。

職業は、M村でみると、農業が最も多く六五・六パーセントにもなる。しかし、口糧田を分配されて身分上は農民という規定から分類される傾向があり、実状を正しく反映していない。（表1を参照）

表2は西L村での世帯主に対する聞き取りからまとめた資料である。

これによると、農業と回答した戸主は二一人で、全体の一八・六パーセントにしかならない。これに対して、簡易

表1　M村の男性戸主の主職

		度数	パーセント	有効パーセント	平均所得	度数
農林漁業	農業	236	33.9	65.6	12042	115
	養牛	1	0.1	0.3	12000	1
	養殖	3	0.4	0.8	11333	3
専門・技術	医師	2	0.3	0.6	12000	1
事務	会計	1	0.1	0.3	15000	1
販売	営業	1	0.1	0.3	10000	1
	個人	39	5.6	10.8	16568	37
	自営	1	0.1	0.3	15000	1
	商人	3	0.4	0.8	17000	3
	商店	2	0.3	0.6	10500	2
	小商店	1	0.1	0.3	20000	1
	露天商	2	0.3	0.6	12500	2
運輸・通信	タクシー運転手	1	0.1	0.3	15000	1
	運転手	7	1.0	1.9	13286	7
	運輸	1	0.1	0.3	16000	1
技能工・製造・建設作業	労働者	12	1.7	3.3	9455	11
	工人	19	2.7	5.3	9995	19
	琺瑯工場労働者	6	0.9	1.7	18167	6
	プラスチック整形	1	0.1	0.3	12000	1
	工場	1	0.1	0.3	12000	1
	左官	3	0.4	0.8	9333	3
	仕事	1	0.1	0.3	9000	1
	大工	5	0.7	1.4	13400	5
	電気工	2	0.3	0.6	14500	2
	配管工	2	0.3	0.6	12000	2
	溶接工	1	0.1	0.3	20000	1
その他・不明	村の	6	0.9	1.7	14000	5
	小計	358	51.4	100.0	13380	358
欠損値（無職含む）		338	48.6			
合計		696	100.0			

プレハブ住宅や天井板の作製工場を経営する自営業者は、五八人で五一・三パーセントにもなる。この外、さまざまな手工業に就く人が多いことに注目されるであろう。都市近郊で、しかも簡易プレハブ住宅の製作を中心とした自営業に特化した姿が現れている。M村は村営企業に勤める人が相対的に多く、また雑業層に分類される人が多いと思われるが、実体はほぼ同じ傾向をもつと考えても間違いはない。全体として、すでに農業から離れているのである。

このような村にどのような地域から女性は婚入してくるのであろうか。

表３―ａはＭ村に婚入してきた女性の出身地、表３―ｂは西Ｌ村に婚入してきた女性の出身地を整理したものである。Ｍ村でみると、三〇パーセントの女性が村内婚である。旧Ｍ（人民公社）郷の範囲から一四・七パーセントの女性が、燕郊鎮からは一一・七パーセントの女性がＭ村に婚入しており、ほぼ二五パーセントの女性がこれに入る。この範囲は三河市の西の部分に相当し、社会的な生活圏となっている範囲である。これに対して、内蒙古と回答した人も一二・三パーセント、その他の遠隔地が二・四パーセントある。彼女たちは当村に出稼ぎに来て、見そめられた人たちである。西Ｌ村はＭ村に比べ村内婚は二一・〇パーセントと比較的低いものの、全体的にはＭ村と同じ傾向を示している。

一般に村が豊かになると、女性は貧しい村に婚出することを好まない。Ｍ村は村営企業のおかげで経済的に恵まれた条件にあり、また、西Ｌ村は簡易プレハブ住宅製作の自営で隣村に名を馳せている。本村のこうした条件の良さが、村内婚を増大させているのは容易に推測できる。さらに、恋愛が自由になり、日常的に見知った範囲での交際が頻繁になっている。人民公社時代の男女の協働は、村内婚を拡大させたといわれている。

表２　西Ｌ村の戸主の職業

業　種	人数	構成比
活動房製作自営	45	39.8%
天井板製作自営	13	11.5
活動房鉄枠製作自営	2	1.8
職工	4	3.5
雑貨屋	5	4.4
運送・運転	9	8.0
装丁私営企業	1	0.9
左官など	4	3.5
村の幹部	5	4.4
教師	2	1.8
退職者	5	4.4
農業	21	18.6
北京・燕郊鎮で勤務	6	5.3
無職・不明	4	3.5
計	113	100.0%

さらに、今日の分家は財産関係が比較的単純で、かつてのような婚出先と実家との複雑な問題とならなくなった。また、老後の養老を考えると、夫と妻との家族が近い方が便利だと考えるようになった人も少なくない。村内婚の拡大や養老の負担を考えると、これから妻方の家族との付き合いの頻度が今まで以上に高くなることも予想されるであろう。妻方の居住も少なくないといわれている。Ｍ村の聞き取り調

表 3-a 配偶者の出身地（M村）

出生地	度数	%
M村	168	30.8
旧M人民公社（M村を除く）	80	14.7
燕郊鎮（旧M人民公社を除く）	61	11.2
高楼鎮	28	5.1
大廠回族自治区	42	7.7
三河市	36	6.6
蘇県	12	2.2
河北省（以上を除く）	5	0.9
内蒙古	67	12.3
その他（広西省、黒竜江省など）	13	2.4
不明	34	6.2
計	546	100.0

表 3-b 配偶者の出身地（西Ｌ村）

出生地	度数	%
西柳	37	22.0
旧M人民公社（西Ｌ村を除く）	37	22.0
燕郊鎮（旧M人民公社を除く）	8	4.8
高楼鎮	5	3.0
大廠回族自治区	5	3.0
三河市	28	16.7
蘇県	0	0.0
河北省（以上を除く）	10	6.0
内蒙古	8	4.8
その他（広西省、黒竜江省など）	11	6.5
不明	19	11.3
計	168	100.0

査では、しかし、婿入りしたものは、戸籍を本村に移しても、口糧田は配分されない。例外は、妻に男の兄弟がなく、家に男の継承者がいない場合に限って、婿入りした夫にも口糧田の配分が認められる。妻方とのつきあいが緊密になっても、財産関係となると父系的な構造が顕在しており、本家と他家、本村と外村という境界は曖昧にならないことが注目される。

四、分家と養老

家産の分割は、家族間の関係を表現する事例として家族研究に欠かせない対象となってきた。土地が集団化され分割するだけの私有財産を持たない場合でも、分家とよばれる財産の分割は中国の家族にとって世代の継承を象徴する重要な意味を持ち続けてきた。今日の農村では、生産手段としての土地に代わり、家屋が高価な生活資源となっており、家産の分割では人々の関心を集める中心となっている。世代の継承にとって家屋の配分が実際の財産分与という意味ばかりでなく、親の世代の養老の義務関係を明示化するものとして象徴的な意味を強くしている。以下、分家と養老をめぐる事例から中国の家族関係の一面を考察してみよう。

（1）ZF氏（一九三八年生まれ）：二人の息子に家屋を建て、一年ごとの「輪流」で扶養されている事例

祖父の代に本村に雇農としてやってくる。父は、本村で大工、雇農として働いた。

本人は、青年時代に農業の他、駱駝による運輸業にたずさわった。農地改革時、一三畝の土地をもち、中農に区分された。

一九六二年に、高楼鎮の女性と結婚。妻とは三歳の時に「娃娃親」（双方の親が幼少の子どもを婚約させる）となった。息子が二人いる。長男は三二歳、一九八六年に結婚した。妻は承徳地区隆化県の人。次男は三〇歳、一九八九年に結婚した。妻は大廠県の人。息子の少年時代は生産隊で集団農業をした時期で生活が苦しく、文化大革命の混乱もあって、本村の小学校を卒業しただけで上級の学校に進学することができなかった。

二人の息子は、一九九四年からそれぞれ石膏の天井板を作っている。それまでは、簡易プレハブ住宅を作る工場に雇われたり、瓦工場に雇われていた。二人の息子は独立して、三〇〇〇元を資金に小規模な天井板を作る仕事場をそれぞれの家の敷地内に設けた。道具は「模具」と呼ばれるゴム製の簡単な鋳型があればよい。鋳型に石膏などの原料を流し込んで、しばらく置いて外し、周囲を整形する。こうして五〇センチ四方の板を作り、乾燥させれば完成品となる。息子の長男の家では、雇用人として二〇歳くらいの女性を一人雇っている。

長男には結婚に備えて一九八五年に家を建ててやった。費用は一八〇〇元かかった。一九八六年に結婚して、新居に住んだ。次男が住む家は、一九七七年にもとの家を建て直したものである。費用は八〇〇元であった。いずれも、石材、木材、セメント、瓦など、必要なものだけを購入して、後は村の人の力を借りて自分たちで建てた。次

男は一九八九年に結婚して、この家に住んでいる。一九九七年七月一日に、息子の二家族は分家した。ZH夫婦は輪流（順番に交代）で老後を養われることになった。七月一日から、長男の家に引っ越しをして生活をしている。今年（一九九八年）七月二日には、次男の家に引っ越す予定である。

（2）KY氏（一九三三年生まれ）：教師で右派と見なされた。息子三人に家を与え、これに対して養老費を分担させている事例

家族は高祖に当たる世代に三河県の村から本村に移住してきたと伝えられている。祖父は一人息子であった。父もやはり一人息子であった。一九一三年に生まれ、一九八七年に死亡した。本村で私塾の教師をした。KFは二人兄弟の長男で一九三三年生まれ、次男は一九三七年生まれである。

土地改革時、祖父母、父母、KF夫婦、次男夫婦の四組の家庭があった。当時はまだ分家していなかった。二五畝の土地があったが、一人三畝という土地の再分配基準からすると基準値に近く、中農と区分された。

KFは三河県（市）にある初級師範学校を一九五二年に卒業し、一九五三年から仕事に就いた。最初は燕郊地区の小学校（本村から二華里の距離）に勤務した。その後、ほぼ本県内で移動した。

文革時代、父が私塾の教師をしており、KFも師範学校を卒業しているので右派とみなされ、闘争の対象になった。

KFは一九五三年に大柳店の女性と結婚した。この人は師範学校で同級生だった。弟は一九五五年に近隣の村（現在、M村の一部）の女性と結婚した。KFと弟とが分家したのは一九五七年であった。

結婚した当時（一九五三、一九五五年）は貧しくて、家を新たに建てることができなかった。弟は郷の企業で会計係として働き、村外に宿舎を与えられた。KFは本村に留まり、父夫婦と同居した。兄弟がそれぞれ結婚し新しい生活を始めたので、一九五七年に分家することにした。しかし、この分家はただ食事を別にするという意味の程度のことでしかなかった。一つの屋敷地に、父母夫婦、本人夫婦、弟夫婦の三組が一緒に住み続けた。

一九七三年に、両親はまず新しい家を建てて移った。一九七四年に、KFと弟がそれぞれ前後して家を建てて移り住んだ。この頃になると、KFの家族も弟の家族も子供が成長して一つの屋敷地に住むことが難しくなっていた。四間の建物を建てるのに、一〇〇〇元くらいかかった。費用は、それぞれが負担した。

KFには、二女三男がある。長女（一九五四年生まれ）は燕郊地区に嫁いだ。長男（一九五七年生まれ）は本村に住み、一九九二年から簡易プレハブ住宅の製作工場を個人で経営している。一九八一年に結婚した。文革時代に就学期を迎えていたので、進学することができなかった。本村の小学校を卒業した後、農業に従事した。次女（一九六三年生まれ）は他村に婚出した。次男（一九六五年生まれ）は、本村で一九九二年から個人経営で簡易プレハブ住宅を作っている。一九八四年に結婚した。三男（一九七〇年生まれ）は、北京の専門学校を卒業して、現在北京市朝陽区で勤務している。一九八九年に結婚した。

三人の息子の分家は以下のようになった。

息子の世代には、結婚後に新しい家を建てて分家した。新築費用はほぼKFが準備した。長男は一九八七年に新しい家を建てた。この時、次男も家を新築した。それぞれ二～三万元の費用がかかった。三男は、KFの家を継承し、KF夫婦と同居している。一九九七年に改築した。一九九〇年から息子三人はKF夫婦に対して、一年に小麦二〇〇斤とトウモロコシ一五〇斤、毎月二〇元を出すと決めた。

（3）WZ氏（一九二八年生まれ）：障害者の三男を経済的に支援している事例

祖父の代に西L村に移住してきた。近隣の村（現在M中学校の付近、一キロの距離にある）の出身で、西L村で雇農として働いた。西L村の女性と結婚して、本村に定住した。

解放前の家族は、父、母、姉三人、そして本人の六人であった。本人は六年間私塾で学んだ後、家の農作業を手伝った。父は一八八八、九年の生まれで、少年のときからずっと北京の薬屋で、住み込みとして働いた。本村に帰ってきたのは七〇歳前後、薬屋を退職した後の一九五八年であった。一九八〇年に死亡した。また、母は一九九三年に死亡した。

WZは一九四七年に北京行き、薬屋で働いた。二年間働いた後、一九四九年の後半に村に帰った。当時の家族は、姉がすでに結婚していたので父母と本人の三人であった。それまでは、父も本人も北京に出ていて、本村には母しか残っていなかった。土地は一八畝あったが、土地改革で土地を失うおそれがあった。当時の農作業は主に母がやった。家畜がなかったので、耕耘など大きな仕事は人に頼んでやってもらっていた。結局、中農と区分され、土地の増減はなかった。

一九五四年、供銷公社で働き始め、大廠県の供銷社や信用社に勤めた。一九六三年、三河県の工業局に転勤になった。一九七五年、県の建設公司副経理に就任し、一九八七年に定年退職した。

WZには、娘一人と息子三人がある。長女（現四八歳）は燕郊鎮の南にある村に嫁いだ。長男（四七歳）は、文革時代に小学校を卒業した。簡易プレハブ住宅を製作する作業所に雇われて働いていたが、七、八年前から自分で簡易プレハブ住宅製作の個人経営を始めた。燕郊鎮出身の女性と結婚して、本村に住む。次男（三九歳）は生来の唖者で、二・五畝の土地を耕作するほか、長男の簡易プレハブ住宅工場で臨時に働いている。また、木工や左官の仕事もすることができる。承徳地域出身の女性と結婚し、本村に住んでいる。三男（三一歳）は中医学校を卒業後、燕郊鎮の製薬工場に配属されたが、後、酒造工場に転勤した。一九九五年に工場を「停薪留職」（元の職に留まりながら、他の仕事に就く）となり、簡易プレハブ住宅製作の経営を始めた。一九九一年に三河市の南の村の女性と結婚した。燕郊鎮に住宅を購入して、そこに住んでいる。

息子三人の分家は、一九八〇年にした。一九八〇年に長男が結婚したので、一九八一年に長男の家を新築した。新築費用は一万元かかった。この時に、新築費として長男に二〇〇〇元を渡した。不足分八〇〇〇元を銀行から借りた。三男には、一九九一年の結婚前に二〇〇〇元を家の購入費として渡した。次男は、一九九四年の結婚と同時にもとの家を譲り受け、WZと同居することにした。WZの妻は一九九三年に亡くなっている。一九九七年から、長男と三男はそれぞれ毎月一〇〇元ずつWZに渡している。次男は二・五畝の請負地で食糧を作っているが、一年の収入は三〇〇〇～四〇〇〇元しかない。次男の子どもの学費として、WZは毎月五〇〇元を渡している。これは、長男と三男からもらう二〇〇元に加えて、WZが年金として受け取る毎月三〇〇元を充てている。

（4）CQ（一九三二年生まれ）：家屋の建築費を「公共銭」として息子三人が均等に負担、次女の結婚では兄弟たちが贈り物や金を出した事例

土地改革の時、七〇畝の土地があったが、家族が多く中農と区分された。当時は祖父が生存しており、家族は一九人であった。父の世代は五人兄弟で、父は五男にあたる。兄弟の内、長男はすでに死亡して、長男の妻と二人の娘がいた。次男の家族は次男夫婦と一男三女、三男は未婚のまま死亡し、当時すでに亡くなっていた。四男は他家に養子（過継）として出されていた。五男（CQの父）の家族は、夫婦と三男二女の子どもたちであった。本人は一九四六年に結婚した。この大家族が分家したのは一九五八年で、土地改革後のことである。

土地改革の時、驢馬と騾馬がそれぞれ一頭おり、大車もあった。耕作に必要な農具はほぼ一式揃っており、他家に頼る必要はなかった。農耕のほかに、養豚もしていた。次男と五男が仕事の中心であったが、本人の世代も仕事に加わるようになって、自家の労働力だけで十分賄われた。雇農はいなかった。土地が七〇畝あっても家族が大きいので一人平均にすれば、土地改革の分配基準値一人三畝にまだ不足していた。

一九四六年に、大廠県（本村と約六キロ離れている）の女性と結婚した。

一九五二年の正月、通県にある馬蹄職人の家に徒弟となった。当時は食糧が不足し、食べるためには何でもしなければならなかった。一年の予定で、食事の他に一月三元の報酬を受け取った。この馬蹄職人の家には三人の徒弟

がいたが、馬が暴れて頭に怪我をしたものがあり危険だった。恐ろしくなって、一年で辞めた。

一九五三年、従兄弟（養子に出た伯父の次男）が、北京の木材加工の仕事を紹介してくれた。店主の他に、三人の使用人が働いた小さな作業場である。ここでは鋸を使う技術が認められて、報酬は他のものよりも良かった。食事を食べさせてもらうほかに、月七元の報酬を得た。この商店で三年間働いた。

一九五六年、乳牛の飼育、搾乳の仕事に就いた。この家に冬季の季節労働者として雇われた。毎朝、青草を牛に与え、搾乳する。牛乳を瓶に詰め、押し車に乗せて売って回った。四、五頭の牛を二人で世話をした。一月一〇元の報酬を得た。

一九五六年の春、北京の天壇近くにあった木材廠に勤めることが出来た。ここには三〇〇〇人もの労働者が働いていた。ここではどんな仕事でもしたが、修理組に配属された。一九七二年から三年間、設備係に配属され、農村に下放された。一九七八年に、班長に昇進した。一七人の若い人を使って仕事をした。この間、文化大革命があり、この工場でも六組のグループがそれぞれ覇権を争った。

一九五二年に村を出て働いてから一九九三年に帰村するまでの約四〇年間、本村には妻と子どもだけが生活した。本人は、週末の金曜日になると、自転車に乗って本村の家族のもとに帰宅し、月曜日には朝早く出勤した。北京と本村との間は、自転車で約二時間半かかった。人民公社時代、本村の生産隊に労働力を出すことが出来なかったので、食糧を配分してもらえなかった。本村はただ住むだけの村になってしまった。

ＣＱ夫婦には三人の息子と二人の娘がある。

老大は長女（現在五〇歳）で、北京に住んでいる。文革時代に就学期を迎えたので、小学四年までしか学校に通っていない。結婚後、農業をした。

老二は長男で、三八歳。高中を卒業後、本村の個人経営の簡易プレハブ住宅を作製する作業場で働いている。本村出身の女性（三〇歳）と結婚した。妻は縫製工場で働く。二人の息子がある。

老三は次男で、三五歳。中学校を卒業後、木工彫刻の仕事をしている。親方について学んだのではなく、自分で工夫して技術を身につけた。大廠県の女性と結婚し、現在は妻の父母と同居している。妻の父は一九七九年にベトナム戦争に参戦して、頭に負傷した。後遺症が残り、傷痍軍人となった。妻は二人姉妹で男手がなく、しかも父が傷痍軍人なので、父母の家に同居した。しかし、次男の宅地用土地は、西L村に残している。

老四は三男で、三一歳。初級中学を卒業した。二二歳の時、父が六〇歳前で退職したので、「接班」として木工廠に勤めることが出来た。本村出身の女性と結婚し、現在は村の近くにできたアパートに住んでいる。子どもはまだない。将来、本人夫婦の住んでいる家屋に住む予定である。

老五は次女で、二八歳。初級中学を卒業後、北京の縫製工場に勤める。本村から一・五キロ離れた村の男性と結婚した。

一九八四年に息子たちは分家した。長男の結婚の後であった。長男は、本村内に家屋を建てた。かつて窪地だったところを埋めて整地し、住宅用の土地にした。この費用が一〇〇〇元かかった。住宅建設に三〇〇〇元かかった。これらの費用は「公共銭」で賄った。つまり、子どもたちの共同の負担でまかない、負担を公平にするという意味である。次男は、妻の両親と同居するので、住宅は建てていないが、住宅用の土地は準備した。この購入費用も「公共銭」から支出することにした。CQ夫婦が住んでいる家屋は三男が継承することになった。

息子が分家したとき、CQの父母はまだ健在であった。彼ら兄弟三人がそれぞれ、一年間に小麦三〇〇斤、トウモロコシ二〇〇斤と、毎月二〇元を本人夫婦に生活費として出すことにした。この他、節季（春節、清明節、端午節、鬼節）に、兄弟は肉を三斤持ち寄って食事の準備をするとした。食事はこの負担では賄えないが、兄弟たちが集まって節季を祀ることに意味がある。

次女が結婚したとき、すでにCQは退職していて、結婚を準備する金がなかった。三人の兄弟がそれぞれ負担できる範囲で、贈り物や現金を準備した。長男は五〇〇元、次男は二〇〇元とビデオ、三男は冷蔵庫、自転車、ラジカセ、食卓、縁取りミシンを準備した。長女はミシンを贈った。CQは四組の布団と二組の絵を贈った。

なお、次女の職場は本村から近く、家も一・五キロしか離れていない。子供の世話はCQの妻が見ている。昼食も、CQの家でとることも多い。CQの妻は喘息なので、食事の準備などが十分出来ないときには次女が家事を手伝っている。

(5) X家の「分家单」

次の証文は、父が息子三人に分家させた際のものである。長男には西にある五間の部屋、現金とその他の家財を分与した。次男にはもとの家の五間と豚小屋に隣接する立木、現金とその他の家財を分与され、また、家の建て替え時には長男から二〇〇元を受け取る。三男はもとの家の三間の部屋、豚小屋の側の立木、現金、箪笥、その他の家財を分与され、結婚するときはその費用を長兄と次兄が負担する。もし結婚できないときには両兄に養われ、葬儀をしてもらう。父母は長男、次男の分家の一年後から毎月五元を支給され、長男と次男に分与された東の部屋に住む。また、葬儀は長男と次男によって賄われる。

以上の内容に、兄弟三人が確認の印を押し、妻の実家でもある三人が立ち会ったとされている。

これをみると、三人兄弟が分与された部屋数や家財には多少の差があるようであるが、古屋を分与された次男には立て替え時には長男は相分の金を負担したり、あるいは未婚の三男の結婚費用は長男と次男が負担するなど、実質的な均分が配慮されているようにうかがえる。また、家産の分与には、父母の養老と葬式の負担も義務として課されているのがわかろう。だが、未婚の三男には親の扶養義務が課されていないばかりか、結婚できない場合、彼の扶養と葬儀は長男と次男に託されていることが注目される。結婚しなければ家を成すことができないという考え方が持続しているのであろう。

夏広元が息子の長男（老大）、次男（老二）、三男（老三）に充てた分家の証文

分　家　単

夏広元率子老大、老二、老三、因年老体弱、不能主持家務請来人調解、根拠三子同意、各無意見、将家産三股均分。

老大応分西頭房屋五間、銭櫃一個、其他家産一股、貼補学義翻蓋老房時所用現款弐百元翻蓋房時付清。

老二応分老宅房屋五間、猪圏厠所樹木相連、銭櫃一個、其他家産一股、翻蓋房時得学生貼補現款弐百元。

老三応分老宅房屋三間、猪圏樹木相連、銭櫃一個、櫃橱一個、其他家産一股、結婚時所需現物由両兄長担負、如不能成家由両兄長扶養、百年後由両兄長送終。房産樹木由両兄長平分、宅基帰次男所有。

父母由老大、老二奉義、自分家後一年始毎月給現款伍元、住房在老大、老二各東屋、百年後由老大、老二兄弟送終。

三面言明、各無反悔、空口無憑、立字為証、各有一張。

立分家人　老大（押）老二（押）老三（押）

中証人　湯徳有（押）湯徳順（押）湯徳勝（押）

代筆人　夏広徳

一九八三年一月一四日

以上の事例にみるように、兄弟の分家は、結婚を契機に行われるのが一般的のようである。この場合、家屋を親

が準備するが、この費用を負担することが財産の分割と見なされている。親の方に経済的な余裕があり、息子たちの家屋をすべて親が負担できる場合は、家屋の新築費はほぼ均等になるように考慮されているのも注目されるであろう。また、親の準備した金では賄えないときには、「公共銭」という考え方で準備される。実際の負担は息子たちで準備するが、しかし、それぞれの個人負担とは考えないで、将来分割するものとして、等しい金額を持ち出す。すなわち、兄弟が持ち出した金を親の元に管理される公共銭として、この金で均等になるように建設費を共同で負担すると考えるのである。

分家の主な意味が、息子たちの結婚と独立にあるが、他方、親の方からすると老後の扶養を意味している。老夫婦の単独世帯、息子の一人との同居、息子たちの間を輪流して回るという形態の違いがある。また、生活費として現金を渡すことも、また現物で贈ることも、家族の状況によっていろんな形を取っている。しかし、いずれにしても老後を息子たちが均等に養うという原則は貫かれている。中国の伝統社会における家族の論理が、親の扶養という現代的な状況に組み替えられて生きていることを見ることができよう。また、滋賀秀三は中国の家族の構造を「持ち寄り関係」と見るが、本資料の分家に兄弟間の関係も持ち寄り関係と考えることができるのではないかと考える。

婚出していない娘がある場合、結婚費用は財産を分与された兄弟が負担するというのは、娘の婚費の負担という親の責任が分家によって兄弟に引き継がれたと解釈することのできよう。しかし、すでに婚出した姉も贈り物をしているし、親も祝いの品を贈っているので、親の義務の次世代へ均等な継承という厳格な解釈よりも、実情に応じた負担という方が現実に即しているのではないかと推測する。だが、娘も相当なものを結婚時に準備されるようになったのは、家産の分与ということからすると男女の差が少なくなったことを意味しているとも考えられる。

さらに、婚出した娘の家族との頻繁な往来を予想することもできる。息子たちが近所に住んでいる場合でも、娘の子供の世話をみたり、また娘に食事の準備を手伝ってもらうという事例もあった。M村では、娘の家族と一緒に食事をするという事例もある。質問紙を使った調査では、村内婚が既婚者のうちM村では約三分の一、西L村では約四分の一になる結果を示した。かつては、村内婚は忌避されていたということであるから、近年の変容は大きいことがうかがえる。このように、娘が村内に婚出した場合、婚出した娘、あるいは娘家族との頻繁な往来はいっそう強ものと予測される。かつては婚出してしまうと、娘との関係は比較的疎遠になることが多かったが、一人っ子政策によって農村でも娘しかもたない家族も少なくないことを考えると、娘家族との日常的な往来は近年特に注目される傾向といってよい。しかし、妻方居住をしても、娘婿には口糧田を配分しないという村の原則を見ると、娘家族との頻繁な往来という事実が、中国家族の構造の論理までも変容させてしまうかどうかはさらに検討が必要であろう。

五、まとめ

以上、親族の構造、家族の形態と婚姻圏、分家と養老における家族関係を三河市燕郊鎮M村と西L村における事例から検討した。それぞれの項目について暫定的に引き出される結論は各項に記述したので、ここでは最初に提起した課題、すなわち伝統的な家族の構造をどのように継承し、また変容させているかという問題について概括的に考察したい。

末成道男と王崧興が指摘するように、中国の家族と親族の絆が選択的で、構成的な構造をもつことは本稿でも見たとおりである。墓地など一族の公産を所有し、祖先を祭祀することで一族の凝集力は表現される。当地では、父系の親族、すなわち同姓一族が一体となった凝集力を持つ姿は一般的ではない。しかし、対抗勢力として集団の姿を出現させようとする場合、正月における一族の挨拶や家譜の編集など、一族の絆が強調されたり、儀礼として形を整えたりもすることがある。今日でも一族が社会的威信を自覚したとき、同姓集団はなおかつ一つの政治的凝集力の核たり得ているのではないだろうか。

父系集団の構造は、当地では分節化のベクトルが強く表れていた。また、一族の活動という点でも、選択的な契機が働いているのを見ることができた。とりわけ、兄弟間の経済的・社会的な不均衡や家産蓄積への貢献度に差が生じたとき、家族間の抗争は激烈になる。しかし、土地争いなどの兄弟間紛争が激しいのは、その裏に家産均分の原則が規範として両者の行為を強く規制しているからであろう。

兄弟間における均分の原則は、現代の家族の分家にも貫かれている。耕地が村によって管理されるようになってから、土地はすでに家産としての価値は薄れているが、その分、生活資産としての家屋が価値を高めている。分家では家屋をどのように分割するかが最大の関心となっているのである。親に余力がない場合、兄弟間の「公共銭」で家屋を準備するという事実は、親のもとでの兄弟の持ち寄り関係、均等な配分と負担という原則を如実に示す事例として興味を引くところであった。家族が兄弟間の持ち寄り関係によって成り立つという形態は、今日も貫かれていると考えることができよう。

財産の分与には、娘（女性）も加わってくる事例があることが指摘されるであろう。親に力がなければ、相当分の婚資を兄弟が負担する。しかし、すでに記したように、財産の分与に兄弟と全く同じ論理でもって娘への分与が主張されているとは考えにくい。むしろ、兄弟姉妹の間の差が少なくなり、娘の婚資も兄弟への分割と同程度のものが要求されるようになる傾向が生じていると見るのがよいのではないだろうか。一人っ子政策により、兄弟が少なくなり、娘も子どもの一人として見られるようになれば、この傾向は一層強くなるであろう。

娘との親子関係は、娘の婚出後も親密になっている。娘が村内に婚出した場合、こうした傾向はいっそう強いものと予測される。かつては婚出してしまうと、娘との関係は比較的疎遠になることが多かったが、一人っ子政策によって農村でも娘しかもたない家族も少なくないことを考えると、娘家族との日常的な頻繁な往来は近年特に注目される傾向といってよいのではないであろうか。また、村内婚が多くなると、兄弟関係ばかりでなく、娘の婚出先家族とも緊密な関係ができる可能性が高くなっている。企業の共同経営は財産関係に入らない母方・妻方をパートナーに選ぶ傾向があるといわれている。この実利的機能が、現実的な役割を果たしており、女系親（congatic）のネットワークがもっとも明瞭に現れるところとなっている。婚出した娘の家族との頻繁なつきあいも（Cohen, 1976）、この文脈の中で、現実的な意味を持ってくる。

しかし、当村には娘夫婦との同居はまだ例外的なことのように見える。しかも、妻方居住をしても、娘婿には口糧田を配分しないという村の原則をみると、娘家族との頻繁な往来という事実が、中国家族の構造の論理までも変容させてしまうかどうかはさらに検討が必要であろう。

さて、家族の構成が父系的な構造を継承しながら、一面では女系親ネットワークを強めているとすると、家族の構造に規定された社会規範も変化の兆しを見せているであろう。この点を論じるには、本稿では資料による検証をすることができないので、以下の点を課題として指摘するにとどまる。

家族の生活ネットワークという機能的な構造では、父系的構造ばかりでなく妻方・母方の血縁関係が関係を構築していく選択肢の一つとして有用になることはすでに多くの論者が指摘しているとおりであろう。しかし、機能的な関係が、果たして規範的な秩序、つまり権威や正当性としての父系的な構造を変容させるとかという問題は、まだ十分検討されているとはいえない。企業活動などに妻方との関係が強調されながらも、妻方居住はまだ多くはない。企業経営のパートナーとして妻方・母方の縁者が求められるのは、パートナーとなる人が財産の共有関係の外にいるからであって、兄弟の持ち寄り関係、均分主義などの父系親族の価値規範が背後に濃厚に存在していることを裏付けている。

さらに、父系の構造には世代と輩行の秩序がいわれ、家父長的権威主義などと表現されてきた。こうした権威や正当性の裏付けとしての父系の構造が変わるかどうかという問題は、さらに検討を深める必要があろう。父系構造が社会構造の中心原理として規範化されると、その変容は一般的な秩序原理の変容として、あるいは社会構造的特性の変容として具体的な事実の検証が必要ではないかと考える。

注

（1）質問紙を用いた調査は、本調査の共同研究者であった稲月正を中心に実施した。調査結果は、稲月正「第三章 M村と西L村の家族生活」（佐々木衞・柄澤行雄編『中国村落社会の構造とダイナミズム』東方書店、二〇〇三年所収）に詳しい。本稿は稲月正の整理した資料にもとづいて記述した。

参考文献

Cohen, Myron L. 1976, *House United, House Divided: The Chinese Family in Taiwan*. Columbia University Press: New York and London.
Freedman, Maurice 1958, *Lineage Organization in Southeastern China*., The Athlone Press of the University of London.（末成道男・西沢治彦・小熊誠訳『東南中国の宗族組織』弘文堂 一九九一年）
Freedman, Maurice 1966, Chinese Lineage and Society: Fukien and Kwung—dong., The Athlone Press of the University of London.（村田克己・瀬川昌久訳『中国の宗族と社会』弘文堂 一九八七年）
戒能通孝 1933「支那土地法慣行序説—北支農村に於ける土地所有権と其の具体的性格」、東亜研究所『支那農村慣行調査報告書』第一輯
平野義太郎 1933「北支村落の基礎要素としての宗族及び村廟」、東亜研究所『支那農村慣行調査報告書』第1輯
滋賀秀三 1967『中国家族法の原理』創文社
末成道男 1983「社会結合の特質」橋本萬太郎編『民族の世界史五 漢民族と中国社会』山川出版
王崧興 1987「漢人の家族と社会」伊藤亜人ほか編『現代の社会人類学I 親族と社会の構造』東京大学出版会

第二部　青島における地域社会の社会変動

住宅地の中で人の出入りを管理した区域　2010年8月

庶民の街として再開発された地区　2010年8月

第五章　地域社会のダイナミズム

一、青島市社会概況

青島市は二〇〇〇年代に入って、都市化と産業化とが急速に進展した。本稿では人の移動を通してグローバル化のもと産業化と都市化した地域社会の構造を検証することを目的とする。まず、二〇〇〇年代の急激な経済発展と地域社会が変貌するダイナミズムを概括する。

一、二〇〇〇年代の急激な経済発展

一九八〇年代の青島を知るものは、現在の青島の容貌の一新に目を見張るであろう。青島に住む人々からすると、青島の生活空間は解放前から一九八五年までほとんど変わらなかったといい、それまで海岸と畑地が広がる人家もまばらな農漁村地区が、巨大な新都市として変貌した姿には深い感慨を覚えるという。その変容は、以下で示すように、一つは国家プロジェクトによる戦略的で総合的な経済・都市開発、二つは海外からの投資によるところ

が大きく、グローバル化の中の産業化の姿を見ることが出来る。

青島市は一九九二年に市庁舎を、清朝時代に軍隊駐屯地があった東の郊外（浮山所）に移転させた。これを機に、一九九二年に青島高度先端技術産業開発区、保税区（生産インフラ建材と設備の輸入品に対する免税特例区）、二〇〇〇年に国家新技術産品輸出基地、二〇〇一年に国家級先進高新技術産業開発区の指定などによる開発政策を推進した。また、開発区を開発するために、一九九二年から一九九四年にかけて、市街地の周辺に広がる地域に、黄島区、嶗山区、城陽区の行政区を新たに設置し、黄島区には青島経済技術開発区、保税区、嶗山区には青島高度先端技術産業発展区、石老人国家観光リゾート区、城陽区には青島輸出加工区の国家開発プロジェクトを指定した。

また、一九九五年『青島市城市道路交通企画図』を計画し、市域全体を南北、東西に貫通する幹線道路網の建設、立体交差による高速道路化、全国に繋がる高速自動車道路への接続を二〇一〇年にはほぼ完成させた。さらに、二〇一一年七月には、市街地と対岸の黄島区とを結ぶ大架橋と隧道を完成させた。こうして、それまで海岸に広がっていた保養地と漁村、トウモロコシやサツマイモを植えていた耕地、湾内に広がる塩田地が、紡績、車輌製造、機械、化学、石油化工、鉄鋼、ゴム製品、家庭用電器、ビール、タバコなどの生産基地に発展し、新市街地には金融街、オフィス街、高級アパート群を林立させて、都市の面貌を一気に変えていったのである。

青島市の経済的発展は二〇〇〇年代に入って本格化したと言われている。二〇一〇年の総生産高は二〇〇三年に比して約三倍、二〇〇六年に比して一・七倍の成長を実現している（図表1参照）。この発展の動力は、青島ビール、海爾集団（総合家電メーカー）、海信集団（テレビが主力の家電メーカー）、澳柯瑪集団（エアコンが主力の電器メーカー）、双星集団（全国シェアの運動靴製造）、南車青島四方機車車輛公司（新幹線車輛の製造）など、世界で知られる中国を代表する大企業の設備拡大が牽引しており、青島の知名度を上げることにもなった。また、海外からの投資

図表1　青島市生産量推移

	2010年	2006年	2003年
全市生産総額（億元）	3981.98	2302.29	1257.47
第一次産業増加額	189.99	117.76	97.46
第二次産業増加額	1980.19	1265.9	669.68
工業	1777.96	1163.14	594.27
建設業	202.23	102.76	75.41
第三次産業増加額	1811.80	918.63	490.33
運輸・倉庫・郵政業	288.45	245.3	121.04
卸・小売業	426.69	185.34	103.70
ホテル・飲食業	94.03	56.34	33.64
金融業	176.58	60.99	40.08
不動産業	149.21	55.6	191.87
その他サービス業	289.25	124.19	15.6
非営利業	387.59	190.9	—

（2003年から2010年、青島統計信息網電子版から作成）

も青島経済の発展の動力となっている。『青島ビジネスガイド』（電子版、eChinacities.com）によれば、二〇〇六年の外国直接投資は深圳、広州を抜いて第一位となり、韓国八・六七億ドル、香港三・三五億ドル、日本二・二七億ドル、アメリカ一・四五億ドル、台湾一・二八億ドルである。外国投資の産業は製造業で全体の五六・一パーセントになる。中でも、エレクトロニクスと電気通信は七・五パーセント、機器製造六・一パーセント、繊維・衣料六・〇パーセント、医薬品・化学四・七パーセントなどとなっている。

二〇〇〇年代中期における青島の経済発展の中で、韓国資本の比率の大きさが注目されるところである。青島市対外貿易経済合作局によれば（二〇〇四年・二〇〇五年調査）、青島に進出した韓国企業は五五〇〇余になり、主な業種は、靴（太光、世原、三湖など一五〇企業）、電子機器（三〇〇企業以上）、紡績、機械製造、食品加工、玩具（関連企業は一〇〇以上になる）、化学工業、ガラス、鋼材・ステンレス製造など四〇種類以上あり、投資額は五〇億ドルにのぼる。近年、新しく、金融・保険、不動産、運送業などの企業が投資を拡大しているということであった。

企業の進出に伴って、二〇〇〇年以降青島に常住する韓国人は増大し、外国人登記をしている人口は五万人を越えているという。出張者や一時滞在者を入れ得ると一〇人万以上になるだろうと見なされている。二〇〇四年に在青島韓国総領事館が設置され、中国青島韓国人商工会、教会、青島韓国インターナショナルスクール、情報誌の発行など、韓国人コミュニティを構成する条件が整った。

二、青島市の人口と地区概況

経済の発展は都市人口の増大に表現されている。図表2は青島市の区別人口の推移を表している。青島市の全人口は八七一万人である。この中には即墨市、膠州市、膠南市、平度市、菜西市の行政市が含まれているので、青島市としての人口は市南区、市北区、四方区、李滄区、黄島区、嶗山区、城陽区の七区の三七一万人である。二〇一〇年の人口統計を二〇〇〇年と比較すると、李滄区、黄島区、嶗山区、城陽区の人口の増大が注目されるであろう。

最も人口が増大した黄島区は、青島半島の湾を隔てた対岸に位置し、それまで大きな企業がほとんどなかった地域である。ここに造船所を拡大し、石油化学基地、物流基地を建設して、海爾集団、海信集団、澳柯瑪集団などの青島を代表する電気機器メーカーの主力工場を移したために、地区全体が全く新しい工業都市として発展している。

また、城陽区に属す膠州湾には広大な塩田が広がっていたが、ここを工場用地として開発し、車輛製造、鉄鋼、ゴム製品、新素材の工場を新設した。また、空港から近い地域に、韓国資本による紡績、アパレル、装飾品を製

図表2　青島市常住人口（万人）

	2010年	2000年	増加人口	増加率（%）
市南区	54.48	44.6	9.9	22
市北区	55.82	50.3	5.5	11
四方区	46.25	42.8	3.5	8
李滄区	51.24	35.3	15.9	45
黄島区	52.42	23.8	28.6	120
嶗山区	37.95	25.5	12.5	49
城陽区	73.72	49.5	24.2	49
市区人口計	371.88	271.8	100.1	37
即墨市	117.72			6
膠州市	84.31			8
膠南市	86.84			5
平度市	135.74			3
莱西市	75.02			3
青島市総計	871.51	749.42	122.09	16.29

青島市第六次国勢調査（2010年）より作成

造・加工する企業が集まる工場団地があり、韓国居住者向けのアパートも建設され、韓国人が多く住む地域となっている

嶗山区は、海岸を国家観光リゾート区に指定し、ゴルフ場や観光農園と高級ホテルをセットにした高級リゾート地を建設している。また、内陸部は青島高度先端技術産業発展区に指定され、家電機器、ソフトウエア、新素材、海洋生物製薬をはじめとするハイテク産業が集中している。かつては丘陵地（浮山）で新市街地とも分断された感があったが、丘陵地の北を住宅団地として開発しており、一般市民が購入できる価格の団地を建設中で、これから人口が飛躍的に増加すると予想される地域である。

李滄区は、かつて農産物の交易地として栄えた。現在も定期市が立ち地方からも人が集まり、市日には身動きが出来ないほどとなる。市内と城陽区との中間点にあるので、副都心としての商業区としても発展している。特に、「韓国街」と呼ばれる一角が形成されて、ハングルの看板が並び、衣料品をはじ

図表3　青島概略図

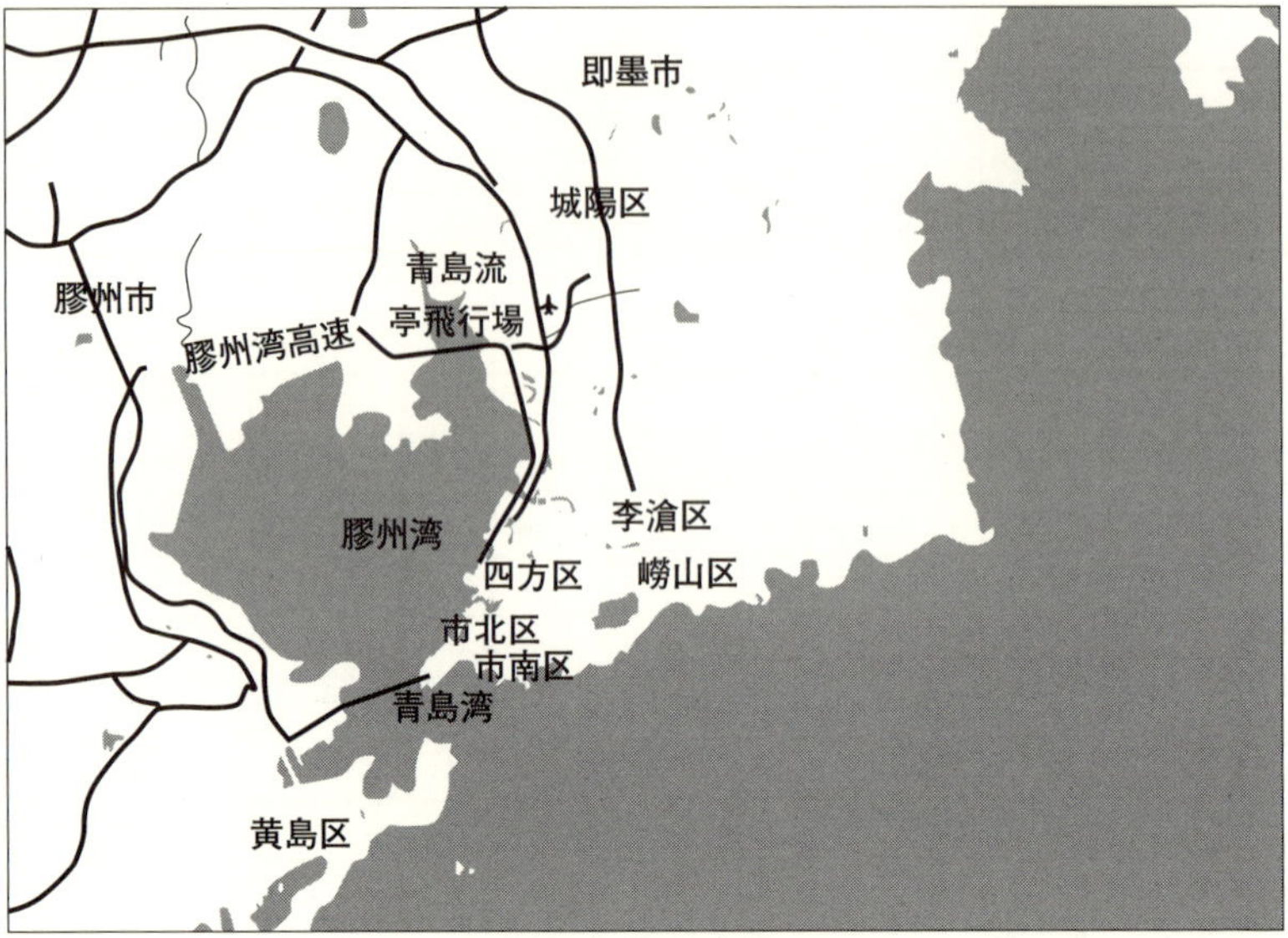

めとする韓国製品を売る店が軒を連ねている。

市南区は太平山を挟んで西と東に分けられる。西はドイツ占領時代から政治と経済の中心として青島を代表する個性的な町並みを形成した。太平山の東は市庁舎が新設された地域で、現在は高層ビルが次々と建設され、オフィス街となっている。金融機関、高級デパート、ブティック、高級マンションなどが並ぶ「富人街（金持ちの街）」と呼ばれる地域がある。人口の増加は周辺地域ほど高くないが、旧市街地から丘（太平山）を隔てた東の農村地帯に、政治と経済の中心業務地区（central business district）を全く新しく建設し、青島の飛躍を象徴している。

こうした人口が増大した地域にくらべ、市北区と四方区の人口はさほど増大していない。

市北区は青島港に近く、ビール工場もあり庶民の生活する地域としても繁華な街を形成していた。しかし、政治の中心が東の新市街地に移ってから、寂れた感じを与える。現在は庶民の繁華街として、街の再開発に取りかかっている。

図表4　青島市行政区分概略図

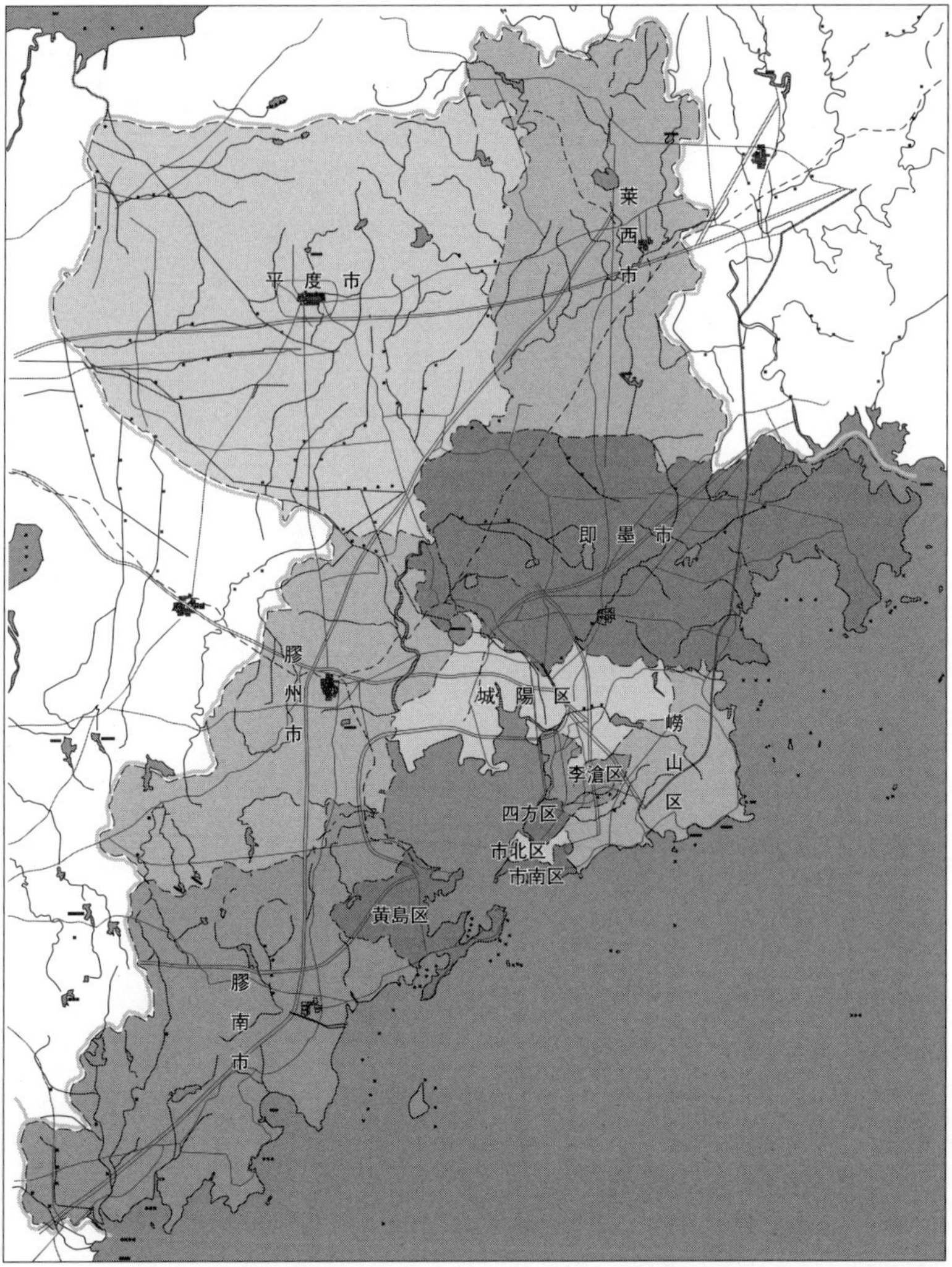

http://gdsgwst.gingdao.dov.cn

四方区は、かつて紡績工場、客車製造業、タバコ工場など、青島を代表する工業地域であった。国営企業の宿舎も多くあり、都市の再開発が計画されている。

三、住宅地域から見た青島社会の概況

上空から見ると、青島の市街地は整然と並ぶアパート群が、周辺の地域を津波がのみ込むように広がっている。丘（浮山）の北側など、それまで住宅に相応しくないとされていた地域でも、広大な面積の住宅地区が開発されている。二〇〇〇年代を通して住宅価格は急騰し、青島の人の間では、購入した住宅が幾らになったという話題が日常的になっていた。住宅を不動産資産として購入することも多く、住宅開発に油を注いでいた。

しかし、住宅価格は、地域の社会的評価をも表現する指標でもある。図表5は青島房産価格分布図である。海岸に近いほど住宅価格が高騰している状況がわかる。最近開発された海岸地域の住宅は二万元／一平方メートル以上するところも珍しくなく、その価格は北京の大都市にも匹敵している。一般の人々が購入できるとされる八〇〇〇元／一平方メートルから一万元／一平方メートルの住宅はかなり内陸に入らないと無いことがわかる。

『半島都市報』（二〇〇五年十二月十五日）に掲載された住宅価格を参考に、聞き取り調査から典型的な事例と思われる具体例を紹介する。

（一）市北区

①貯水山公園は、戦前、日本の神社がまつられた。丘の周囲には、日本人が経営した商店、住宅の面影が残っている。解放後は、小規模の商店が並び庶民の住む街として知られている。地域の再開発に伴って高層マンションが

図表5　青島房産価格分布図（2010年6月）

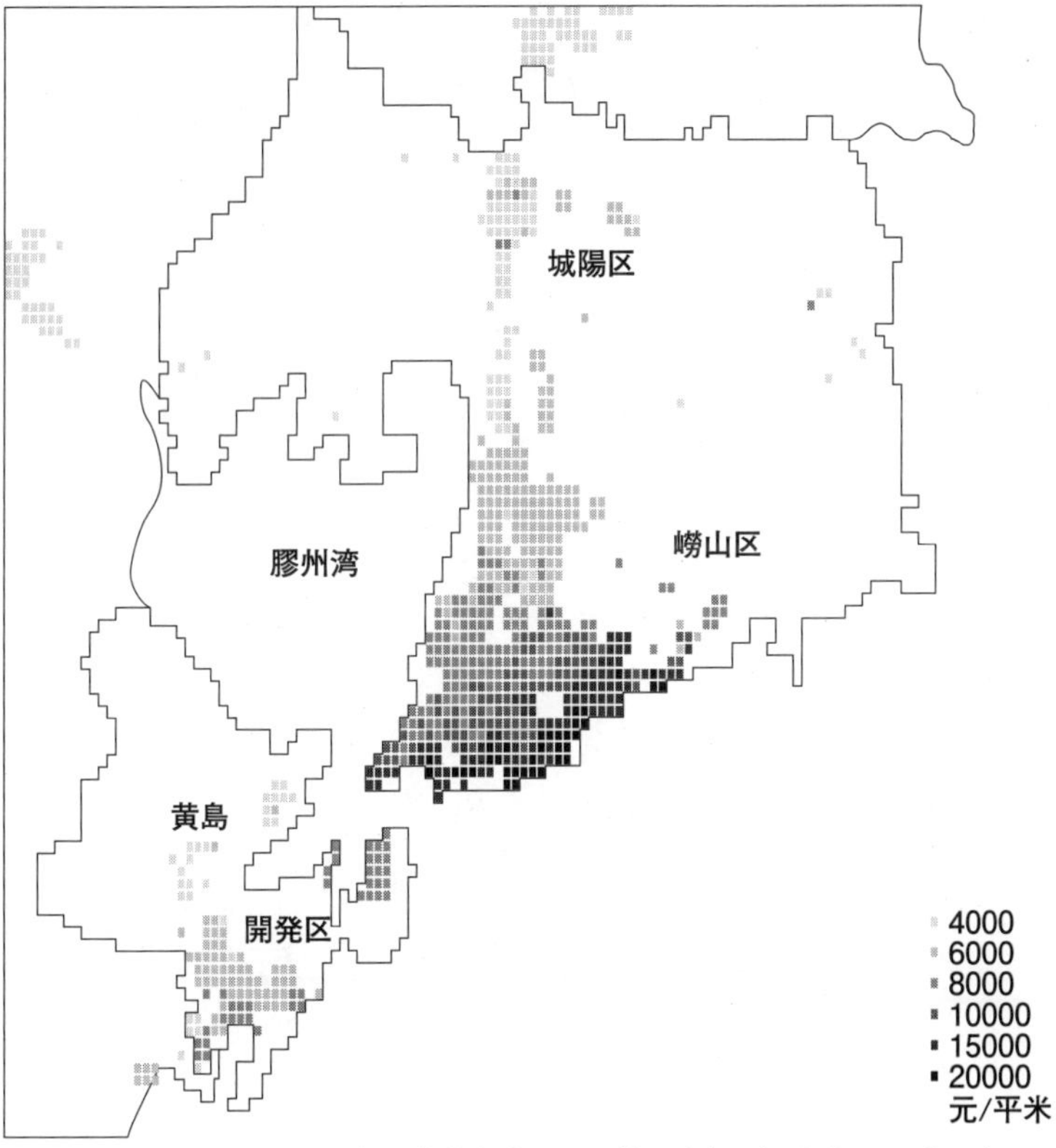

http://gd.cityhouse.cn/forsale/market/pricemap forsale.asp

建設（一九九九年）されたが、一階は電子機材を販売する店舗が集まり、日本の秋葉原の観がある。このアパートの家賃は一六〇〇～二〇〇〇元／月（七二～七八平方メートル）、販売価格六二七五元／平方メートル（一九九九年建設）と新聞記事に掲載されていた。

②台東区の住宅は、二〇〇〇年に改修された中層マンションが中心である。一階は商店となっている。台東区はかつて、労働者の住む街として知られていた。現在は百貨店、大型スーパー、映画館などが集まり、庶民の歓楽街となっている。南には青島ビールの博物館（元本社）があり、八月の青島ビール祭に

はカフェ式の店が並ぶ。新聞記事の中には繁華街の中のマンションが紹介されており、家賃一二〇〇元／月（八五平方メートル）、販売価格四九二〇元／平方メートル（一九九六年建設）であった。

（二）市南区

①青島のシンボルである五四広場から北側は金融センターとなっている。オフィスビル、デパート、ブティックなどが軒を連ねる。福州南路の両側に面したマンション群（氾海広場、新貴都など）は、「富人街」と呼ばれている。韓国人の企業家も多く住む。これに隣接する地区は、日本の商業街区（レジャー、ビジネス、娯楽、店舗を一体化）を参考に開発をしたといわれ、マンションに四万／平方メートルの値段がついたと言われている。

②街の中心を東西に貫く香港中路に面したマンションの購入価格は一万六〇〇〇元／平方メートルである。市の中心部から南に向かう海岸には高級高層マンション群が建設されている。一九九五年、銀都花園が最も早く開発された。海岸に面しており、購入価格は一万～一万二〇〇〇元／平方メートルである。この他、頤和国際オフィスビル（「頤中」タバコ資本が投資）、燕島国際公寓（「海信」電器メーカーが投資）など、青島を代表する企業が投資したマンション群がある。購入価格は二万元／平方メートルを下らないといわれる。

（三）嶗山区

①中国海洋大学の東に位置する高層・低層マンション群

香港東路に面した南北の地域に、ストレッチセンター、商店、レストランなどが集まった街があり、これを中心に低層マンションが建設されている。二〇〇〇年から急速に開発された。市の中心に近く、海岸に接しているので、生活しやすい。青島華僑学校、韓国文化中心、韓国領事館がある。海青花園は最も早く建設されたマンションで、販売価格は八〇〇〇～九〇〇〇元／平方メートルである。

②大麦島付近から東の石老人地区に繋がる海岸地域

かつては漁村が点在する地域であったが、二〇〇五年にすべての家屋が取り壊された。開発が始まるまで簡易旅館が建ち並んでいた。再開発されてからは、別荘と高級マンション群となった。

③嶗山区の中心部

海岸は別荘地、海岸を離れると一般住宅マンションが立ち並ぶ。二〇一〇年になっても建設ラッシュが続いている。このなか、比較的早く建設された最高級別荘地の一つ弄海園の販売価格は二万元／平方メートルである。これに対して、市政府の周辺に建設されたマンション群は二〇〇〇年前後に建設され、現在八〇〇〇元／平方メートルで販売されている。中には主に政府関係者に配分した福利住宅を建設した地区もある。

開発中のマンションも多く、農民への保証金は七〇〇〇～八〇〇〇元／平方メートルであったといわれ、海岸に近いマンションの価格は保証金の倍、一万四〇〇〇～一万五〇〇〇元／平方メートルとなるだろうといわれている。

④嶗山区内の海岸から少し離れた箇所

頤中体育館に接した地域に青島華文学院など文教施設が集まっている。マンションは八〇〇〇元／平方メートルで売買されている。なお、丘陵地（浮山）で海から隔てられているため、かつては住宅開発に適さないとされていたが、現在、住宅地として開発されている。浮山の北側の新築マンションは、四〇〇〇～五〇〇〇元／平方メートル、六〇〇〇元／平方メートルで販売されている。

（四）李滄区

李村河に沿った町の中心部にある少し古いアパートは三五〇〇元／平方メートルで、一般の市民が購入できる価格といわれている。しかし、一〇年前の建設当時は、八〇〇元／平方メートルで買えたという。

（五）城陽区

①飛行場に近接する地域で、工業団地にも近い。企業税の一定期間の免税など投資環境を整えて、韓国資本によるマンション建設が進んでいる。その一つは、アスレチック施設、スーパーマーケット、レストラン、映画館などの施設を中心に、大規模なマンション群を構成している。当地のマンションは一般に七〇〇〇元／平方メートルといわれている。

②区の中心に近い開発区には、渉外商（住）小区と呼ばれる韓国人の専用アパートも建設された。中には韓国人の子どものための小学校と幼稚園も備わっている。悦華園渉外商（住）小区は一九九九年に開発され、年末に入居が始まった。敷地面積は一〇ヘクタール。現在は三八二戸の入居者があり九五パーセントは韓国人の家族である。家賃は年間一万六〇〇〇元から一万九〇〇〇元、幼稚園と韓国語小学校とがある。

③かつての農村集落がそのままマンション群に入れ替わった地域がある。一九九七年からマンションの建設に着手、二〇〇五年にほぼ完成した。一階は商店、二階はマンションの建物が外周を取り囲み、この中に中高層のマンション群が建てられている。外観からすると西洋の館のような姿を見せるところもある。マンションは三〇〇〇〜四〇〇〇元／平方メートルで販売されている。なお、村は土地と建物を開発会社や不動産会社に貸している。貸し出している土地の土地総面積二万平方メートル、建物総面積五千平方メートル、うち工場敷地面積四八〇〇平方メートルである。貸出料は、建物は年間一二ドル／一平方メートル、土地は六〇〇〇元／一畝である。賃貸料だけでも年間三七〇〇万元の収入がある。

④区政府付近、中城路の東、徳旧路の北の一角、朝鮮族自治区のローカルな地名をつけた飲食店（冷麺、東北菜、串羊肉、狗肉鍋）、カラオケ店が一階を占める。六、七階建てのマンションの一階はやはり八百屋や食料品店などの商店が店を開いている。朝鮮族の集住する街として知られている。

⑤莱陽農学園の南と西側に仁和居（一九九七～九八年）、盈苑広場（二〇〇二～二〇〇三年）、億路発陽光景園（二〇〇三～二〇〇四年）など、新しく開発されたアパートが広がる。購入価格は五〇〇〇元／平方メートル。莱陽農学園の東には、工業区が建設された。服装、食肉加工、電気製品製造などを誘致した。六〇～七〇企業が操業している。

⑥城陽区の東、惜福鎮には韓国企業が集まった工場団地がつくられ、これに隣接して韓国公寓が建設されている。

以上の事例から、青島の住宅価格は二つの軸によって決定されているのがわかる。一つは、市政府などの機関と金融街が構成する中心業務地区からの距離、もう一つは、海岸からの距離である。中心部には「富人街」と呼ばれ、住宅を兼ねる高層オフィスビルが建つ。中心業務地区と海岸の間に、高層高級マンション群が並ぶ。海岸に沿って中心部から東に、別荘風個人住宅が続いている。この地域から離れ、内陸に入るに従って、中・低層高級マンションと一般民間住宅が立ち並ぶという構造である。先にあげた住宅価格分布地図が東西と南北の軸にそって構成されているのはこれを示している。また青島の特徴的な事項として、韓国人の集住区が点在していることがあげられる。

四、移動者の集まる地域

シカゴ学派であるバージェスの同心円地帯モデル（Burgess,1925）によれば、都市の成長にともなって、都心から周辺に向けて「ループ（中心業務地区）」「遷移地帯（老朽化した住宅が密集）」「労働者住宅地帯（ブルーカラー労働者住宅地）」「住宅地帯（中産階級以上の高級住宅地）」「通勤者地帯（ホワイトカラーの住宅地）」という地域特性が同心円的に分化するという。このモデルは言うまでも無く、工場が都心から移転するに伴ってブルーカラー労働者は郊外に移転し、ホワイトカラーとして成功した者は自然環境に恵まれた地域に移住する、というシカゴでの歴史的展開を踏まえている。また、都市の成長は地域の性格をも変えるのであって、工場と労働者が移動した後の残された地域は、都心に近く、老朽化した住宅の家賃は安いので、貧しい単身移民の流入地となったという。この地域を「遷移地帯（Zone of transition）」と呼び、スラム、下宿屋街、シシリー（イタリア）人街、貧しいユダヤ人街、中国人街、黒人居住区などを対象にしている。

青島の事例では、開発に伴って取り残された住宅地や管理が出来なくなって老朽化した住宅地が、バージェスの遷移地帯に近い機能を果たしている。住宅の所有者は既に他出し、住んでいる人の貸借関係は複雑で、しかも行政による地域管理は行き届かなくなっているため、安価な住宅提供地域となっている。青島市では、開発が外縁を浸食するように広がっており、開発のただ中に置かれている地域、及び、これからの開発を待っている地域が多く存在する。また、開発の賠償として代替住宅を提供された場合、これを賃貸住宅として貸し出している地区もある。地区ごとに事例を紹介すると、以下の五つの典型がある。

①市北区の旧市街地の周辺には、企業の従業員アパートが「単位」の経営から切り離され、その後、管理が行き届かなくなった住宅地域がある。交通の便がよく、繁華街にも近いところから、借家を紹介する不動産屋が多くあり、移動者が集まるようになっている。

②市南区の繁華街に近いX花園と呼ばれる一角の地域が、A家庄（開発前の村名）の元住民に土地の持ち分に相当する家屋として配分された。家主の中には賃貸住宅として貸し出している人が多い。簡易旅館として使われている部屋もある。簡易旅館は、部屋をシェアする形でベッドを借りる。費用は一ベッド一〇元。賃貸マンションとして借りる人は、半年か一年で借り換える人が多い。設備がよくないし、管理もよくないので、短期間で出ていくと

いう。韓国人の賃貸居住者も多く、このうち留学生が三〇パーセントになるという。X花園で賃貸住宅を斡旋する不動産屋は二〇軒になる。

③李滄区は農産物の交流が盛んで、人の移動が激しいところであった。特に中心部が繁華街として整備され、地域の中心を流れる李村河にそって「韓国村」ができてから、人の移動は一層激しくなった。李村河に沿った市場付近の古い住宅地が旅館として使われている。比較的新しい建物だと三〇元／日、古い建物だと一〇元／日で宿泊できる。

④嶗山区には開発ただ中という地域が多くある。区庁舎の東に隣接するZ家窪地区はこれから開発が予定されている。村の通りを挟んだ両側に簡易ホテル、風呂屋、食堂、食料店、携帯電話取次店、雑貨店などが並び、当地に来た日から生活を送るに必要な品物がそろっている。

嶗山区は海岸部を高級リゾート地域として別荘や高級マンションを建設したが、元の集落の取り壊しが始まるまで、かつての家屋や公共の建物は旅館として使われて、外来者の一時滞留場所となっていた。規模が最も大きかったのは大麦島で、一九八八年に漁村から都市戸籍に転入されてから地域の面貌は一新した。一九九三年以降、かつての村人は実業総公司を設立して建築業や自動車修理業を経営するようになるが、元村民の住居は地域外に転出した。二〇〇五年に本格的な取り壊しが始まるまで、中心の通りには旅館の看板が並び、風呂屋、給湯所、食堂が簡易の建物の中で経営されていた。また脇に入った細い通りの両側には一坪ほどの食料品店や雑貨店などの店がぎっしりと並び、人は肩と袖をすり合わせながら歩いた。

⑤城陽区にも外来者の流入が激しい地域がある。区政府の西側一帯は朝鮮族の多く住む地域として知られている。マンションの一階は、朝鮮族自治区のローカルな地名をつけた飲食店（冷麺、東北菜、串羊肉、狗肉鍋）やカラオケ店が軒を連ねている。このマンション群は四角に囲まれた構造になっており、この中にも六、七階建てのマン

ションが並んでいる。一階は八百屋や食料品店などの商店があり、朝鮮族の郷土料理に必要な調味料も売っている。城陽区は韓国企業の進出が著しい地域でもあり、こうした企業に雇用される機会が大きい。この様な条件から、東北地域から青島に移住してきた中国朝鮮族の中には、青島での生活の足場を築くまで、郷土の人々が住む当地で一時期を過ごした経験を持つ人が少なくない。

以上の五つの事例は、①単位から切り離された住宅地、②代替家屋として配分された住宅の借家化、③移動の激しい地域の老朽化した住宅地、④開発ただ中に置かれた住宅地、⑤ローカルな人が集住する住宅地の事例である。①、③、④は管理が難しくなったり、老朽化したために家賃が安く人々の移動を呼び込んでいる。②は配分された住宅を借家として貸し出す事例である。⑤は同郷のネットワークが人を呼び込んでいる。

バージェスの遷移地帯は、住民の移動によって引き起こされた空間構造の変容によって、都心に近い地区に老朽化した住宅が提供されたことにある。この条件に適合するのは①、③、④の事例が相当する。②は、不動産が資産の保全と増殖の手段となっている現代中国の特殊な状況が生んでいる事例と解釈することができる。また、⑤は、見知らない他所に移動するとき、一時の滞在と当面の生活の拠り所として、家族と同郷のものを先ず頼りにするという、中国人の絆のあり方が生む事例であろう。むろん、シカゴの事例でも、シシリー（イタリア）人街、貧しいユダヤ人街、中国人街は、⑤と同じ構造をもっている。しかし、急速に近代化する青島にあっても、国内の同郷のものが集住する地域があって、そこに行けば同郷の食べ物の香りがし、外の者には見えないモザイク状の構造が互いに存在を主張し合っているのは、同心円構造の中の「遷移地帯」という概念では捉えられない文化的・構造的な特色ではないかと考える。

青島の人の移動と都市化を考えるとき、①の単位から切り離された住宅地と④の開発ただ中に置かれた住宅地の存在は重要であろう。前者は単位社会の解体が引き起こす管理できない状況であり、後者は開発の波が周縁部を飲み込む中に起こる管理解体状況を示しているからである。人の移動が最も過激でありながら、行政の対象から絶えず外れていき、自主的で自立的な民生による「社区」建設が最も困難な地域である。現代中国の都市化は、このような地域を玉突き状に拡大するところにダイナミズムを表現している。

参考文献

Burgess, Ernest W., 1925, "The Growth of the City: An Introduction to a Research Project," Robert E. Park, Ernest W. Burgess and Roderick D. McKenzie, *The City, Chicago*: University of Chicago Press.（大道安次郎・倉田和四生訳『都市――人間生態学とコミュニティ論』鹿島出版会、一九七二年、四九―六四頁）

「青島の住宅価格」『半島都市報』二〇〇五年十二月十五日

「青島の地区別人口」『半島都市報』二〇一一年五月十一日

第六章　開発ただ中のコミュニティ

一、はじめに

中国社会学はcommunityを「社区」と訳し、アメリカで実証的に研究されたコミュニティ論の導入を図るとともに、日本の地域社会研究を参照することで、中国の「社区」研究を展開しようとしている。現代中国は、企業が社会生活の包括的な単位となっていた「単位」社会を組み替えて、ある地域的範囲に行政機能の一部を付与し、日常的な社会生活の単位として再編する政策転換を行っている。また、新中間層・富裕層の出現とともに、中国における「市民社会」の成熟が社会学的な課題とされ、住民の自主性や個性の確立を伴った連帯の場としての地域社会の存立要件が探求されている。ここに、地域社会が、住民の合意や連帯や共同の活動のなかから意識的に「つくられる」という計画性と規範性が強調され、その実現の可能性が問われる理由がある。ある地域的範囲が人々の規範性を引き出すには、住民のなかに、地域への統合性、活動の自主性、地域への愛着などの積極的な意識と活動は不可欠であり、こうした意識が形成される形態と論理が問われているのである。この様に、中国の「社区」概念は、地域社会の再構築、住民の自主性と規範性の解明、そして〈あり得るべき「市民社会」像〉の探求という問題意識、問題設定において、日本で受容したコミュニティの概念に通じている。日本におけるコミュニティの概念は、一九七〇年代の生活環境の破壊や人間関係の荒廃に対する具体的な政策提言が求められた。しかし、コミュニティの概念に具体的な事象が盛り込まれると、概念は多義になり、市民的連帯の理念像も曖昧となった。

現代中国で建設が目論まれている社区の実際の活動は、居民委員会がになう。居民委員会法（一九九〇年一月一日施行）によれば、居民委員会は、①組織：住民の自治組織であり、委員会の主任・副主任・委員は、住民の選挙によって選ばれ、委員会は有権者で構成する住民の会議に対して責任を負う。②活動：住民に利益をもたらす地域サービス活動を実施し、区政府または街道辨事処の行う業務を支援する。③委員会・小組：居民委員会のもとに、人民調解、治安保衛、公共衛生などの委員会をおく。また、居民小組を設置することができる。④経費：活動経費、および主任・副主任・委員などの人件費は政府の支出によってまかなわれる、と規定されている。先に挙げた社区に期待されている機能は、この居民委員会法が第三条に規定する事項、即ち、社会主義精神文明建設活動、公益事業、紛糾の調停、治安の維持、公共衛生・計画出産・困難家族の救済・青少年教育等の活動支援、住民の意見の政府への反映という事項に合一している。「社区」に期待されている機能は、①社区の住民の組織化、②福祉をはじめとする行政サービス、③出産計画など社会医療活動、④文化・娯楽活動、⑤生活環境の維持、⑥住民間の紛争の調停、⑦流動人口の管理などとされている。これらの機能は、かつての人民公社の生産大隊（ほぼ村落が単位となった生産組織）が担った機能であり、現在、住民自治組織としての村民委員会が引き継いでいる。従って、「社区」は、都市空間の中に村民委員会に相当する行政区域を新たに構成しようとするものであることがわかる。

では、中国における「社区」の概念は、どの様な現実に立脚して存立しているのであろうか。「社区」の行政的な担い手である居民委員会、社区の下にある地域的な単位としての「小区」（一種の gated community の姿をとる場合もある）、住宅を管理する不動産管理会社、そして生産大隊時代の共有財産を管理運用する組織である「〇〇実業総公司」など、「社区」の活動を担う組織の現実の関連を具体的に検証し、地域的な社会が構成される形態と論理を解明してみよう。

なお、本論で事例として取り上げるのは、青島市嶗山区の漁村が母体となったS社区、新興住宅地域のH社区、および青島の中心に位置するX花園社区である。S社区はかつての漁村であるが二〇〇六年に休暇村として開発が始まった社区で、居民委員会と不動産管理会社、実業総公司が一体となっている事例である。H社区は、六つの村人に対する代替住宅がもとになった社区で、不動産管理会社が地域保全の中心になっている事例である。X花園社区は、都心に取り込まれたかつての農村で、都心の中に存続する「村」社会の様相を見せており、居民委員会とは別組織の実業総公司を組織している事例である。

二、漁村から都市住宅地への展開

まず、全村が観光リゾート区として再開発区に指定された事例を検証する。

青島市の嶗山地区は一九九二年に設置され、中韓、沙子口、王哥庄、北宅の四つの街道事務所に分割され、一五八の社区が置かれている。青島高度先端技術産業開発区、青島観光リゾート区、嶗山風景区に指定されて開発が始まった。区庁舎と会議堂、博物館、展示場など公共建造物をはじめ、金融と商社のオフィスビル、高級ホテルが陸続と建設されている。二〇〇九年に大規模なモールが開店して、他地区からの客を集めている。一九九二年に開発

図表6　調査対象地の位置図

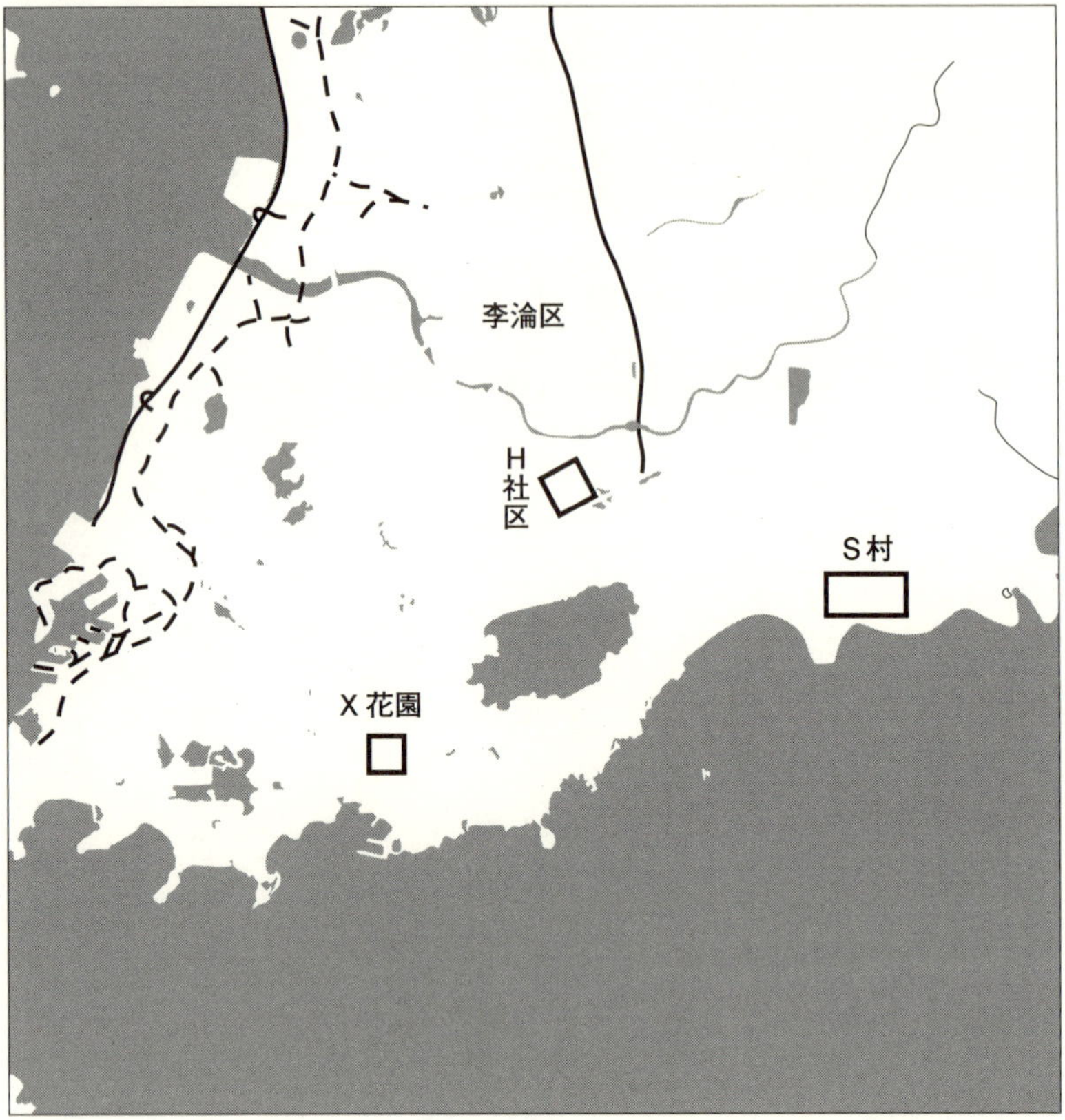

区に指定された後、ソフト会社やビール工場、電子機器製造会社など比較的規模の大きい三三の工場が進出し、青島の産業化を推進する地域の一つとなっている。また、嶗山区は道教の聖地としても知られる嶗山が鎮座し、全国から観光客を集めており、ホテルやレストラン、土産物屋などの観光業が盛んな地区でもある。嶗山区の開発は、韓国をはじめとする海外からの投資を呼び寄せて、かつてサツマイモやトウモロコシを植えていた畑作地や沿岸に広がっていた塩田の風景を一新している。それでもなお、区庁舎を中心とした街区では巨大な高

層オフィスビルの建設が続いていており、開発ただ中の地域という印象を持つ。

本節で紹介するS村は青島観光リゾート区の対象となった地区である。

S村は、嶗山区の中心に隣接したところに位置し、生産大隊時代に漁労、養殖と水産物加工を生業としたかつての漁村としての姿を、近年数年間の間に全く新しい姿に変えている。本論は、このような社会変動のただ中にある村の激しい変貌を、聞き取り調査資料から紹介することに目的がある。(注1)

三、S村の社会概況

(一) S村の人口概況

①S村の人口

本村は一四九八戸、本村に戸籍を持つ人四〇七二人である。土地開発会社によって建設された「山水名園」の住人は村の人口のなかに計上されていない。

本村は開発区に指定されて耕地がなくなり、村民は二〇〇一年に「都市戸籍」に編入された。

戸籍を持つ人の内で、村内の住宅に住んでいる人はほぼ二〇〇〇人で、半数は村外の地域に住む。村外に住む人は青島市内で就業する人が多く、彼らは通勤に便利な地区で部屋を借りて住んでいる。

本村は福利・厚生、生活保障が充実しているので、女性は結婚しても戸籍を本村に残すために外に出るのを嫌がる傾向があるという。嶗山区内の他の旧村落は開発区の指定を受けて都市戸籍に編入されたため、本村と状況はほぼ同じである。また、本村よりも市街地に近い地区は、地価が高く村人はもっと裕福だといわれており、若い女性はもっと裕福な地域への婚出ならば喜んでいくという。

②名誉村民

本村には七六〇人の村外からの移住者がいる。外来者が本村内の住宅地に住宅を購入した場合、「名誉村民」の待遇を与える。本村の住宅は一般に誰でも購入できるのではなく、本村から婚出した家族など本村関係者に限られる。「名誉村民」は本村の人と同じ福利待遇を受けることができる。

③外来者

青島と嶗山を結ぶ国道沿いに十数店のレストランと土産物屋を営む商店が軒を連ねている。建物は村の所有物で、店舗は外来の人に貸し出して、飲食店などを経営している。外来の人は七、八戸になる。またここで働くサービス従業員は外来者ばかりである。

村の宅地の東側は、高級住宅地を土地開発会社に分譲住宅として建設させた。一期工事五・三万平方メートルの建設が完了しすでに販売されている。現在、二期工事分一五万平方メートルが開発中となっている。用地の補償費は一平方メートル七〇〇〇元なので、販売価格は一平方メートルあたり一万数千元を下らないと見られている。ここに住む人は住宅会社が管理しており、どの様な人が入居しているか村は関与していない。

一九九〇年代まで、養殖業が盛んだった。この時代には、漁船の乗組員として外来者を多く雇用していた。四川省からの出稼ぎ者が多かった。最盛期にはその人数は一万人を下らなかった。不動産開発に着手して以来、漁業が次第に縮小し、漁船の乗組員の外来者はすべていなくなった。

（二）S村の新村建設プロジェクト

①観光リゾート区の建設——村の改造プロジェクト

二〇〇五年から『S村小康示範社区建設三年（二〇〇五―二〇〇七）規画及実施意見』にもとづいて村の新しいプロジェクトを始めた。

規模は、村の中心部に接する海岸線東西約一キロメートルにわたる約八〇ヘクタールである。総投資額は一二億元（約一五〇億円）といわれている。二〇〇六年六月に従来の港や漁業施設、建物などをすべて撤去して、レジャー施設の建設のため整地を始めた。

村民委員会の説明によると、将来、五〇艘のヨット・クルーザーの停泊施設、クラブハウス、ゴルフ場、高級ホテル、飲食施設、スポーツ・アスレチック施設の建設を計画している。また、東に観光園が隣接しており、道路を挟んだ海岸側に「小吃街」（飲食店街）を建設すると説明された。

海岸部の開発は、無計画な開発を防ぐために市政府が規制を厳格にしている。現在、民間企業による青島市内の海岸部の開発は認可されていない。本村の企画は青島市民の憩いの場を開発するという目的で、市から特別の許可を受けたという。

開発資金は銀行から借り入れている。村が株式を発行して、広く資金を集める方法をとっている。

②観光園と緑化

観光園の建設は一九九八年に着手し、二〇〇三年に開園した。投資額は六〇〇〇万元を越える。市政府の資金援助の下に実施された事業で、市政府が三〇〇〇万元、本村が三〇〇〇万元の資金を負担した。すでに一期工事が終わり、嶗山観光の客を呼び寄せて、食事や休憩の場となっている。二〇〇六年から二期工事に着手している。

もともと山の中腹に道教の道観があったので、この景観を原型として観光園の建設を企画した。事業計画は現在の党書記が企画し、党委員会、村民委員会、そして村民代表大会で承諾された。S村は嶗山観光のルートの上にあり、多くの観光客が往来する場所である。漁業では生業が行き詰まっていくのは目に見えていたので、子々孫々に村の資産を残すために、観光業を中心にした将来計画の策定は村人から反対する意見は出なかった。後に観光リゾート区として発展する事業の第一歩となった。

観光園に続く背後の山をすべて緑化し、遊歩道を整備するなどして、海岸のヨットハーバーとゴルフ場と一体化させた大規模な観光レジャーランドの建設を計画している。

観光園内には、川や農地の自然の姿を残した花園をつくり、温室、茶館、展望台、レストラン、中央舞台、宿泊・レジャー施設（建設中）などを配置している。これに続く山の地域に松、柏などの樹木を植林して地域全体が休暇地域となるよう整備している。

茶園の経営は一九九九年に始め、当地のブランドである嶗山緑茶を生産している。茶園は全体で六〇畝、観光園の中に二〇畝、山腹に四〇畝の広さがある。栽培、茶葉の摘み取り、加工なども、すべて村の事業として経営している。茶園で働く村民は三六人、観光園で働く村民は二〇人である。また、山林の造成で働く村民は三五、六人。二〇〇〇年以前は、山林造成は防火のためであったが、二〇〇〇年からは緑化を計画的に進め、観光園の整備と一体化している。

③住宅開発

村の中心にある六〇〇畝（約四〇ヘクタール）を宅地に造成した。

海岸にあった住宅を取り壊し、道路の北側に住宅団地を造成している。一九九五、九六年に、八・六万平方メートルの用地、二九棟一一〇〇戸を建設し、第一期で取り壊した八六〇戸に住宅を提供した。引き続いて二期工事では、五三三戸に住宅を供給した。

住宅区は村民委員会の建物を中心に、東区、中区、西区の三区に区画されている。西区と中区の間に、文化活動センター（一階は卓球やビリヤードなどアスレチック施設と図書室、二階は集会・会議室）が設置されている。中区には公設の市場と小学校、幼稚園が置かれている。

④住宅の配分方法と近隣関係

新しく建設した住宅は、最低五〇平方メートルの面積を保証し、最も広い面積で一一〇平方メートルの住宅を建設した。冷房と暖房が完備している。住宅の所有権は購入者にあるが、市場での売買は認めていない。市場価格からするときわめて安く、一般的に当地域でのこのような住宅は一平方メートル一万元以上の値段で売買されている。

村の家屋の建て替えは、村民委員会による自己資本によった。古い住居の補償を七〇〇〇元／平方メートルで計算して、新しい家屋の購入価格と精算する方法をとった。たとえば、建て替え以前の家屋が一〇〇平方メートルだとすると、七〇万元の補償費がはいる。もし、一〇〇平方メートルの新しい住居に移れば、個人が負担する費用はない。もし、九〇平方メートルの家屋に移ったとすれば、村は七万元の補償費を村人に弁済する。一一〇平方メートルの家屋であれば、村人は七万元の購入費を負担することになる。

最低五〇平方メートルの家屋が配分できるように保証した。もし、従来の家屋が五〇平方メートルに足らない場合、一平方メートル二〇〇〇元の費用を徴収した。たとえば、古い住宅が四八平方メートルしかなかったら、不足分の二平方メートル分、四〇〇〇元で新住宅を購入できた。この処置は単身者や独居老人を対象とした。また、老夫婦二人世帯の場合、一人あたり二五平方メートルを保証する基準で、五〇平方メートルの住宅を提供した。

元の家から新居に移転するとき、それぞれ移住の条件が異なっていたし、希望する階も異なっていたので、近隣のものが同じところに移住することができなかった。しかし、元の近隣の関係は今でも続いており、互いに行き来している。前回の村民代表を選出するときは、旧来の近隣（組）を選挙の単位にした。しかし、次回の選挙は、階段と棟を新しい近隣（組）の単位にする予定である。

⑤外資の導入状況

本村の西側の区政府に近いところに老人用マンションを建設する計画がある。投資額は一・二億元（約一五億円）

で日本企業の投資を受ける予定である。ゴルフ場の建設も日本企業との合資で建設するが、日本の建設会社の機械部門がすでに作業を始めている。

（三）S村の漁業と生業

①大隊時代の村の生業

S村は一九八五年に人民公社が解体されるまで一つの生産大隊であった。かつては漁業を主とした村であった。六〇年以後、養殖が盛んになった。六〇年代はわかめの養殖を手がけ、村の前面の海は一面わかめの養殖場となっていた。七〇、八〇年代はホタテ貝の養殖、九〇年代以降はアワビ（八〇パーセント）とナマコ（二〇パーセント）の養殖をした。

村は集団経営の単位で、漁業のほかに、水産加工場、アルミニウム合金窓枠加工と電気メッキ工場も経営した。電気メッキ工場は八〇年に操業を開始して、最も収入がよかった。しかし、S村が観光リゾート区に指定され、環境保護を市政府から求められたため、電気メッキ工場は二〇〇三年七月に、漁業は二〇〇六年六月に村の集団経営をすべて停止した。

②村人の現在の生業と漁業と生活の補償

現在も養殖業を営む家族は五〇～六〇戸ある。漁業はしていない。二〇〇六年、三八戸の養殖場を閉鎖した。漁家に対して、養殖場と船に対する補償をした。当地の観光リゾート区の建設は政府の事業なので、政府が一畝あたり一二万九八六六・七二元で補償した。村が使っていた関連施設については、村が補償金を出した。個人が経営する養殖場の規模は平均二、三畝で、最も大きい規模で七畝であった。政府からの補償金ばかりでなく、村から漁家にそれぞれ一畝あたり一〇〇〇元の補償費を出した。

漁業から離れた人は、各自自分で仕事を探した。村として特に仕事の紹介はしなかった。また、三八戸に対して、男性は四五歳以上、女性は四〇歳以上の人に月二〇〇元の生活補償を支出している。養殖業の収入は、二、三畝の面積で、二年間育てると十数万元の売り上げが出る。養殖面積が広ければ、三〇〜四〇万元の収益を上げた家もある。

この収益に対して、補償金が十分だったとはいえないが、漁家はおおむね満足をしているのではないかといわれている。村の開発事業は全村の利益のためで個人的な利益を考慮していない。満足がないとしても、その方向で村の意向が決定されたので、漁家は自分で仕事を探さなければならなくなった。村としての職業紹介はしていない。漁港がなくなったので、漁船に対する補償も必要だった。漁船に対する補償は政府からではなく村が行った。一隻あたり五万元の補償金を支払った。

本村は漁村として漁業で生計を立てた村であり、漁師は三〇〇余人いた。漁師だけではなく、水産物の加工、海産物の販売にかかわった人が多かった。本村の漁師に対する漁業補償は年齢に応じた生活保障の形態をとった。一九九〇年代になると環境汚染が深刻になり、出漁しても漁獲が必ずしも安定していなかった。村内に観光園などをつくって村人の就業機会を拡大してはいるが、村内で就業できる人は限られていた。村で就業できた人は一〇パーセントにしかならなかった。観光園で八〇人、観光園に続く茶園で就業する人は三二人、山林管理で就業した人は三五人である。

（四）村の行政機構

①村民委員会の建物

五階建ての建物を所有する。村民委員会の辦公室は四階に置かれている。五階はS実業公司の事務室と会議室がある。かつて村の行政機構が使用していた建物は栄誉室と呼んで、村民の活動の場となっている。

②行政組織

S村には党委員会と村民委員会とが置かれている。また、村の開発事業を推進する組織としてS実業総公司を置いている。

党委員会が設置されるのは郷レベルで、村レベルの組織は党支部であるが、本村は嶗山区で最大の村で規模が大きいので党委員会が置かれている。本村には四つの党支部がある。村民委員会は党委員会の指導のもとにある。

村の村民委員会は、三人委員が選出されている。村主任、副主任、委員である。

党委員会は七人の委員で構成する。

S実業総公司の総理は村書記がつとめる。副総理は村主任が担当する。

③行政職員

村の行政職員は四〇～五〇人である。給与は幹部クラスで年間八、九万元。大学の教員でもせいぜい五、六万元なので、これに比べればかなりよい方と言える。

④村民委員会

村民委員会の三人の役割分担は、主任が村内行政全般を当たる。副主任は福利、電気の管理、衛生を分担する。委員は漁業の経営と山林の管理を担当する。しかし、こうした分担は時々の状況によって変更しており、固定的なものではない。具体的な状況によって毎年役割分担を切り替えている。村民委員会の中に、婦女委員会主任、村民調解委員会、武装部がある。

委員の中に昨年まで婦女委員会主任がいたが、年齢制限によって退職した。今年から臨時的に党委員会の男性委員が婦女主任を兼任している。婦女委員会主任の下に副主任がおかれ、具体的な仕事は副主任が担っている。来年、正式の婦女委員会主任を選出する予定だ。

ほかに、村民調解委員会がおかれている。本村の生活基準が向上して、かつて大きな問題だった老人の養老問題は取り上げることが非常に少なくなった。現在の大きな問題は、家庭、結婚に関する紛糾である。村の中にこうした状況に対処する専門の人をおいている。

武装部が置かれているのは郷レベルで、村レベルでは民連兵部しかないが、比較的規模が大きい本村には武装部がある。武装部長は村の党書記が兼任する。副部長は村民委員会の副書記が担当する。本村の武装部に上級の機関から指導者が派遣されてきて、民兵を訓練している。

本村の会計や公共物管理は村民委員会の委員が担当するのではなく、村の一般行政部署として仕事を分担している。

村民委員会の主任は党委員会第一副書記が担当している。今年三七歳。以前は党委員であったが、昨年から村民委員会の主任を兼ねている。

⑤党委員会

党委員会は七人で構成している。書記が一人、副書記が二人、四つの党支部の書記四人である。七人の党委員で民政、企業、治安、計画生育、組織、宣伝、労働補償などの仕事を分担している。

党委員会の仕事と村民委員会の仕事は互いに関連しており、村内の事務を共同で管理する。毎週、村民委員会と党委員会が合同で会議をする。毎週の業務と仕事について協議する。新しい分担が必要ならば、適宜、役割を割り当てる。

党書記、村民委員会主任の任期は三年で、選挙で選出される。

⑥S村の党書記

現党書記の年齢は五一歳、すでに十九年間、党書記を担っている。本村が人民公社を解体したのは一九八八年で、丁度このころ党書記になった。本村出身の人で、生産大隊時代は養殖の仕事に就いていた。地元の中学を卒業した後、通信教育を受けるなどして知識を学び、養殖業の発展に力を尽くした。これによって実力を認められるようになった。一九九〇年代は汚染が深刻になって漁業も養殖も不安定になっていた。また、嶗山区の開発が勢いを増し始めた時期でもあるので、本村は市の観光リゾート区建設事業に積極的に対応し、全村の改造を企画した。本村の事業を中心になって推し進めてゆき、成果を上げているので、村人の信頼はあつい。

⑦S実業総公司

村の開発事業を推進する機構としてS実業総公司を設置している。一種の「集体企業」の性格をもっている。かつては電気メッキ工場や水産加工工場など、村が経営する工場の管理もしていた。現在は、観光リゾート区の開発、観光園の経営、工業団地（張村）開発、村の建物管理（飲食店街、土産物店として村外者に貸し出している）、そして投資（山水名園、ソフィアホテル）などを運営する。

総経理は党委員会の書記が担う。董事会が経営全般の責任をもつ。五人で構成されて、七人の党委員のうち五人（書記、副書記二人、委員二人）が董事会に入っている。

村人に対する福利厚生事業は、村の財政でまかなうのではなく、実業総公司の収入から支出される。したがって、村民は実業総公司の従業員という身分となっている。総公司の従業員という資格で漁業補償をはじめ各種の社会補償金を受け取ることができる。

S実業総公司の事業は村人の生活に深く関わっているので、経営をはじめ運営全体は、党委員会、村民委員会、村民代表の共同討議のもとに付される。

⑧村民代表大会

村民から選出された村民代表六〇人で構成する。近隣を単位に三年任期で選出される。村の重要事項は全て詮議にかけられる。今年は六月に漁業施設をすべて撤去したので、事項を協議するために村民代表大会がたびたび開催された。

⑨村経営の基本方針

生産大隊を解散したとき、養殖場や漁業の経営を村人に請け負わせたが、村に配分されていた海面の漁場権、土地の所有権は村に残して個人に分配していない。また、一九八〇～九〇年代に経営した電気メッキ工場は二〇〇三年に操業を停止したので、村で経営する企業はなくなっていた。したがって、村の収入を村営企業から得ることができなくなっていた。これに代わる収入源は村が管理する土地からの賃貸料である。本村では個人が建物を建てることを許可していない。村の土地を全てS実業総公司が管理し、土地からあがる収益は全て総公司に入る。

（五）村の財政

①村の不動産経営と収入

本村の一年間の総収入は、四・〇七億元、このうちもっとも多い費目は土地と家屋からの賃貸収入で約二億元である。

また、本村の経常経費としてあげられる収入は九八九〇万元である。このうち、観光園の収入が一〇〇〇万元ある。来客の入園料金、園内のレストランや土産物屋に貸している家賃収入などである。

村の東に隣接する地域に高級分譲住宅を土地開発会社が建設している。規模は二〇〇畝（約一三三〇アール）で、第一期工事は二〇〇三年に建設された。すでにマンションとして販売されている。購入者はほとんど外村の人である。今年は第二期工事に取りかかっている。村は土地を提供し、土地開発会社が分譲住宅の建設と経営を請け負う。資金提供は村が三〇パーセントの株を取得する形態で計算された。毎年、株の利率分を収入として受け取る。

また、嶗山区の中心に最も近い場所に、五つ星高級ホテルを建設した。四〇〇室余の客室がある。ホテル建設の資本は、土地の提供、建物の建設、ホテルの経営と三企業による共同出資の形をとり、本村の株の持ち分は四〇パーセントで、株の利率分を収入としている。

本村にあった水産物加工や電気メッキ工場の用地を、市の環境保護政策のために観光リゾート区の一部として緑地に復元した。本村には工業用地として開発する土地はないので、これに代替する土地として嶗山区張村に六〇畝(四〇〇アール)の土地使用権を購入し、工業区を開発した。二〇〇五年に用地整備と工場の建設に着工し、二〇〇六年の年末に完工する。本村にはすでに村が集団で経営する工場はないので、建物には嶗山区政府を通して企業を誘致する。区政府に賃貸する形をとるので、貸借料は区政府から受け取る。工業用地の開発は区政府の統一的な開発計画にもとづいた事業で、区政府からすると開発資金をS村が出資したことになる。

②村の財政——支出

村の支出主な項目は、福利費と企業投資費に分かれる。福利費は社会保障、年末賞与金、「五保戸」(貧困家庭への支援)、軍属家族手当、失業青年手当、学校の管理費、計画生育活動費などからなる。一年間、一五〇〇万元の予算を組む。企業投資費は数億元である。この主な項目は、海岸のアワビ養殖場を撤去した補償費、工業団地建設費八〇〇〇余万元、老人マンション建設費一・二億元、住宅建設にともなう冷暖房施設への投資七〇〇〇万元である。

③福利厚生

村の福利費は一年間約一〇〇〇万元である。村民の養老保険の掛け金の半額を村で負担しているが、年間約四〇〇万元の予算を組む。この他、村民への年末賞与金は四〇〇万元の予算である。春節にあたって村民に一人一〇〇〇元の賞与を出している。さらに、母の日、父の日などの節句には贈り物や記念品を提供する。村人の団体旅行を企画することもあり、昨年は黄島開発区の見学に行き、この費用を負担した。漁業補償の生活費も支出する。

④道路、上下水道

村の中心を貫く道路は国の管理だが、村に入る道路は村の管理となる。補修費など必要な経費は村の予算で支出する。上水道なども同様の方法で、村までは青島市水道公司の管轄であるが、村内の水道管敷設や補修は村が支出する。

村の道路の掃除とゴミの回収の費用は村が負担している。清掃要員二〇余人を雇用している。彼らの賃金だけでも三〇万元を超えている。毎日回収車を巡回させて、区のゴミ処理場に運ぶ。回収車の購入、維持費も村で負担する。

⑤小学校

村の小学校は、毎年三〇万元の予算を組む。教師は二十数人、このうち村が雇用する教師は四、五人である。一九九六年に校舎を新築し、経費四五〇万元のうち、半分の費用を村が補助した。このとき、幼稚園を小学校に隣接して建設した。学校の運営経費と人件費の一部を村が負担しており、当村の教師の給与は他地区に比べて高い。

⑥貧困層への生活補助

本村では生活保障が必要な家族は少ない。国家の基準からすると、収入が一月三〇〇元以下の家庭を生活保障必要家族としているが、本村にはこのような家族はいない。相対的に貧しい家族があるが、彼らには政府からの補助金以外に年末賞与金を出している。

本村には独居老人が七人いる。彼らは街道事務所が経営する養老院に入居している。入居費用の一部（六〇〇元）を村が負担し、街道事務所も負担しているので、本人の負担はない。

⑦外村人に対する処置

福利厚生と生活保障は本村に戸籍をもつ人のみが対象となっている。

四、暫定的なまとめ

以上に紹介したS村の社会的特徴は、どの様に整理出来るであろうか。

第一は、人民公社時代の村の財産を漁業保証金に換え、村で共同管理するシステムを継続していることがあげられる。S村は、人民公社時代の生産大隊から引き継いだ海面の漁場権、土地の所有権は、個人に分割しないで村が一括して保有した。耕作地と漁業を放棄した現在は、国から支給された漁業補償をS村で管理し、これを原資として、休閑村としての村の新しい開発に着手している。また、村の共有財産によって、村民のための住宅建設、教育・福利の充実、ゴミの収集をはじめとする生活環境を整備し、村人に快適な生活条件を提供している。

第二は、共有財産を管理し、原資として新たな開発に投資する管理組織をS実業総公司として設置したことがあげられる。元の村民はS実業総公司の社員として、その運営の責任と利益配分を分有することになった。村には村民委員会が置かれて、村民委員会法の規定する村民の民生事務、教育や生活インフラの整備、さらに治安を管理する行政組織として機能している。しかし、教育や生活インフラなどの行政経費は、S実業総公司の経営利益からまかなわれている。村民委員会とS実業総公司はS党委員会によって有機的に結ばれているのがうかがえる。

第三は、S村民の成員資格と外来者との分限が明確になっていることが指摘される。S村は保証金に換えた財産をS実業総公司が運用することで、教育や上下水道整備をはじめとする生活条件の改善を進めているが、この生活条件を享受できる村人の分限は明確である。本村の成員資格は、生産大隊時からの村人と、「名誉村民」と呼ばれる婚入者である。恵まれた条件を手放すのを厭う女性は、同等の条件を持つ地域以外の男性と結婚するのをためらう。婿入り婚が生じるが、彼らが「名誉村民」として処遇される。村外にでる場合、本籍をS村内に残す限り、住宅の配分や福利を享受する権利を留保することができる。

「肥水不落外人田（利益を外に漏らさない）」という格言があるように、利益を共有するものとそうでないものとの分限を明確にして、「本村人間の均分主義、よそ者に対する格差」が村落社会の構造を構成する論理として働くことを説明している。本論の資料は、開発のただ中にあるS村も他の事例に漏れず「差序格局」を構造として共有していることを示した。

注

（1）聞き取り調査は二〇〇六年三月、八月、九月に実施した。本論考はこの調査資料にもとづく。

第七章　流動する地域社会——青島市の都市社区

都市の住宅地の多くは、それまでの集落の境界をこえて集落範囲と全く関係なく住宅地を造成した。農村地域に新しく開発された地域に行政の末端組織としての社区を設置するために、青島市は二〇〇五年に「都市社区」として居民委員会を組織した。農村の人民公社や生産大隊のもとにあった村を改編した村民委員会と居民委員会を「農村社区」と呼んで、二つの地区を区別している。農村社区である村民委員会と居民委員会は、人民公社や生産大隊が管理していた土地と建物や資産を引き継いだ。これに対し、都市社区は土地開発会社によって開発され、行政によって設置された。住宅開発によって新設された居民委員会は、住民が共有する資産と自生的な活動組織とリーダーを持たない。この地域がどの様にコミュニティとして構成されているか、都心に取り込まれたX花園社区と、新しく開発された住宅地であるH社区を事例に検証する。

一、都心の中に存続する「村」社会

(一) X花園社区の基本状況

X花園社区はA家庄とB家庄の地域を造成して建設された。当地はかつて農村の定期市が開かれ、青島の都市部と農村部とが接合する箇所であった。現在は、青島市政府庁と金融センターが集まる中心部に近く、四棟のオフィスビル、映画館やデパートが入る大規模ショッピングセンター、大型マーケット、そして、ブティック、美容院、韓国料理店やバーなど飲食店、旅館、雑貨店などが並び、青島でもっとも大きな繁華街の一角となっている。

一九九八年に村の平屋家屋が撤去され、二〇〇〇年に建物が建設された。現在は、住居としての建物五三棟、オフィスビル四棟である。不動産管理会社は五社あり、販売された住宅二三棟を管理している。その他の三〇棟は、住宅を管理する企業（組織）をもたない。

立ち退き世帯には新しい住居が配分された。住宅保障は、立ち退き以前の居住面積に応じて計算された。四七平方メートルから八四平方メートルの部屋まで八種類あり、もとの住民家族は一般に数軒分の家屋を取得したといわれている。

立ち退き世帯は、低層住宅として二地区に計一八棟、一三七一戸、高層住宅として二棟、四三二戸、合計二一棟、一八〇三戸が補償家屋として分配された。

販売された分譲住宅は、合計一四棟、六四八戸である。その後、燕児島路一七号にF園と燕児島路一九号にY花園が開発され、それぞれ四棟一七九戸と四棟一一四戸が売り出された。

また、工人療養所や銀行など「単位」の宿舎が九棟あり、三三三戸の住宅がある。

以上、X花園社区に所属する家屋の総計は三〇七七戸となる。また、X花園に隣接する地域を含めると、民家は

図表1　X花園社区概況図

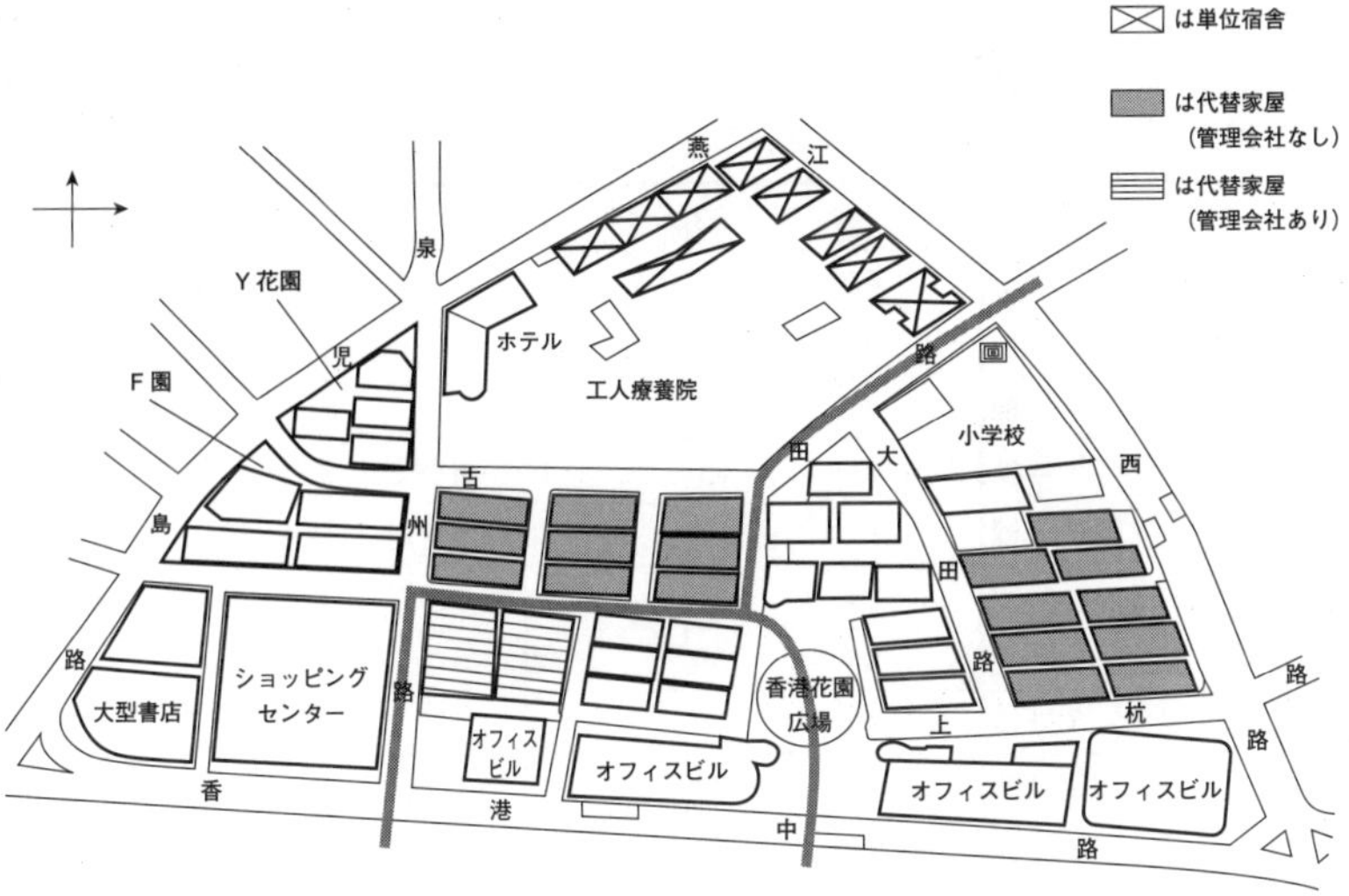

四〇四九戸、一万二一四七人（一時滞在者、流動人口を含まない）が居住していると見なされている。このうち公司（法人）は二八〇戸、自営業者は約五〇〇戸がある。

家屋の価格からすると、二〇〇〇年、補償家屋の配分の他、立ち退き家族に対して二八〇〇元／平方メートルで販売した。二〇〇三年、一般市場に対して四〇〇〇元／平方メートルで販売された。現在、転売すると、九〇〇〇元／平方メートル以上の値段がつく。新築の高層マンションは、一万五〇〇〇元から一万七〇〇〇元／平方メートルといわれている。

賃貸住宅は、家具がそろった一般的な部屋2DKで二万六〇〇〇元／年、高層マンションは五万八〇〇〇元から七万～八万元／年で貸し出される。ちなみに、社区居民委員会の事務所の家賃は五万元／年である。二〇〇九年では、民間住宅三〇七四戸のうち一〇七四戸が貸し出されている。

数軒分の家屋を分配された住民は、子供の家族に譲与する外、分与された家屋は賃貸として貸し出すのが一般的である。X花園内の飲食店につとめる若い女性が数人

図表2　X花園の住宅配置、管理状況　　　(2006年)　(注1)

棟の所在地	棟番号	戸数 A	暫住戸数（賃貸）B	外国籍居住者戸 C	代替家屋か商品家屋か	管理業者	外来戸比率 (B ＋ C) ÷ A
江西路 171 号	1 号棟	78	33	3	代替	なし	46.1
	2 号棟	66	26	1			40.9
	3 号棟	73	39	3			57.5
	4 号棟	70	22	1			32.9
	5 号棟	84	21	0			25.0
	6 号棟	77	19	0			24.7
	7 号棟	84	37	1			45.2
	8 号棟	84	39	2			48.8
	9 号棟	48	5	2			8.3
	10 号棟	40	4	2	商品	物業会社	15.0
	11 号棟	42	10	0			23.8
	12 号棟	48	15	1			33.3
	13 号棟	14	1	0		なし	7.1
潮州二路 123 号　大公館	1 号棟	51	15	0	商品	物業会社	29.4
	2 号棟	51	21	0			41.2
	3 号棟	51	25	2			52.9
	4 号棟	51	9	1			19.6
	5 号棟	51	7	1			15.7
	6 号棟	51	27	1			54.9
泉州路 3 号	A 棟	216	96	0	代替	物業会社	44.4
潮州二路 54 号	B 棟	216	114	0			52.8
古田路 14 号	1 号棟	72	18	1	代替	なし	26.4
	2 号棟	98	55	0			56.2
	3 号棟	84	26	2			33.3
	4 号棟	36	19	0	商品	物業会社	52.8
	5 号棟	54	10	1			20.4
	6 号棟	36	5	0			13.9

古田路 16 号	1 号棟	96	53	0	代替	なし	55.3
	2 号棟	81	29	4			40.7
	3 号棟	96	47	2			51.0
	4 号棟	24	5	0	商品	物業会社	20.8
	5 号棟	24	4	0			16.7
	6 号棟	24	4	0			16.7
古田路 18 号	1 号棟	65	22	4	代替	なし	40.0
	2 号棟	50	17	0			34.0
	3 号棟	65	38	1			60.0
F園	1—4 号	179	4	7	商品	物業会社	6.1
Y花園	1—4 号	114	25	0	商品	物業会社	21.9
燕児島路 25 号	1	28	2	0	宿舎	単位	7.1
燕児島路 29 号	1	35	6	0			17.4
燕児島路 35 号	1	30	10	0			33.3
燕児島路 41 号	1	42	6	0			14.3
江西路 149 号	1 号棟	36	7	0	工人療養所宿舎	単位	19.4
	2 号棟	43	8	0			18.6
	3 号棟	41	5	0			12.2
江西路 151 号	1	36	9	0	銀行宿舎	単位	25.0
江西路 153 号	1	42	9	0	宿舎		21.4
計		3077	1028	43			34.8

でシェアーしたり、一泊一〇元という格安の旅館として使われたり、また、韓国からの留学生が賃貸する事例が多くみられる。元村民は、家賃収入を得て、周辺の高層マンションに家屋を購入して移り住んでいる。当地では、親の世代の開発利益を子供世代が享受することを、「啃老」（親の脛を齧る）という言葉で言い表している。

（二）居民委員会

二〇〇〇年、元の村民の住居によって、W社区、S社区、C路社区の三カ所に居民委員会を組織した。二〇〇四年に三つの社区を合併して、珠海路街道X花園社区としてあらたな都市社区が区画され、X花園社区居民委員会を組織した。これに伴って、元の住民は農村戸籍から都市戸籍に転換した。また、A家庄の村民は、戸籍の転換に際して、生産大隊が所有していた耕地管理権の補償金、大隊が経営していた企業などの資産、マンション、オフィスビルなどの不動産を管理するために、元の村を基体として実業総公司を組織した。当時四〇歳以上の村民は公司の社員となり、給与、養老保険など、それまで享受してきた権利を引き継いだ。

X花園社区は主任、副主任、委員五人で構成している。

居民委員会の経費は二〇〇一年の当初は年間二〇〇〇元で、政府から支出された。主な支出は、電話費七〇元／月、水道・電気代三〇元／月、事務所費一〇元／月であった。その他、政府からの調査や資料提供などで訪問調査の対象となった家族に手当として一〇元／戸を支払った。一棟に一人置かれた楼長には、謝金を支払う代わりに、茶話会などで果物や飲み物などを提供した。二〇〇四年九月に居民委員会の改選をした。経費を一万元に増額し、三つの居民委員会、即ち、W社区（江西路一七一号区の東側）、S社区（古田路一四一一八区を含む西側、及び銀行などの単位宿舎）、C社区（A棟、B棟を含む南側）も独自に使えるように改正した。

元のA家庄、B家庄の住民は、農村での生活習慣を引き継いでおり、元村人が団体で旅行したり、健康・娯楽のグループを組織している。腰鼓隊、軍鼓隊、秧歌隊、柔力球隊、健身球隊、舞踏隊などがあり、隊長には居民委員会からわずかだが謝金を出している。

建設当時、住宅には公共の暖房設備がなかった。二〇〇七年九月にスチーム暖房の供給を始め、料金を徴収している。設備の整備に一一〇〇万元の費用がかかったが、住民は八〇〇万元、商業経営者は三〇〇万元の負担をした。暖房費用は、住民は一年間、一六〇元／平方メートル、商店は六〇元／平方メートルを徴収する。

また、元村民に分配された住宅には物業管理会社がない。住宅内の水漏れなどがおきると修理を修理会社に委託するが、この場合、居民委員会が窓口となっている。修理費は修理依頼者の負担となる。

(三) 実業総公司

A家庄村民委員会は改組して実業総公司を設立した。一九六四年以前に生まれた村人全員を公司の社員とした。ただし、政府機関や国営企業で働く人は、単位の所属になり、公司の社員にならなかった。この組織の元に、生産大隊時代から引き継いだ企業である毛皮製品加工場、自動車修理工場、梱包工場、段ボール箱工場、木箱工場、ホテル、バッテリー工場、海産物加工工場、自動車輸入会社などがある。自動車修理工場は下部に中古車販売会社を経営している。自動車修理工場、バッテリー工場、自動車輸入会社の経営は順調で収益は高い。これらの経営利益を運用することで、さらに多くの投資を拡大している。

この他、公司が所有する家屋があり、これを賃貸して収益を上げている。また、公司が管理する企業のうち、木箱工場や梱包工場など経営が思わしくなった企業は廃業し、敷地を貸し出している。解散した工場の工員は、公司の他の企業に再雇用するなど、就業を補償し、工場の賃貸料収益で工員の生活費を捻出してもいる。実業総公司の経営管理はすべて元A家庄村民が担っている。工場で働く現場の工員は外地から人を雇っている。

実業総公司はA家庄の村人に福祉など様々な便宜を提供している。六〇歳以上の老人を対象に、毎月一〇〇元の扶養費を支給している。老人節（九月九日の重陽節）には贈り物、落花生油、ゴマ油、小麦粉などの現物を支給する。かつて村民であった人でも、外に出て働く人、一九六五年以降に生まれた人は、社員としての資格がないので、福利の享受や、現物の支給はない。

二、新しく開発された住宅地

嶗山区には農地を住宅地として転用し、それまでの集落と全く独立した地域を造成した。二〇〇五年、この地域に「都市社区」を設置した。この地域がどの様にコミュニティとして構成されているか、中韓街道を事例に検証する。

街道は農村部における末端行政区画としての「郷」に相当するもので、中韓街道辦事処は二〇〇三年に発足し、他の北宅街道、沙子口街道、王哥庄街道の辦事処とともに嶗山区を構成する。

中韓街道辦事処は、三〇の農村社区（生産大隊が改編された村民委員会、居民委員会）と七つの都市社区（不動産開発会社によって造成された地域の居民委員会）からなる。本論で論及するのはH社区である。

（一）H社区基本状況

H社区の居民委員会は二〇〇五年五月に成立した。社区はG科園一小区、T家園、J華庭の三つの「小区」から構成されている。当地域では、土地開発会社が建設したマンション群をそれぞれ一区画とする小区を構成しているのが特徴である。G科園一小区は一九九三年に建設され、この地域では最も早い造成であった。二〇〇一年に、西に隣接する地区にT家園が建設された。J華庭は、道路を挟んだ南に二〇〇三年に建設され、入居は二〇〇四年であった。それぞれ五〇棟一九一七戸、一三棟五七〇戸、二七棟七三五戸である。二〇〇六年の統計では入居が終わっていないところもあり二五六四戸であったが、二〇〇九年では三二二二戸となり六七六戸の増加となっている。

地区内には、総合オフィスビル、派出所、獣医センター、建設会社、銀行など、地域の社会生活の核となる機構を新設した。野菜、果物、海鮮、各種肉、穀物などの食料品、雑貨を中心とした自由市場や大型の駐車場を備えている。大通りに面する建物の一階は、雑貨や建設資材などを販売する商店、食堂、コンビニなどが軒を連ね、日常生活のほとんどをまかなうことができる。また、社区内には幼稚園三カ所（三カ所は私営）、隣接する地域に小学校と中学校、ホテルとレストランが建設されて、地域の中心機能を集めている。通りに面する建物の多くは二〇〇〇年以降に建てられ、社区を東西に貫く幹線道路の整備は二〇〇九年になって整った。

社区の居民委員会は、G科園一小区の公園内に置かれている。居民委員会の事務室、卓球台をおいた娯楽施設、本棚で取り囲まれた談話室からなっている。居民委員会は主任、副主任、三人の委員で構成している。この他、一棟ごとに楼長、一〇棟ごとに組長をおき、連絡役としている。社区の事務事項の多くは人口管理や娯楽余暇などの民生に係わること、区政府や市政府から要請される活動への住民の参加要請がおもで、人件費や電話代なども含めて運営に必要な経費は区政府が支出している。具体的な活動では、計画生育の例をとると、住民の移動が激しく、一軒ごと、一家庭ごとに調査するのは難しい。まず、楼長に各棟の状況を把握させ、この数字をもとに組長が担当地区の概況を整理する。この活動の経費は区政府から支給される。もし、計画生育に拠らない子供の出産が発覚した場合、罰金を主任の賞与から差し引く。住民から社区の活動経費を徴収することはない。

図表3　中韓街道　概況図

http://gdsgwst.gingdao.dov.cn

図表4　H社区　概況図

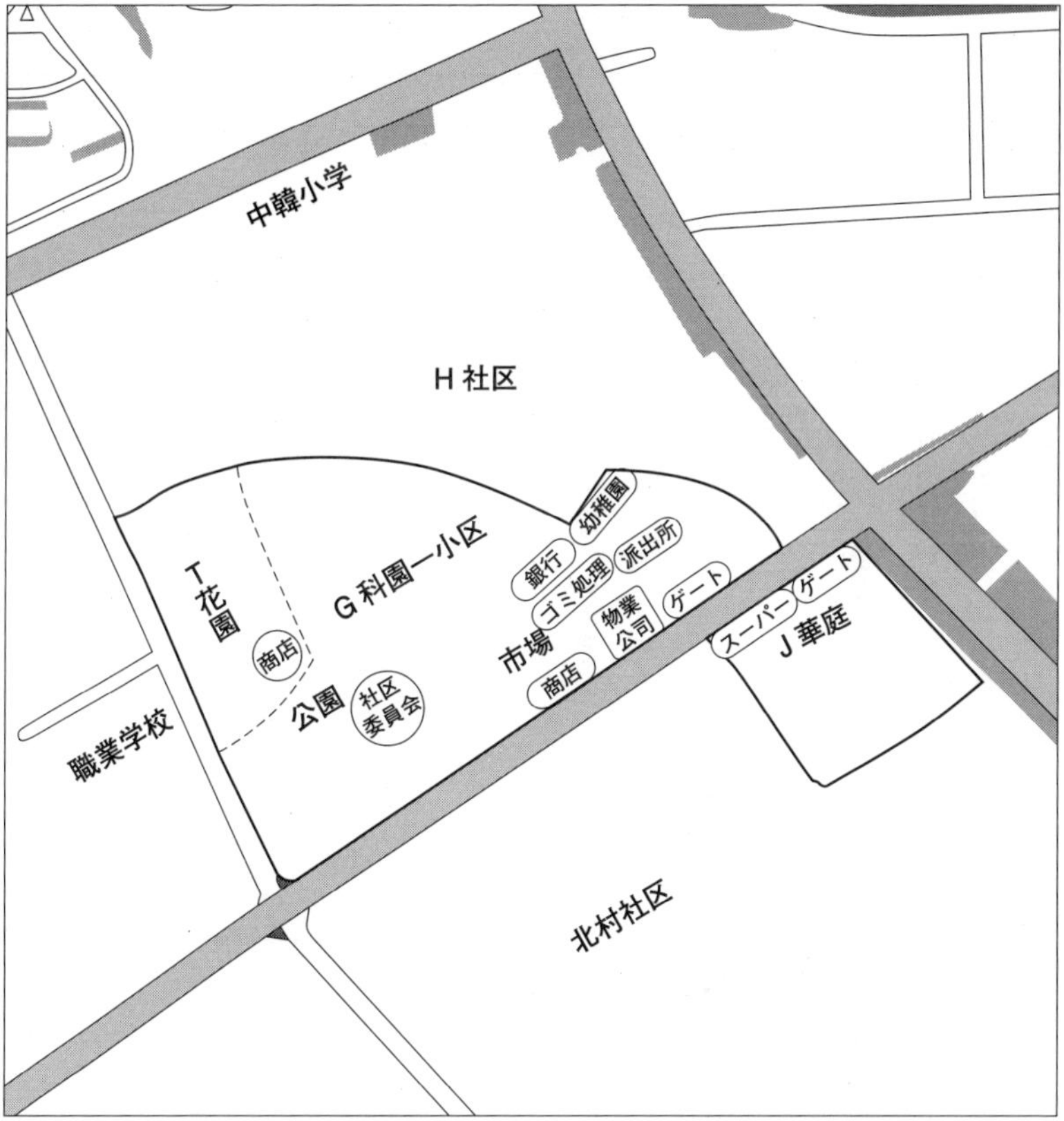
中韓小学
H 社区
T花園
G 科園一小区
幼稚園
銀行
ゴミ処理
派出所
物業公司
ゲート
ゲート
スーパー
J 華庭
市場
商店
商店
公園
社区委員会
職業学校
北村社区

図表5　H社区の構成（2009年）

類型	面積（万 M^2）	建築面積（万 M^2）	棟数（棟）	単元数（個）	居民数（戸）	人口数（人）
G科園一小区	23.9	16.0	50	151	1917	5751
T家園	2.9	6.6	13	48	570	1710
J華庭	6.7	8.8	27	47	735	2160
H社区　計	33.5	31.4	90	246	3222	9621

道路の清掃、ゴミ収集、街路樹の手入れ、また、警備や守衛の雇用など、小区の日常的な管理と維持は、T花園とともに青島G科園物業発展公司（土地開発会社）が請け負っている。

建物の補修維持費として、建設当時、購入価格の〇・五パーセントを徴収して基金として蓄えており、この運用でまかなう。口座は居民委員会が管理している。また、社区にある三つの小区は、家屋の所有者が「業主」となる三つの業主委員会を組織している。公共部分の補修が必要な場合は、まず物業発展公司が補修工事をする。公司は補修工事の経緯と費用を業主委員会に報告し、居民委員会の監査のもと、業主委員会から経費を受け取るという体制になっている。

（二）G科園一小区概要

一九九三年に建設され五〇棟、一八三六戸からなる。このうち、三一〇戸は中韓村、南張村、鄭張村、北村村、竹窩村、大埠東村など、高度先端技術産業開発区の開発で立ち退きになった村民の代替家屋として建設されたものである。主に一号棟から一〇号棟、一六、三五、三七、三八号棟の家屋がそれに相当する。この他、教師の宿舎用住宅が四二〜四七号棟に八〇戸、政府の単身用宿舎が四九号棟に二四戸ある。

立ち退きによる代替家屋は、元の住宅と同等の面積が補償された。また、引っ越し費用は政府から支給された。この様に、G科園一小区は六村の住民と、住宅を新規に購入して移住してきた住民からなり、新たな地域社会を編成することになった。な

図表6　G科園一小区、J華庭小区の居住形態

居住形態			購入	賃貸	福利分房	立ち退き	その他	計
G科園一小区	G科園・代替住宅	度数	29	25	2	13	1	70
		%	41.4%	35.7%	2.9%	18.6%	1.4%	100.0%
	開発当時の教師宿舎	度数	17	7	2	3	0	29
		%	58.6%	24.1%	6.9%	10.3%	0.0%	100.0%
	開発当時区政府宿舎	度数	1	0	0	0	0	1
		%	100.0%	.0%	0.0%	0.0%	0.0%	100.0%
	G科園・一般販売住宅	度数	83	42	1	1	2	129
		%	64.3%	32.6%	0.8%	0.8%	1.6%	100.0%
J華庭		度数	61	10	0	0	0	71
		%	85.9%	14.1%	0.0%	0.0%	0.0%	100.0%
合計		度数	191	84	5	17	3	300
		%	63.7%	28.0%	1.7%	5.7%	1.0%	100.0%

お、建設当時一九九三年の家屋の価格は八〇〇〜九〇〇元／平方メートルであったが、現在は四〇〇〇〜五〇〇〇元／平方メートルで売買されている。

住民に対する調査表から見ると、立ち退き代替家屋の住民のうち、その後も住み続けている人は二割しかいない。この小区では、住宅を購入した住民は全体の三分の二であり、賃貸で住んでいる住民は三分の一である（図表6参照）。また、青島への来住歴からすると、住民の多くの人はこの住宅が出来た後、一九九〇年代後半に青島に移住したと回答している（図表7参照）。

G科園一小区の住民の出生地は、ほぼ半数の人は青島市内の出身で、青島以外の山東省出身者は三割、その他の出身者は二割となっている（補論の図3参照）。青島への来住時期は、二割は一九五九年以前であるが、他方、一九八〇年以降に来住した人は半数を超えている（補論の図6、9参照）。これらを見ると、青島市内の出身者もしくは青島に来住した後、何度か転居を繰り返して、二〇〇〇年以降になって当地に住宅を購入して住んでいる、という来歴が多くの住民の典型となっ

図表7　G科園一小区、J華庭小区の住民の青島移住時期

移住してきた時期			1940年代	1950年代	1960年代	1970年代	1980年代	1990年代前半	1990年代後半	2000年代前半	2000年代後半	計
G科園一小区	G科園_代替_住宅	度数	1	0	0	0	0	3	6	7	13	30
		%	3.3%	.0%	.0%	.0%	.0%	10.0%	20.0%	23.3%	43.3%	100.0%
	開発当時の教師宿舎	度数	0	0	1	0	0	2	2	3	7	15
		%	.0%	.0%	6.7%	.0%	.0%	13.3%	13.3%	20.0%	46.7%	100.0%
	開発当時区政府宿舎	度数	0	0	0	0	0	0	0	1	0	1
		%	.0%	.0%	.0%	.0%	.0%	.0%	.0%	100.0%	.0%	100.0%
	G科園一般販売住宅	度数	1	0	0	0	2	10	9	27	20	69
		%	1.4%	.0%	.0%	.0%	2.9%	14.5%	13.0%	39.1%	29.0%	100.0%
J華庭一般販売住宅		度数	0	1	1	1	2	5	9	14	8	41
		%	.0%	2.4%	2.4%	2.4%	4.9%	12.2%	22.0%	34.1%	19.5%	100.0%
合計		度数	2	1	2	1	4	20	26	52	48	156
		%	1.3%	.6%	1.3%	.6%	2.6%	12.8%	16.7%	33.3%	30.8%	100.0%

ているのが予測できる。(注2)

(三) 青島G科園物業発展公司（土地開発会社）

青島G科園物業発展公司は中韓街道政府の外郭企業として設立された。不動産部門と企業部門とがある。前者は一〇人が公務員の資格で雇用されており、給与は政府から支給される。後者は契約制によるもので、二〇人が雇用されている。

物業発展公司の収入は、マンション開発による収入、総合オフィスビルの賃貸料、商店からの賃貸料、自由市場の出店代金、駐車場賃貸料などである。この中で一番大きい金額は、一階商店街からの家賃収入である。新規にマンション群を開発する場合、一階を商店街として占有するために、この部分を確保するための補償金をマンション建設費として投資している。

公共部分に関する主な管理業務は、ゴミの収集、樹木の管理、道路の補修、上・下水道の管理、保安・警備などである。この内、ゴミ収集は業者に委託している。また、保安要員は警備会社から六名を派遣してもらっている。人件費などの諸費用は、公司が負担する。住民からは、不動産管理費として二〇元／月徴収する。この内五元はゴミ収集費である。また、電気代と暖房代は公司が徴収し、関連機関に代納する。二〇〇二年二月以降、居住者家屋の修繕も公司の事業とした。住民から修繕の要望が出たとき、物業産発展公司が改修業者を斡旋する。修繕の経費は依頼した住民の個人負担とし、積み立てている公共建設基金が負担することはない。部屋内の漏水、上下水道管の破損、壁のひび割れなど、住民から修理を依頼される事項が多いが、個人住居の範囲と公共的に修理が必要な範囲との分別が難しい。住民との間での煩雑瑣事が多く、修理費負担で住民ともめることも少なくない。

三、ゲイティッド・コミュニティ（Gated Community）

（一）J華庭小区概要

新しく建設されたマンション群は、一区画を仕切るように構成されており、外との出入りは警備員によって管理されている。院内に共有の空間を配置した集合住宅のタイプは、中国にも伝統的に珍しいものではなかった。北京では「四合院」がよく知られている。四方を取り囲んだ中は、辟邪の壁で邪悪や穢れの進入を阻んで、安静な空間を保全している。青島では「筒楼」と呼ばれる集合住宅があった。民国時代及び一九五〇年代までは二、三階建ての木造住宅が建設され、一九九〇年代になると七、八階建てや十階建てのコンクリート建築のアパートが建設された。これらのいずれも「コの字」型の構造になっており、中庭が人々の生活の場となっている。江南では「弄堂」と呼ばれる集合住宅が知られている。出入り口に門があり、中に長屋形式の住宅が密集している。住宅で囲まれた路地が、狭い住居を補完する生活空間となっていた。青島で建設されている新しいマンション群は、低層住宅も高層住宅も、いずれも筒堂や弄堂の面影を引き継いでいる。この典型的な事例がJ華庭である。

J華庭のマンション群は二〇〇三年に完成し、住民が入居したのは二〇〇四年であった。二七棟あり、七三五戸で、人口は二一六〇人である。このうち、二四戸は青島市以外に戸籍をもつ人が購入した。調査表を用いた調査では、対象者七一人のうち一〇人、一四・一パーセントが賃貸住宅で住んでいると回答している。実際には、二〇〜三〇パーセントの家屋が賃貸になっているといわれている。また、外国人（主に韓国人、マレーシア人が一戸）が賃貸している部屋は五〇戸になる。

青島では家屋の売買は頻繁に行われ、かつ賃貸住宅を一、二年の短いサイクルで移り住むこともごく普通のことである。小区内に賃貸住宅を仲介する業者があり、家屋の持ち主と借り手の間に便宜を図っている。マンションは嶗山区もしくは中韓街道に戸籍を持つ人が多く購入したが、彼らが購入した家屋は賃貸住宅として貸し出すことが多い。

J華庭は、中央に広場を設置し、これに隣接して一般の公園に見られるようなレジャー娯楽運動施設が設けられている。この他、小さい広場が二カ所有り、ここにも簡易な運動施設が配置されている。道路の清掃と樹木の管理が行き届いており、閑静な空間を構成している。外の道路に面した建物の一階は商店になっている。雑貨店・コンビニ三店、軽食店五軒、診療所、旅館、携帯電話販売店、喫茶店、クリーニング店、洗車業、不動産仲介業者、写真店が店を出している。

居住者の八五パーセントの人が住宅購入者である。地元出身者は七パーセントしかなく、青島市内出身者四割、山東省出身者四分の一、省外出身者三割とG科一小区に比べ青島以外の出身者が多い。初職に就いた地域は、J華庭の男性住民は、嶗山区以外の青島市が最も多く、山東省以外の省、青島市以外の山東省が三分の一を占める（補論の図14）。学歴は高等学校以上が三分の一を超える（補論の図7参照）。また、青島への来住歴を見ると半数の人が一九九〇年以降と回答している（補論の図6参照）。現職をみると、国家機関の勤務者、企業の管理者が六割を越えている（補論の図18参照）。比較的高学歴の公務員や管理者たちが一九九〇年代もしくは二〇〇〇年になって青島に来住し、当地に住宅を購入したのがわかる。

世帯内収入をみると、青島で「小康」（余裕のある生活）を送るのに必要とされる収入一カ月当たり五〇〇〇元を超える世帯は約半数になっている。また、切り詰めた生活を余儀なくされる収入三〇〇〇元以下の家族は、二割に達しない。J華庭の住民は、比較的生活に余裕があるのがうかがえる（補論の図27参照）。

住民への聞き取り調査によると、青島の職場に移動してきた人たちが定年退職をむかえて、退職後に住む家屋としてJ華庭マンションを購入している人が多い。このため、住民の年齢が比較的に高い。六〇歳以上の人は八〇〇人を越え、八〇歳以上の人は四〇余人で、高齢者地域となっている。このように人にとって、園内の人の出入りがよく管理され、雑貨店や軽食店、そして診療所が整った当地は利便が高いと考えられている。

(二)　J華庭物業公司（J華庭管理会社）

J華庭は二〇〇一年に建設が始まり、二〇〇三年末に完成した。当時は地区を貫通する幹線道路が未整備で交通が不便だったため、二〇〇一年時の価格は三六〇〇元／平方メートルだった。二〇〇四年の完売時には五二〇〇元／平方メートルに、二〇〇八年六月には中古価格であるが九七二〇元／平方メートルに高騰している。七三五戸のうち、転売されて名義が変更になったのは三〇パーセントである。物業公司は、所有名義者に関する書類を管理しているが、賃貸で入居している人にも登録を求めている。

公司の従業員は警備員を入れると四七人である。小区の緑化作業とゴミ収集は外部の業者に委託している。公司の主な支出は、納税、人件費、警備費、ゴミ収集費、緑化作業費、公共施設の管理維持費、その他の七項目である。安全・警備は公司にとって大切な業務だと考えられている。人の出入りの厳格なチェック、監視カメラによる二四時間のモニターの体制が整えられている。また、J華庭の資産価値を維持するためのサービスが新しく要求されるようになったという。中でも、公共施設サービスや維持補修が最も重要な事項である。家屋の窓や扉と上下水道管の補修は二年間無料、天井の補修は五年間無料、壁の補修は期間を限定していない。

公司の収入は、第一に不動産管理費がある。エレベーターのある棟は、部屋一平方メートルに対して〇・八元の管理費とエレベーター利用費〇・四元、計一・二元／平方メートルを徴収している。エレベーターのない棟は、〇・七元／平方メートルを徴収する。また電気代は使用度数に応じて徴収している。この他、園内で経営する駐車場の使用料を徴収する。地下駐車場は一台あたり五〇元／月、地上駐車場は一〇〇元／月、臨時の駐車は七五元／月としている。公司で管理する園内の駐車場スペースは四二〇台分、このうち地下駐車場は九二台分である。

この他、J華庭の建物の一階で営業している商店からの賃貸料が収入となっている。

四、コミュニティ意識調査

日本の地域社会で実施するコミュニティ調査と同様の質問票調査を、二〇〇九年にG科園一小区とJ華庭で実施した。

調査対象者はH社区のG科園一小区とJ華庭から選出した。G科園一小区は五〇棟、一五一単元（入口と階段を共有する家族群）で構成されている。J華庭は二七棟、四八単元からなっている。これに対して質問票調査は三〇〇人を対象とした。従って、単元数の比率に応じて、G科園一小区から二二九戸を、J華庭から七一戸を調査対象として抽出した。

その結果は次のようになった。

①地域への統合――この社区の人たちは互いに協力する気持ちが強い方だと思いますか（補論の図30）

②地域への愛着――人からこの地域の悪口をいわれたら、何か自分の悪口をいわれたような気になりますか（補論の図表15）

③地域への関与――この社区のためになることをして、何か役に立ちたいと思いますか（補論の図31）

地域への統合、愛着、関与のいずれも、肯定的に応えた人が半数近くになる。日本の地域研究の成果と比較できないが、地域の悪口を言われたら自分の悪口を言われたような気がするかという問いに対して、J華庭の住民のうち半数以上の人が肯定している。居住年数が長くないことを見ると、J華庭での居住条件への満足度の表現とも受け止められる。

また、平準―格差の認識と主体―客体の認識では次のような結果が出た。

①平準―格差の認識（補論の図27参照）

（平準）自分の地域の利益だけを考えるのではなく、非常に困った問題のある他の地域のことを、まず考えてやるようにすべきだ。

（格差）やはり自分の地域の利益を第一に考えるのが本当で、他の地域のために自分の地域が犠牲になる必要はない。

②主体―客体の認識（補論の図29参照）

図表8　地域への愛着

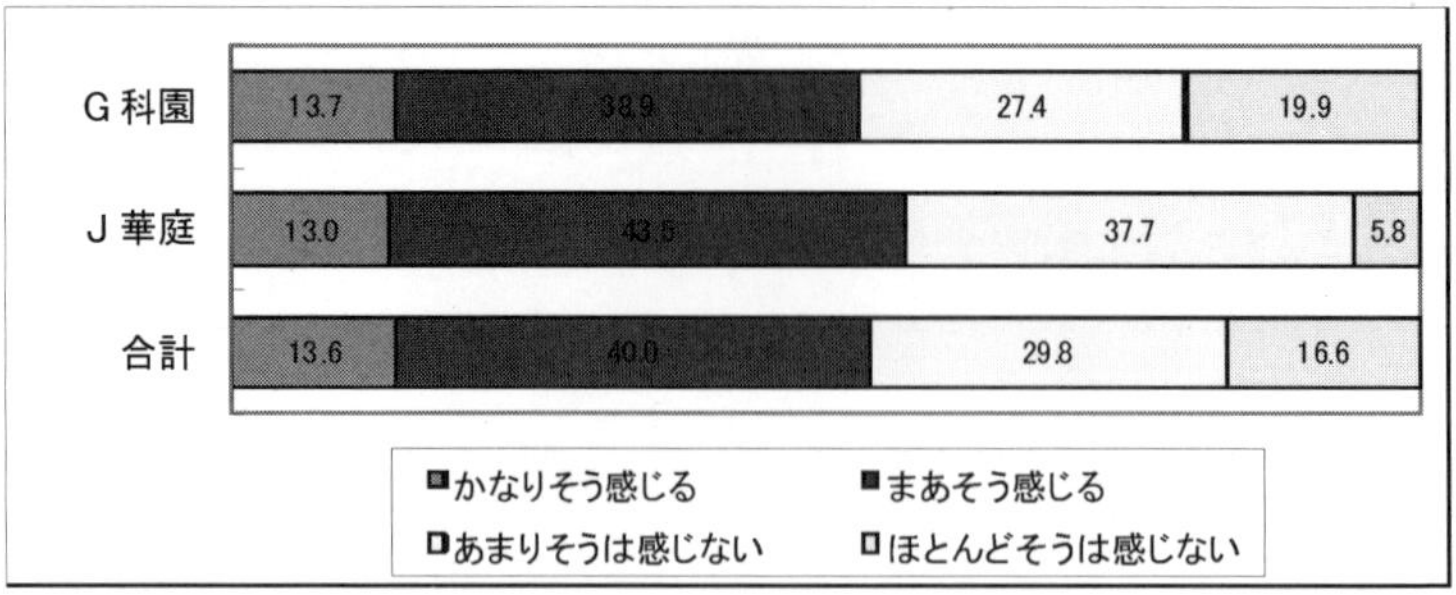

（主体）私は自分から進んで地域を住みやすくするよう、できるだけの努力をしている。

（客体）私は地域のことはあまりわからないので、よく知っている熱心で有能なリーダーにまかせたほうが、かえってうまくゆくと思う。

平準と格差の認識として問おうとしている主旨が理解できたかどうかという問題があるが、「自分の地域の利益だけを考えるのではなく、非常に困った問題のある他の地域のことを、まず考えてやるようにすべきだ」という意見が圧倒的に支持された。また、主体と客体の認識で、主体的に関与するかリーダーに任せるかという問いに対しては、半々に意見が分かれた。平準―格差、主体―客体の指標と応答者の属性（年齢、性別、出生地、学歴、世帯収入）との関連は明確ではなかったが、あえて求めるとすれば、女性よりも男性が、大学卒以上の学歴をもつ人が平準、主体の意見に賛同する傾向が見えた。本調査を分析した稲月正によれば、建前的なノルムが表現されているのではないかと言う。

また、「地域への関与――この社区のためになることをして、何か役に立ちたいと思いますか」と言う意見に対して、世帯収入が七〇〇〇元を超える高所得者は否定的な態度（六六・五パーセント）を示した。またこの階層は、「あなたは事情が許せば、ずっとこの社区に住みたいですか」という意見に対して、五八・五パーセントは「移りたい」と希望した。お金があればもっとよいところに移るというのは一般的であり、この階層が生活環境を整えるために自らが関わって改善する態度は高くない。日本の地域社会では、統合、愛着、関与の三つの項目が緊密に関連しており、平準と格差、主体と客体の認識とも連続するのであるが、当地の質問票調査では意見が分かれ、明確な傾向をたどることが難しい。日本の地域社会を構成する論理と質が異なるものがあるのはないかと予測するところである。

五、「社区」（コミュニティ）はどこに、どの様に存在するか

社区（Community）の研究においては、次のような問題が問われている。即ち、村民委員会に相当する行政機能が委託され、社会生活の単位としての実質化をはかるとすれば、都市社区はどの様な原理で構成されるべきか。居民委員会は自治的な団体として法の定めるところによって組織されたが、住民の合意や共同の活動を組織し、住民自身の自主的・主体的なエネルギーを汲み出すことが出来るか。さらに、住民意識のなかに、地域への統合性、活動の自主性、地域への愛着などの、地域への規範的な意識を育むことが出来るか、という問いである。

本論では、都市化した農漁村社区、都心の中に存続する「村」社会、郊外で開発が進んでいる都市社区の二つの小区の事例を紹介した。これらの事例から、社区建設の中核として期待されている居民委員会は住民登記や計画生育など行政機構の一部としての機能を担っており、住民が最も関心を寄せる生活環境の管理では不動産管理会社が果たす役割が大きいことがわる。本論で紹介した三つの社区は、不動産管理会社実業総公司、居民委員会との関係で三つの型が想定される。

居民委員会と不動産管理会社、実業総公司が一体となっている事例

生産大隊の財産を継承した地域では、行政機能の一端を遂行するよう求める居民委員会とは別に、資産を管理

し、経営利益を発展させる資産管理会社を設立している。元村民は企業の社員となり、村が共有する利益を享受している。

典型的な事例は、S村の実業総公司の活動である。人民公社時代の生産大隊から引き継いだ海面の漁場権、土地の所有権を、村が一括して保有する母体となった。耕作地と漁業を放棄した現在は、国から支給された漁業補償を管理し、これを原資として、村の新しい開発に着手しているのである。また、村の共有財産によって、村民のための住宅建設、教育・福利の充実、ゴミの回収をはじめとする生活環境の整備など、村人に快適な生活条件を提供している。本村においては、村人と村外者との成員資格の分限は明瞭で、村外者は利益の享受から排除している。

居民委員会とは別組織の実業総公司を組織している事例

X花園では、都心に近く、近代的なオフィスビルが建ち並び、歓楽・ショッピング・飲食店が集中し、外来者の流入が激しいにも関わらず、A家庄とB家庄の元村人は、なお中心的な空間に自分たちの生活空間を保持している。都市のただ中でも、大隊が操業していた企業体を継続して共有し、資産を拡大することで、生産大隊の構造を引き継いだ体制を新たに生み出している。従って、X花園社区に移り住んできた住民と、大隊を引き継いだ二つの事業体の社員となった住民とは交わらないモザイク構造が出現しているのである。元村民が居住する建物と居住空間の管理は、居民委員会が窓口となって関連行政部門に対処を依頼している。民間のマンションに関しては、それぞれの不動産会社が担っている。従って、X花園居民委員会は、本来はX花園に居住する者全員を対象とするものであるが、住民登記などの行政機能以外の住民の活動においては、A家庄とB家庄の元村民を超えた人々を対象にするのは限定的であるのがうかがえる。

不動産管理会社が地域の保全の中心となっている事例

G科一小区は、元住民は他所に移転し、地元組織は解消しており、不動産管理会社が家屋の管理と不動産の運用の主体となっている。大隊時代の村の共有財産を維持・管理する組織を持たないこともあり、元住民が賃貸もしくは売却によって転出する傾向は強くなっていると推測される。社区の建物は、居民委員会の事務所、娯楽施設、閲覧室などを備えており、所謂コミュニティセンターとしての役割を果たしている。居民委員会は各棟におく「楼長」によって活動を組織するが、人口管理や計画生育のような政府から委託された活動を担うのが主となり、主体的な地域社会の形成という面では影が薄い。

不動産管理会社は、道路の清掃、ゴミ処理、個人家屋の修繕、水漏れ、壁のひび割れとか、とにかく様々な事項が持ち込まれ、その対処に追われている。不動産管理会社の担当者は、「不動産管理は煩雑瑣事が多いばかりではなく、住民の要望には不動産管理会社が対応できないことも多く、住民と管理会社の矛盾はとうてい調整できない」とまで嘆かせているのが現状である。しかし、建設当時、この不動産会社に提供された管理費の積み立てこそが、基金として新たな不動産市場での活動を支え、運用益を生み出し、管理費の赤字を補塡しているのである。

また、住宅管理のための管理会社を独自に設立し、資産価値を高めるために努力しているのがＪ華庭の事例である。鉄柵の頑丈な門が閉じられており、行商の者はむろん、住人と面識がある者でも、入るには門衛で登録が求められる。園内が清潔で、管理が行き届き、安全秩序が保たれている。そのために人の出入りを厳格に管理して、警備体制を整えている。空き部屋をむやみに賃貸に出すことを制御し、賃貸者として入居した場合も、管理会社に暫定住民として登録させている。この厳格な管理のおかげで、住民は、自分たちだけの安寧な生活を楽しむことが出来る。そして、住宅の資産価値は保全され、周囲の住宅以上に価格が高騰することが、小区に住む人々の共通の関心事となっている。

Ｊ華庭は、一種のゲイティッド・コミュニティとしての性格を持つ。周囲を壁で取り囲み、邪気の進入を影壁で防いだ「四合院」を連想させる。ゲートで外から閉ざすことで、内部の管理された上質な空間が保障されているのである。現在、高級マンションとして建設されているのは、例外なくこの様な形式によっており、閉じられた空間を共有することによって、家屋の価格、社会階層、生活形態などの社会性をも共通項として産出するメカニズムを表出していると考えられる。

以上のようにみると、「社区」が住民自身の自主的・主体的な参加によって組織され、住民意識の地域への統合性、活動の自主性、地域への愛着という規範性によってエネルギーが引き出されているとは想定しがたい。地元住人にすれば、「肥水不落外人田（利益を外に漏らさない）」という格言に表されているように、利益を共有するものとそうでない者との分限が地域社会を構成する論理となっていることをうかがうことが出来る。かつての大隊の構成員は、不動産的価値が高まれば、社員としていっそう確実な便益を享受することができるのである。しかし、彼らにあっても、面倒なことは居民委員会と不動産会社にお任せという態度が大きい。まして、他所から移り住んだ人たち、賃貸住宅に住んでいる人たちにとって、条件が悪ければ、もっと良いところを探して転出すればよいことである。

日本のコミュニティ研究では、市民社会の成立とコミュニティの形成とが表裏の課題として論じられてきた。コミュニティの成立要件に自主性・主体性が求められ、活動組織のなかに共同の論理が問われた所以である。現代中国の「社区」研究においても同様の問題が提起されているが、現在の実情は、果たして、問題を解く鍵をもっているであろうか。

村の原理を基層にもつコミュニティ（社区）は、部外者を排除する論理が内部の統合を可能にしているように思われる。S村とJ華庭は、形態は異なるが、自他の分限を明確にすることで「本村人間の均分主義、よそ者に対する格差」の論理をはたらかせている。X花園のA家庄とB家庄の人々は、もはや外部の人口に圧倒されながらも、不動産と企業を管理・運営する事業体を組織して生産大隊時代の構造を継承している。地元住民は、近くに建設された居住条件のよいところに移転してはいるが、しかし、移転した先はX花園内もしくは付近のアパートということもあり、かつての村民が集住する形態を維持させているのである。現代中国のコミュニティ形成に中国の家や村の基層の論理が貫くことにおいて、日本における新しいコミュニティの創出が、実際には、町内会や村落組織に依存していた事実と相似しているように思われる。

では、全く新しい論理でもって、市民的コミュニティは構想できないのであろうか。我々の調査票による調査では、相互の扶助や社会への貢献の価値観は、地域的連帯と直接的な関係を持たない傾向が示された。「地域のために貢献したい」という態度は、むしろ学歴との関連が示された。「持ち寄り関係」という集団内の均分的平等主義の枠組みを突き抜けて、「天下」、「大同」と表現される人間的普遍主義が表現されているのか否か、更に検討が必要なところであろう。

注

（1）本論中の戸数と表中の戸数とが一致しない箇所がある。居民委員会事務所として借り上げている部屋などの数え方による。

（2）G科一小区とJ華庭の住民三〇〇人に対して、質問票を用いた調査を実施した。調査期間は二〇〇九年十月から十二月であった。小区の人口数に応じて、G科一小区は二二九人を、J華庭は七一人を対象とした。対象者の選定に際して、無作為抽出に準ずる形をとった。なお、質問紙調査の集計は稲月正（北九州市立大学・教授）の整理による。

調査結果の詳細な紹介は、稲月正「H社区（G科園一小区・J華庭）住民の生活について―「二〇〇九青島建立楽居共生家園的調調査表」をもとに―」（『二〇一〇年度研究報告　グローバル化における東アジア地域社会の構造転換』科研課題番号19401008、佐々木衞編）、稲月正「H社区（G科園一小区・J華庭）のコミュニティ状況」（同上）に報告されている。また、資料の概要は本書の補論（稲月正著）に収録した。

第八章　都市移住者の社会ネットワーク——青島市中国朝鮮族の事例から

一、はじめに

本論では、現代中国における人々の移動エネルギーが引き出される形態を、社会的な構造と文化的な論理の中から論じることに目的がある。労働力の移動は産業化のもとに引き起こされるという趨勢命題の一つに他ならないが、人々のエネルギーを掘り起こし、現実の移動を加速するのは、彼らが生きる社会と文化の構造の内にある論理に他ならないと考えるからである。結論の見通しを述べるならば、移動者たちの当座の生活保障は親族、同郷、知人などの個人的な信頼ネットワークを通して実現せざるを得ないが、大量の人口移動エネルギーを汲みだすには個人的なネットワークを支える制度化されたコミュニティの存在が不可欠ではないかという予測である。華僑の海外移住の歴史が示すように、移動した先には「会館」が中核となった「チャイナ・タウン」と呼ばれるコミュニティが形成された。(斯波、1995) 個人的なネットワークを超えてある種の集団的なエネルギーがプールされるには臨界点以上の人口の集中が条件となるが、この基礎には何らかの制度的な仕組みが形成されるからにちがいない。制度化されたネットワークが個人ネットワークを支えて、人々の移動エネルギーを引き出すのではないだろうかと考える。本稿では、青島に移住した朝鮮族の人々の親族・親戚関係、民族的活動、企業家組織などさまざまな場面を通して、ネットワークが制度化される事例を考察し、移動者のエネルギーが引き出され、プールされる形態を検討することに目的がある。

なお、青島市の韓国企業と中国朝鮮族に関する基礎的な数字は以下のようである。青島に在住する韓国人は約八万人、韓国人の出資する企業は約八〇〇〇社である。また、青島市に住む中国朝鮮族の人口は十数万人にもなると言われている。特に急激な増大を見たのは青島が都市機能を充実させた一九九七~九八年からのことであり、五、六年のきわめて短期間の内に急増したことが指摘できる。(注1)(李振山 2006)

二、移動者のネットワーク

中国朝鮮族の家族とネットワークを考える上で特徴的な活動をまず検討し、次に、新来住者たちの移動とネットワークを検証してみよう。

(一) 祖先を祭祀しない親族ネットワーク

血縁的・同郷的な集団は、移動を促す媒体として今日でも機能を再構成していることはいうまでもない。しかし、今日の急激で大量の移動は、祖先を祭祀する血族組織の構造の範囲を越えて、系譜を確認できない人々をも包括した緩やかなネットワークを形成している。(瀬川 2004、上水流 2002)

祖先を祭祀しない親族ネットワークは、韓国や中国(台湾)の宗親会が示すように全国的、あるいは世界的な組織に発展することもある。韓国におけるモノグラフ研究が明らかにしたところでは、都市では祖先を共有しない同姓の人々の間で花樹会・宗親会が組織され、同郷者の「郷友会」や「親睦契」、あるいは同窓会などとともに社会的絆を構成する契機となっている。（伊藤 1987）また、花樹会・宗親会は祖先を祭祀する親族集団の形態をとりながら、社会的な親睦と支援、あるいは政治的な権益を獲得するためのネットワークとして、父系単系出自の原理から離れて個人を中心とした組織に組み替えられているところに特徴があることも指摘されている。（岡田 2001）

延辺朝鮮族自治州に住む朝鮮族は、一九三〇年代に朝鮮半島から移住した家族が多く、その後も、移住を繰り返している。住居の移動を繰り返した彼らは、祖先の祭祀を数世代にわたって継承することが困難であった。父母の墓への墓参は、死後三年間、命日に息子や娘がそろってするが、その後は、清明節と仲秋節にそれぞれ各自墓参するだけだという（佐々木・方 2001:197）。また都会に住む朝鮮族は、一般に亡骸を火葬に付して、墓を持たないことが多い。父母の祭祀も個人化され、親族を集合する結節点としての祖先祭祀という活動が弱いのが推測できる。

しかし、親族のつきあいが淡泊なのでは決してない。遠い祖先を祭祀しない分、それだけ近い親族、姻戚者同士のつきあいには濃密さがある。都会に出た家族が生活する居住条件は一般的に狭く、子どもが長期の夏休みを家庭で過ごす条件が調っていないことが多い。このような家族にとって、老父母ばかりでなく、故郷に残る兄弟や姉妹の家族は、子どもの養育を託す大切な場となっている。また、都市で失業すると、一時の生活を頼らなければならないのも、故郷に残る家族や親族である。（佐々木 2003）

中国朝鮮族の間では、高祖にはじまる子孫「八寸」の範囲の親族が一堂に会して祭祀する習慣はない。祖先の位牌を祀る祭壇もない。祖先の祭祀が親族の絆が更新される機会となっていないのに対して、父母の誕生日の祝いは、父母を中心にした近親の家族の絆を改めて確認する場となっている。彼らの家族は夫婦家族を中心としており、祖先を共有する親族には発展しない。しかし、老いた父母が生きている限り、息子や娘の家族はこのような活動を通して拡大家族としての絆が確認されている。彼らの誕生日の祝いには、移住した家族が頼ることが出来る絆を開拓し、常に更新しておかねばならない切迫した事情の一面を見ることも出来るのである。

親の誕生日を祝う行事が儀式となっているのが「花甲会」である。

花甲会は親の還暦を祝う会である。朝鮮族家族にとっては、結婚式や葬式にならぶ大切な行事となっている。行事の進行を見ていると、結婚式を熟年になって再度行う金婚式をうかがわせる。都市ではホテルで行うことが多く、夫婦は着飾り、自動車を連ねて会場に向かう。会場では上座にテーブルがセットされ、さまざまな種類の花と果物、海や山野の食材が並べられる。夫婦が席に着くと、年長の息子が挨拶をして開会する。プロの司会者と歌手をつけて歌もあり、踊りもあるという大宴会となることも少なくない。花甲会の儀式は家族が全面に出ることに特徴がある。主人公となる還暦を迎えた夫婦に対して、息子の世代から始まる輩行、近親の順に、親族全員による叩頭と献杯が続く。叩頭の順は親族の近縁関係を表出させ、共通の祖先の祭祀にかわって、還暦を迎えた夫婦が基点となる親族関係の絆が互いに確認されるのである。

青島に移住した彼らも、「花甲会」は大切な行事となっている。青島に朝鮮族人口が急増したのは一〇年に満たないが、親を呼び寄せた家族も多い。「花甲会」は伝統的な形式の演出が重んじられるので、会場の設定、テーブルに飾る花や果物の準備、儀式の取り仕切りなど、老人会が「花甲会」の挙行を請け負うことも多いという。親の世代は、こうした行事を取り仕切ることで、同世代の動向を交換し、ネットワークを広げるきっかけともなっている。

(二) 運動会

延辺朝鮮族自治州では、毎年秋に、村、鎮、そして自治州の単位で運動会が開催される。都会から離れた村では、老人会のゲートボールや朝鮮将棋などを中心にして、費用をかけない簡素な行事になっている。鎮単位の運動会になると、サッカー、バスケットボール、バレーボールの競技は男女別の地区対抗試合となり、鞦韆（ブランコ）、跳板（シーソー）、摔跤（相撲）など伝統的な種目も行われる。会場周囲は小屋がけの飲食店や駄菓子屋などが店を出し、祭日の雰囲気に包まれる。

運動会は、移り住んだ大都会でも組織されている。大都市で見知らないもの同士を多数集める行事は、故郷の村には見られない性格が現れている。青島で二〇〇二年十月二十日に開催された「青島市『二一世紀杯』少数民族伝統体育項目運動会」を参考に、都市で開催される行事の性格を検討しよう。

青島市民族宗教局の認可のもとに開催され、本来は青島に在住する少数民族の活動を支援することに趣旨があるということであった。だが、青島に住む少数民族の大多数は朝鮮族ということで、実際は朝鮮族の運動会となっている。会場に掲げられるアドバルーンには、漢字では「民族伝統項目運動会」と書かれているが、ハングルでは「朝鮮族伝統項目運動会」と記されていた。青島市政府から運動会開催のための補助金として一四万元が支出された。

運動会を組織したのは、朝鮮族企業家協会（公式名称は「青島少数民族経済発展協会」）のメンバーであった。先の補助金のほか、企業家協会が自らの活動で集めた金額は一六万元ということであった。会長のＨＭ氏は準備段階から中心的な位置にあったが、運営の実際を担ったのは四〇歳代の人たちであった。準備委員会には企業者協会の中心メンバーの人たち、これに地区代表と老人会会長などが参加して、三〇人程度の人が集まった。

行事はユニホームを着た各地区の入場行進から始まった。老人会の活発な地区では、伝統のチマチョゴリを着る人もあり、銅鑼や太鼓をたたいて調子を整え、「農楽」を踊りながら行進した。

協議は地区別の対抗演技となっていた。鞦韆、跳板、摔跤、男子三〇〇〇メートル競争、女子一五〇〇メートル競走などが続いた。中国朝鮮族チームと韓国企業チームとの親善サッカーは、点が入るたびに歓声が上がる。すべての競技が終わったのは午後六時をすぎた。

鞦韆や跳板などは中年の女性が健闘した。若い人は中年の女性に力の入れ方などを教わりながら練習をしていた。中年の女性の中には延吉の体育学校で学んだ人があり、若い人にアドバイスをしていた。鞦韆や跳板は一般のスポーツ競技の種目ではないので、このような運動会が技術を継承する恰好の機会となっているとみられた。

入賞者にはむろん、参加者にはいろんな品物が贈られた。キムチと鞄のセット、レインコート、セッケンの詰め合わせ、女性の下着セットなどなどが次から次に配られる。これらの品物の一部は青島の朝鮮族企業から現物寄付として贈られたもの、またレインコートやキムチなど韓国企業から贈られた品物があった。

運動会のために集めた寄付金は全体で約三〇万元になった。寄付は朝鮮族の経営する企業が担った。支出の主な項目は、競技に参加した人のユニホーム代、送迎用のバスの貸し切り費用、参加者の弁当代、準備のための食事代、最後の打ち上げの費用であった。

運動会の運営全体の取り組みは、組織委員会の中心メンバー五、六人が仕切っていた。運動会の委員として名を連ねているCY氏は、マイクを握って対戦の取り組みを仕切っていた。綱引きなどで観衆を整理するのも、組織委員会の中心メンバーが担っていた。

以上が運動会の様子である。運営の形態についていくつかの特徴を見ることが出来る。

第一に、運動会は朝鮮族企業者協会が企画し、プログラムの作成、寄付金の徴収、参加者の組織まで朝鮮族企業家協会が担った。当日は組織委員の中心メンバーが競技の進行から競技内容の説明まで全て引き受けていた。

第二に、運営の中心は、朝鮮族企業家協会に所属する四〇歳代の人たちが担った。彼らの説明では、市政府が後援する大きな行事を成功させることに関心があったという。運動会を運営すると、市政府や韓国企業の団体など各方面との協力関係を取り付けることが出来る。運動会の運営それ自体が、彼らにとって新しいネットワークを構築する機会となっていた。

第三に、競技の参加は区単位に組織されており、統一したユニホームを着て、競技の得点を争う型式になっていた。各地区には、競技の中核となる組織がある。朝鮮族がもっとも集住する李滄地区では、伝統芸能の担い手として活発な活動をしている老人会がある。他の地区にも、例年リレーで活躍する人、鞦韆や跳板などで活躍する中年の女性があり、参加者の組織化は彼らが中心になっていた。

第四に、地区の代表者は、多額の寄付金を集める力を持つ人に委任される。寄付金の徴収はもとより、運営の仕方にしても、「有力者」や「著名人」と目される人、企業家や政府機関と新しいネットワークを築こうと目論む「起業家」が中核となっており、組織運営の個人中心的な構造を見ることができる。

(三)青島における朝鮮族の組織

中小の企業が集中する李滄区と、工場団地と住宅区が開発されている城陽区には朝鮮族が集住する地域がある。韓国人も多く住み、街にはハングルが溢れ、青島の中の「小韓国」という様相を表している。このような背景のもとに、政府から公認された組織として朝鮮族企業家協会と朝鮮族老人協会、朝鮮族婦人協会、朝鮮族ゴルフ協会、朝鮮族サッカー協会がある。

朝鮮族社会の活動の中核となるのが朝鮮族企業家協会である。協会は一九九七年十二月に三八名で創立された。現在は約一五〇社の経営者が参加している。主な活動は、大晦日の「迎新年会」、三月のセミナー、五月(端午の節句)ハイキング、もしくは運動会、秋に韓国企業家が組織する「青島韓人商工会」との交流会である。先にふれた「少数民族運動会」は、市政府の支援のもとに二年に一度開催されるようになり、二〇〇五年十月に第四回の運動会が開催された。

朝鮮族企業家協会は、会長、会長団(主席、副会長、一〇名)、理事(三〇名)、一般会員からなっている。任期は二年で、会長団、理事は会長が任命する。年会費は、一般会員は八〇〇元、理事は二〇〇〇元、会長団は五〇〇〇元、会長は一万元である。行事の運営は、会長をはじめとする役員の寄付によるところが大きい。二〇〇六年の新年会は会員の家族も含めて三〇〇人が集まったが、食事代三万元、景品代三万元、計六万元の経費の内、会長団は一～二万元を負担したといわれている。会長は協会の行事のために、年間一〇万元を拠出するという。協会の行事の運営、経費負担のいずれにおいても、会長のリーダーシップ、そして企業家個人の資金拠出による財政支援が重要な位置を占めている。

朝鮮族老人会が最初に組織されたのは李滄区で、一九九六年のことである。その後、城陽区、四方区など行政地区ごとに組織されている。会員は一〇〇〇名を越えている。

民族名を関したスポーツクラブの存在も中国朝鮮族の活動の特徴である。延吉には中国のプロ一次リーグに名を連ねている「延辺チーム」があり、地元の延吉で試合があると、街中が熱狂的な雰囲気に包まれる。青島でも、一般のクラブとして発足したのが朝鮮族サッカー協会である。

以上、青島で組織されている朝鮮族の団体の活動を概括した。中国では任意の組織や団体が活動するためには政府の認可が必要である。朝鮮族企業家協会も政府に申請している正式名称は「青島少数民族経済発展協会」で、朝鮮族が単体で民族名称を冠した組織をつくることは認められていない。しかも、団体や組織が認可されるのは、企業、社区（コミュニティ）、学校などに関連した半行政的組織、婦人や青年などに関連する半体制的組織、あるいは愛国的宗教団体や民主諸党派のように管理された宗教団体と政治組織など、限定された範囲でしかない。この中にあって、朝鮮族の企業家が組織し、青島の朝鮮族社会の活動の中核として役割を果たす団体は、青島の朝鮮族が自立した社会的存在として活動するのに極めて恵まれた条件を生んでいると言ってよい。

（四）新来者たちのネットワーク、情報サイト

現在でも、東北三省（遼寧省、吉林省、黒竜江省）から、新たな人たちが陸続とやって来ている。新たな流入者の中には、予め青島での就職を準備して来る人もある。雇用情報はインターネットで公開されており、高学歴者や有資格者は、インターネットで配信された雇用情報で採用されることもできる。また、職業紹介の仲介人（ブローカー）をとおして、就業と住居を準備して来る人も少なくない。しかし、事例として最も多いと思われるのは、何の準備もなく、わずかな元手を頼りに移動する人たちである。その典型的な事例を以下のＸＨ氏（一九七九年生、二〇〇五年八月調査）に見ることができる。

ＸＨ氏は、延吉の高校を卒業した後、延吉市内で販売員やファーストフードの店員として働いたが、二五歳の時、一念発起して青島にやってきた。所持金は二〇〇〇元しかなかったという。青島に着くと、まず、安い旅館を探した。翌日、街頭の職業紹介所で職を探した。最初に就いた仕事は、韓国資本の小さな紡織会社であった。宿舎と食事付きで給与は六〇〇元であった。機織り機のすさまじい音に慣れなくて、三カ月で辞めた。次の仕事は、政府の職業紹介所で探した。中国と韓国が出資する合弁会社で、鞄を製造する生産ラインの仕事であった。雇用の条件は、韓国語が話せることであった。大きな会社に就職するとき、一般に保証金が必要だが、給与による後払いという形で保証金を支払った。この工場には二〇〇五年七月まで二年間働いた。

八月から鞄や財布を販売する会社に就職した。この仕事はインターネットで探した。延辺出身の若い経営者が企業をおこし、求人広告を掲載していた。求人の条件は、延吉出身の人ということであったので、これに応募した。従業員は二〇人ほどで、半数は朝鮮族の人である。従業員は企業の敷地内にある宿舎で生活をしている。食事は食堂でとり、食費は免除されている。

青島に来たとき、知り合いは一人もいなかった。現在も、知り合いは多くない。青島市に同郷の組織がありイン

ターネットで交流会の情報を流しているが、行事に参加したことはない。

彼には妹がいる。妹は高校を卒業した後、黒竜江省で就職した。黒竜江省で働いていたときの知人が威海に行ったので、妹もその人を頼って、二〇〇五年七月に威海に行った。まだ定職に就いていない。

XH氏の青島での移動プロセスは、一つの典型を示している。単身で、頼るものもなく青島にやってきて、まず、小さな会社で条件の悪い仕事に就く。次に、公共の職業紹介所などで、少し条件のよいところを探す。次第に情報ネットワークを広げて、条件のさらによいところに再々就職をするというプロセスである。最近、彼らの情報ネットワークで大きな役割を果たすようになったのが、インターネットの利用である。

http://www.moyiza.net は朝鮮族がアクセスする代表的なもので、ハングルによるサイトである。二〇〇〇年に立ち上がり、韓国に住む中国朝鮮族にも接続されている。ニュース、コミュニティ、ビジネス（職業紹介）、「中国朝鮮族」などの欄がある。とりわけ、「中国朝鮮族」は、中国・朝鮮族としてのアイデンティティ・ナショナリティなどについて閲覧者が自らの生活体験を語っており、様々な意見を交換する場となっている。

職業検索に用いるのは、http://www.chinatong.net、http://www.QingDaoNews.com がある。前者は韓国の人材派遣会社によるサイトである。中国に進出した韓国企業の人材募集に事業を広げたのは二〇〇四年である。人材募集は業種別、勤務地別に整理されているが、中国国内では北京、上海、青島など一一都市があげられている。このサイトを利用した人によると、雇用条件などをインターネットで企業と直接交渉することもできるという。後者は、青島のニュースサイトである。青島の職業紹介の蘭は、職業は三二に分類されており、青島で仕事を探すのに便利にできている。

この他、www.qdtown.com など、青島に住む韓国人が運営する青島生活情報サイトがある。

三、青島朝鮮族社会のバックアップ

（一）黒竜江新聞青島支社

青島でハングル文字による新聞が発刊されている。その一つはハルピン市に本社をもつ黒竜江新聞社の『黒竜江新聞』と、その青島版（土曜日版）の『沿海消息』がある。青島支社が置かれたのは一九九七年で、青島版の発行は一九九八年である。『黒竜江新聞社青島報道センター』を併設する。青島に住む韓国企業家、中国朝鮮族に読まれる新聞媒体として役割を果たすよう努力をしているという。青島市に韓国から外資を誘致し、国内の投資に貢献したことで、二〇〇〇年に青島市政府から優秀団体の表彰を受けている。黒竜江新聞社青島支社は朝鮮族企業家を取材することが多く、取材で得たネットワークを通して朝鮮族企業家協会の組織を提唱し、その実現の準備を担ったのは前支社社長のＮＲ氏であった。

なお、青島支社が管理する発行部数は五〇〇〇部と言われている。

（二）活動をバックアップする企業家

朝鮮族の活動には、寄付をした企業の名を冠に付けていることがよくある。一九九八年四月に行われた青島における朝鮮族の第一回運動会は、正式の名称を「青島市少数民族第一回『亜赫杯』運動会」と呼ぶ。これは、朝鮮族の代表的な企業であるＡ公司が多額の寄付金を提供し、運営に必要な総額二〇万元の寄付金を集める原資となったからである。企業名を冠せないまでも、朝鮮族の活動には企業の寄付が期待されている。二〇〇四年の運動会では朝鮮族企業家協会が一六万元集めたが、協会長のＨＭ氏は五万元寄付している。またＨＭ氏は二〇〇二年二月に挙行した敬老会では八万元寄付し、企業家協会全体の寄付金一五万元の過半を負担している。延辺自治州の歌舞団一五〇人を招聘し、一〇〇〇人が参加する大規模な催しとなった。また、二〇〇五年五月、カラオケ機器メーカーが現金一万元と四万元相当のカラオケ機器を寄付したので、城陽区の人民大会堂を借り切って一〇〇〇人以上の参加者を集めたカラオケ大会を催した。このように青島における朝鮮族の活動はさまざまなものを見ることが出来るが、これらの活動は成功した企業家からの寄付があってはじめて成り立っている。(注2)

四、まとめ

以上紹介した青島に住む朝鮮族の移動と生活から、かれらが構成するコミュニティと社会的ネットワークの特徴として、次のことをあげることができる。

（一）制度化されたネットワークと「半制度」的ネットワーク

青島における朝鮮族のエスニックな集団としての社会的特徴は、企業家たちによるリーダーシップのもとに活動が組織化されていることがあげられる。政治的、社会的な機能を持つ人的ネットワークは組織的な活動の上に支えられており、彼らのコミュニティが体制から認知されている。

青島の朝鮮族コミュニティの構造を、次の図のように描くことができよう。

コミュニティの活動の中心に、青島の朝鮮族を代表する中核となる人たちがいる。朝鮮族の情報ネットワークの中核となっていた黒竜江新聞社の前支社社長のNR氏、青島朝鮮族の重鎮として信望を集める中国経済発展協会副会長のXG氏、企業家として成功を収めたHM氏などのリーダーシップは、朝鮮族コミュニティの活動にとって不可欠である。この人たちの財政的支援をはじめとするパトロン的役割によって「朝鮮族企業家協会」の活動が組織されている。

団体の活動は厳しく管理されている条件の中で、朝鮮族の企業家は、正式名称の「青島少数民族経済発展協会」

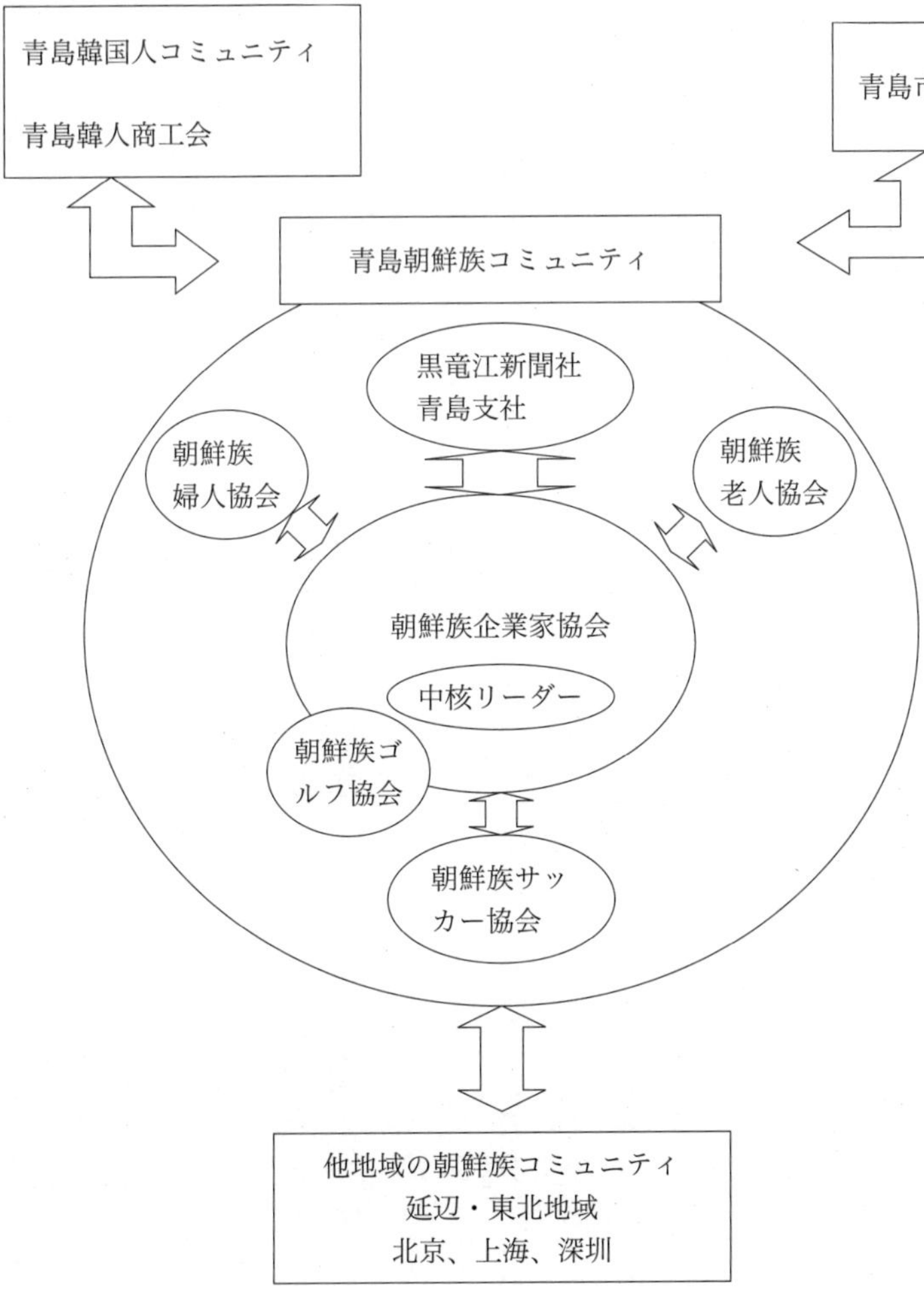
青島韓国人コミュニティ
青島韓人商工会
青島市政府
青島朝鮮族コミュニティ
黒竜江新聞社
青島支社
朝鮮族
婦人協会
朝鮮族
老人協会
朝鮮族企業家協会
中核リーダー
朝鮮族ゴルフ協会
朝鮮族サッカー協会
他地域の朝鮮族コミュニティ
延辺・東北地域
北京、上海、深圳

という冠を置き、「少数民族」の立場を転用することで自らの地歩を得ている。青島朝鮮族の運動会、社会活動が示すように、企業家協会の組織が中軸として活動をバックアップしてはじめて朝鮮族の活動は成り立っているのである。朝鮮族老人協会、朝鮮族婦人会、朝鮮族ゴルフ協会、朝鮮族サッカー協会は、朝鮮族企業家協会の活動と連携することで資金的に支援され、活動が朝鮮族社会の中に広がっている。各分野の活動が企業家協会を中核に連携し、自立性の高いコミュニティを構成していることが、青島をして「第二の延辺」と言わしめるところである。

また、彼らの出身地である延辺、東北地域はむろん、大都市である北京、上海、深圳には青島と同型の構造をもつコミュニティが存在しており、サッカーなどの運動競技、企業家による韓中の経済交流会など様々な活動を通して、地域間の連携が図られている。

（二）青島に住む中国朝鮮族の多層性と「半制度的」ネットワーク

青島に住む中国朝鮮族の構成は一様ではない。先ず第一に、軍隊や政府機関でのキャリアーを活かして企業家としての転身など新たな地歩を築いた人がある。第二に、韓国企業の中間管理層として従事している人、貿易・製造業・サービス産業を起こした人たちがいる。第三に、企業の現業従事者、レストランのウエイトレスなどに従事する人、小さな商売を始めた人たちである。第一と第二の部類の人たちは住所を登録している人たちで、企業家協会などが企画する活動に参加する人である。第三の部類に入る人たちの就業形態は流動的で、彼らの多くは暫住登録も未登録が多い。飲食店などのサービス産業で働く若い人たちは数週間で職場を変えることも少なくない。彼らは青島に生活の基盤を築くことができないで、脆弱なネットワークのなかに生活しており、青島は移動の通過点でしかない場合も多い。（佐々木 2005a）

就職のあてもなく青島に移動する若い人たちは、就職を近親者や友人がもたらす情報に頼っているのだが、最近、Web サイトで検索することも多くなっている。全く面識のない同郷者や同窓者を探し出したり、企業とサイトを使って雇用条件を交渉することも可能にしている。広告を掲載する企業をも巻き込んだ緩やかな制度を出現させているのである。構造的に見るならば、企業家協会の制度的なネットワークと周縁的な流動者の個人的なネットワークを媒介する「半制度的」な位置にあるといってよい。将来、半制度的な中間領域の拡大を予想することができるが（菱田 2005）、制度的な構造と連動しながらネットワークの階層性の幅を拡大していくものと考えられる。

（三）ネットワークを構成する論理

親戚として付き合う家族ネットワークは、父と母、夫と妻の双方に広がる「親戚」の両系的になっている。当地にすでに生活基盤を確立した人たちの中には、親たちを呼び寄せている人も多い。彼らは兄弟や親戚を集めて親の「花甲会」を催すことに熱心だといわれており、同郷や友人のネットワークを開拓する場ともなっている。このような親族ネットワークは、リジットな構造を持たないことに特徴がある。都市への不安定な移動をする場合、就業の世話や子どもの養育などを親や兄弟に依頼することも多く、むしろリジットな構造を持たない状況的なネットワークこそが適合的に機能している。

朝鮮族企業家協会の組織運営は、親族の状況的なネットワークの構造に相通じる論理が働いているように思える。

企業家協会の運営をみると、会長をはじめとする役員たちの個人的な資金提供が活動を支えていることに気がつく。朝鮮族協会の活動には、経費を多く負担した企業の名を冠して呼称することが多い。企業からの寄付が多ければそれだけ盛大に、多くの朝鮮族に呼びかけることができる。行事の運営、経費負担のいずれにおいても、企業家個人の資金拠出による財政支援とリーダーシップが重要な位置を占めており、パトロンとしてのパーソナルな人間関係と力量とによって組織される特徴を指摘することができる。親族がリジットな構造を持たない状況的なネットワークとして構成される形態と、制度的な組織がパーソナルなリーダーシップによるところが大きい特徴とは、移動する人々の活動の中に相互に適合的な関連をもつと予測することができる。

注

(1) 本論は、二〇〇〇―二〇〇三年度「中国朝鮮族の移住とエスニシティ：都市居住者に関する社会人類学的研究」（日本学術振興会科学研究費補助金、基盤研究（B））、及び二〇〇三―二〇〇六年度「国境を越える移動・エスニシティ・地域社会の再構築に関する比較社会学的研究」（日本学術振興会科学研究費補助金　基盤研究（A））による調査資料にもとづいて論述されている。青島における韓国人人口、中国朝鮮族人口の推計は当時の状況を表現するものである。後に二〇〇七年のサブプライム問題と二〇〇八年のリーマン・ショックがあり、韓国企業の撤退と韓国人人口が減少し、現在は外国人登記をしている人口は五万人、出張者や一時滞在者を入れると一〇万人と推定されている。

(2) 『黒竜江新聞』の山東・青島版である『沿海消息』には、青島や山東半島で活躍する朝鮮族企業家を多く紹介している。この中には、次のような記事が多く見られる。

二〇〇三年十月十二―十八日付け「トンサン玩具設立一〇周年、不遇青少年と家族、養老院に奨学金や生活補償金、生活必需品を支給、朝鮮族の文芸活動や体育大会に賛助金を提供」ＢＪ管理部長へのインタビュー記事。

二〇〇三年十月十二―十八日付け「ハンギョレ、城陽区朝鮮族運動会に一万元を寄付した世進自動車整備会社」ＪＨ社長へのインタビュー記事。

二〇〇五年七月二十四―三十日付け「創業の道――朝鮮族の先頭者達、『高麗食堂』と『セイヨン（세영）玩具実業有限会社』の成功物語」創業者へのインタビュー記事。

参考文献

伊藤亜人 1987「韓国の親族組織における〝集団〟と〝非集団〟」伊藤亜人ほか編『現代の社会人類学　1』東京大学出版会、一

三六—一八六頁
岡田浩樹 2001『両班』風響社
菱田雅晴 2005「揺らぐ国家・社会関係：自律する社会？」菱田雅晴・園田茂人著『現代中国経済8　経済発展と社会変動』名古屋大学出版会、十一—三五頁
上水流久彦 2002「台湾漢人の同姓結合にみる柔軟性——蔡姓の宗族および宗親団体を中心に」吉原和男ほか編『拡大する中国世界と文化創造』弘文堂、一四五—一六六頁
佐々木衞・方鎮珠編 2001『中国朝鮮族の移住・家族・エスニシティ』東方書店
佐々木衞編 2003『中国朝鮮族の移住とエスニシティ：都市居住者に関する社会人類学的研究』(科学研究費補助金研究報告書)
佐々木衞 2005a「中国朝鮮族に見られる移動と階層分化、エスニシティ」アジア社会研究会編『階層・移動と社会・文化』文化書房博文社、三九—五六頁
佐々木衞 2005b「東アジアのグローバル化——エスニシティとナショナリズムの交錯」『社会学評論』五六巻、二号、三四七—三六二頁
佐々木衞 2005c「国境を越える移動とエスニシティ——中国青島の事例から」『アジア遊学』二〇〇五年十一月号、三八—四七頁
斯波義信 1995『華僑』岩波新書
瀬川昌久 2004『中国社会の人類学——親族・家族からの展望』世界思想社
李振山主編 2006『黒竜江新聞創刊五十周年記念　中国朝鮮族現状　〝ハンギョレ社会〟はどこまで来たか』黒竜江新聞社（ハングル）

【補論】　H社区（G科園一小区・J華庭）住民の生活について

――「二〇〇九青島建立楽居共生家園的調査表」をもとに――

稲月　正

一、はじめに

現在、中国では社区建設が重要な政策課題となっている。その背後には、改革開放以後の産業化とともに従来の「単位社会」が崩れ、新たな地域管理と地域サービス提供の仕組みが求められていることがあるだろう。

市場経済のもとでは、政府機関や企業などの事業組織（単位）が雇用者の生活を抱え込んでいてはコストがかかりすぎるため競争に勝ち残ってはいけない。それゆえ、かつて生活共同体であった事業組織は「先進国の企業・組織のように、資本と賃労働の純粋な関係」を持つ組織に変化した（倉沢 2007:15）。だが、地域生活には住宅をはじめとする消費財と社会サービスとが必要である。その両者を丸抱えしていた単位社会が崩れた後、それらは市場経済と地域社会に分配されざるを得ない。この動きが、一方での社会サービスの市場化であり、他方での地域組織によるサービスの提供であろう。社区建設は「ある地域的範囲に行政機能の一部を付与し、日常的な社会生活の単位として再編する」ことであり（佐々木 2010:44）、社区は「基礎自治体」としての役割を持つものとされている（倉沢 2007:6）。

こうした構造上の変化を、個人の側から見た場合、それは「単位人」から「社会人」へと変化として示される（倉沢 2007:15）。自由で自律した地域の主体として位置づけられる「市民」の形成が期待されている。ただし、ここでの「市民」役割は、政治的自律性といった側面よりも、地域サービスを提供する主体としての側面が重視されているのかもしれない。

このような社会構造や地域主体の変化のあらわれとして、社区住民の生活実態はある。では、社区の人びとの生活はいかなるものだろうか。人びとはどのような家族・親族関係を取り結んでいるのだろうか。また、自分が住んでいる社区に対していかなるコミュニティ意識をもっているのだろうか。本稿は、急速な産業化と都市化を経験しつつある青島市嶗山区内の一社区住民を対象に実施した調査票調査をもとに、地域住民の社会関係、コミュニティ意識、社会移動の状況などを記述することを目的としている。

二、調査の概要

（一）調査対象地

調査票（二〇〇九青島建立楽居共生家園的調査表）による調査を行ったのは、青島市嶗山区内の都市社区（H社区）にあるG科園一小区ならびにJ華庭という二つの「小区」である。なお、両小区の詳しい状況ならびに嶗山区、中韓街道、H社区の概況については（佐々木 2010）を参照されたい。

表1　H社区を構成する小区の基本情報

	面積（万 m^2）	建築面積（万 m^2）	ビル数（棟）	単元数（個）	居民数（戸）	人口数（人）
G科園一小区	23.9	16.0	50	151	1917	5751
T家園	2.9	6.6	13	48	570	1710
J華庭	6.7	8.8	27	47	735	2160
H社区	33.5	31.4	90	246	3222	9621

出典：（佐々木 2010:47）

佐々木衞によれば、「当地では、不動産開発会社が建設したマンション群を一区画として小区としている」が（佐々木 2010:47）、これら三つの小区は、行政区分としては、青島市─嶗山区─中韓街道─H社区の下に位置づけられる。表1にはH社区を構成する三つの小区の基本情報を示した（佐々木 2010:47）。

以下、佐々木（2010）に依拠しつつ、対象地であるG科園一小区（以下、G科園）とJ華庭について簡単に紹介しておこう。

まず、G科園であるが、表1に示したとおり、五〇棟一九一七戸（五七五一人）からなる小区である。一九九三年に建設された。この小区の特徴は、ハイテク産業開発区の開発に伴い立ち退きになった六つの村の住民の代替住宅が三一〇戸を占めることである。小区内には総合オフィスビル、派出所、獣医センター、建設会社、銀行など、従来の「単位」も移転している。

ただし、表2に示すとおり、今回の調査では立ち退き代替家屋の住民（七〇名）のうち、ずっと住み続けている人は一三人（一八・六パーセント）であり、代替住宅の多くは売却ないし賃貸されている。その他、開発当時の教員向け宿舎や政府機関につとめる単身者用宿舎もあったが、これらについても売却ないし賃貸されているものが多い。

もう一つの対象地であるJ華庭は二〇〇三年に完成した比較的新しいマンション群である（住民の入居は二〇〇四年以降）。表1に示したとおり二七棟七三五戸（二一

表2　居住形態

			購入	賃貸	福利分房（政府割当）	立ち退きによる割当	その他	合計
G科園一小区	代替住宅	度数	29	25	2	13	1	70
		%	41.4%	35.7%	2.9%	18.6%	1.4%	100.0%
	開発当時の教師宿舎	度数	17	7	2	3	0	29
		%	58.6%	24.1%	6.9%	10.3%	.0%	100.0%
	開発当時労山区政府職員単身者宿舎	度数	1	0	0	0	0	1
		%	100.0%	0.0%	0.0%	0.0%	0.0%	100.0%
	一般販売住宅	度数	83	42	1	1	2	129
		%	64.3%	32.6%	0.8%	0.8%	1.6%	100.0%
J華庭		度数	61	10	0	0	0	71
		%	85.9%	14.1%	0.0%	0.0%	0.0%	100.0%
合計		度数	191	84	5	17	3	300
		%	63.7%	28.0%	1.7%	5.7%	1.0%	100.0%

六〇人）からなる小区で、中に共有の広場を持ち、外との出入りは警備員によって管理されている。中央の広場に隣接してレジャー・運動施設が設けられており、外の道路に面した建物の一階は雑貨店、コンビニ、軽食店、診療所、不動産仲介業の店などが軒を連ねている。

表2からは、今回の調査対象者については、G科園にくらべて賃貸の比率が低く、購入して住んでいる人の比率が相対的に高いことがわかる。J華庭のほうが入居時期が遅いことも関係しているかもしれない。

（三）調査の方法

調査対象者はH社区のG科園とJ華庭から選出した。G科園は五〇棟、一五一単元（入口と階段を共有する家族群）で構成されている。J華庭は二七棟、四八単元からなっている。これに対して質問票調査は三〇〇人を対象とした。従って、単元数の比率に応じて、G科園から二二九戸を、J華庭から七一戸を調査対象として抽出した。

抽出方法は、それぞれの単元の三階に居住する人を

図1　年齢

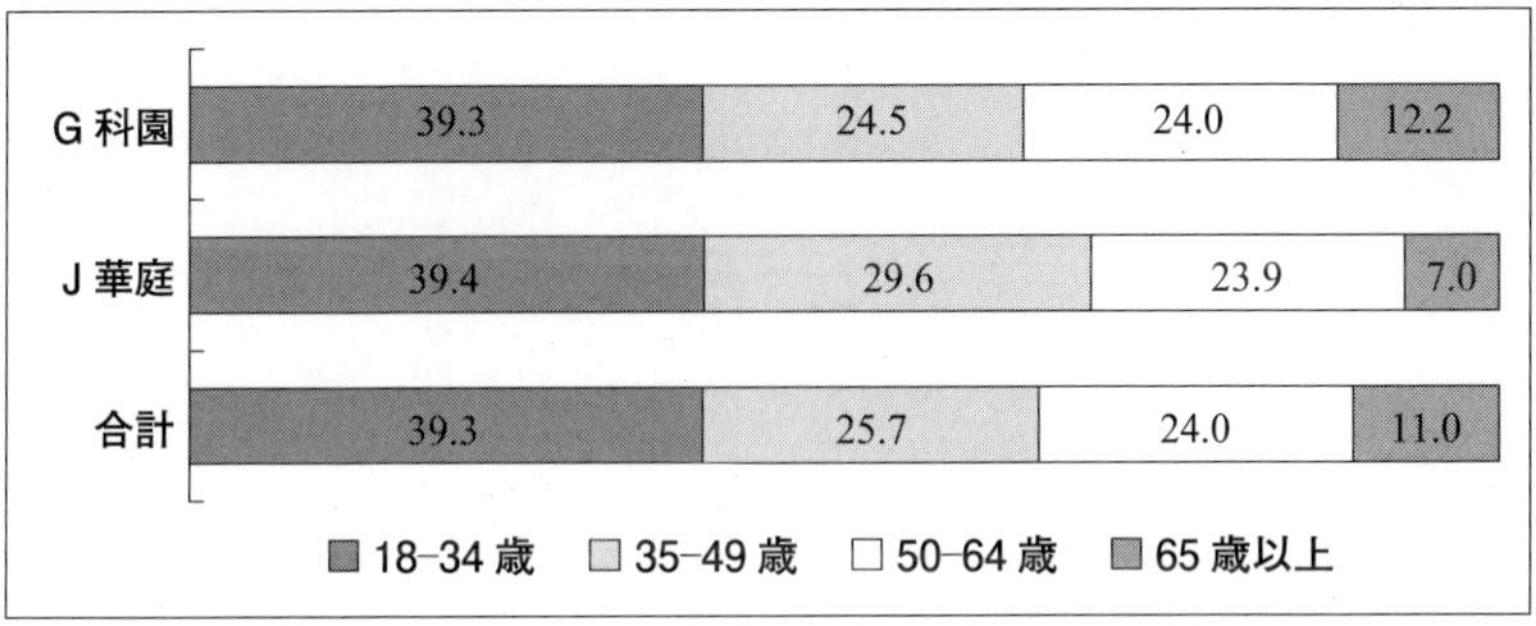

対象とした。もし、三〇一号の住民が不在の場合、二〇一号、もしくは四〇一号の住民を対象とした。

調査対象者は世帯主としたが、二世代家族の場合には高齢で世帯主は名目だけのことも多く、また、当該家屋に住んでいないこともあった。こうした状況では、家族の基幹となっていると思われる人、実際に住んでいる住人に回答を依頼した。

(三) 回収率

以上のようにして対象者を抽出したために、G科園二三九人、J華庭七一人の回答を得ることができ、質問票の回収率は一〇〇パーセントとなった。

三、年齢と性別

(一) 年齢

以下、対象地ごとに調査対象者の基本属性を見ていこう。

まず、対象者の年齢を図1に示した。両地域とも比較的若い層が多く、「一八～三四歳」が約四割を占める。ただ、「三五～四九歳」「六五歳以上」についてはG科園の方がやや高い比率を示す。そうした分布を反映して、平均年齢はG科園が四三・六歳、J華庭が四〇・八歳で、G科園の方が少し高い。G科園の方が建築年が古く、数は少ないながらも代替住宅居住者が住み続けていることも関係しているだろう。（ただし、これは今回の調査データについての結果であり、両小区全体の傾向を必ずしも示すものではない。以下、同様である。）

（二）性別

対象者の性別を示したのが図2である。全体では「男性」四三・四パーセント、「女性」五六・五パーセントである。G科園で「女性」の比率がやや高く五七・七パーセントを占める。こうした性比差ならびに上記の年齢構成の違い（G科園の方が女性の比率と年齢がやや高い）は、以下に示す教育歴や職業構成等の地域差にも影響するだろう。

四、出生地と地域移動

（一）出生地―四分類

調査対象者の出生地（四分類）を図3に示した。青島市出身者（「この地域、嶗山区」生まれ＋それ以外の「青島市内生まれ）の比率はG科園で五〇・〇パーセント、J華庭で四五・〇パーセントである。つまり、約半数は青島市以外の生まれである。

さらに青島市出身者の内訳を見ると、両地域で違いが見られ、G科園住民の方が土着性が高い。すなわち、G科園では「この地域、嶗山区」生まれの比率が二三・二パーセントを占めるのに対して、J華庭ではその比率は七・〇パーセントにとどまっている。逆に「山東省以外」で生まれた人の比率はG科園で一九・三パーセント、J華庭が二九・六パーセントである。

図2　性別

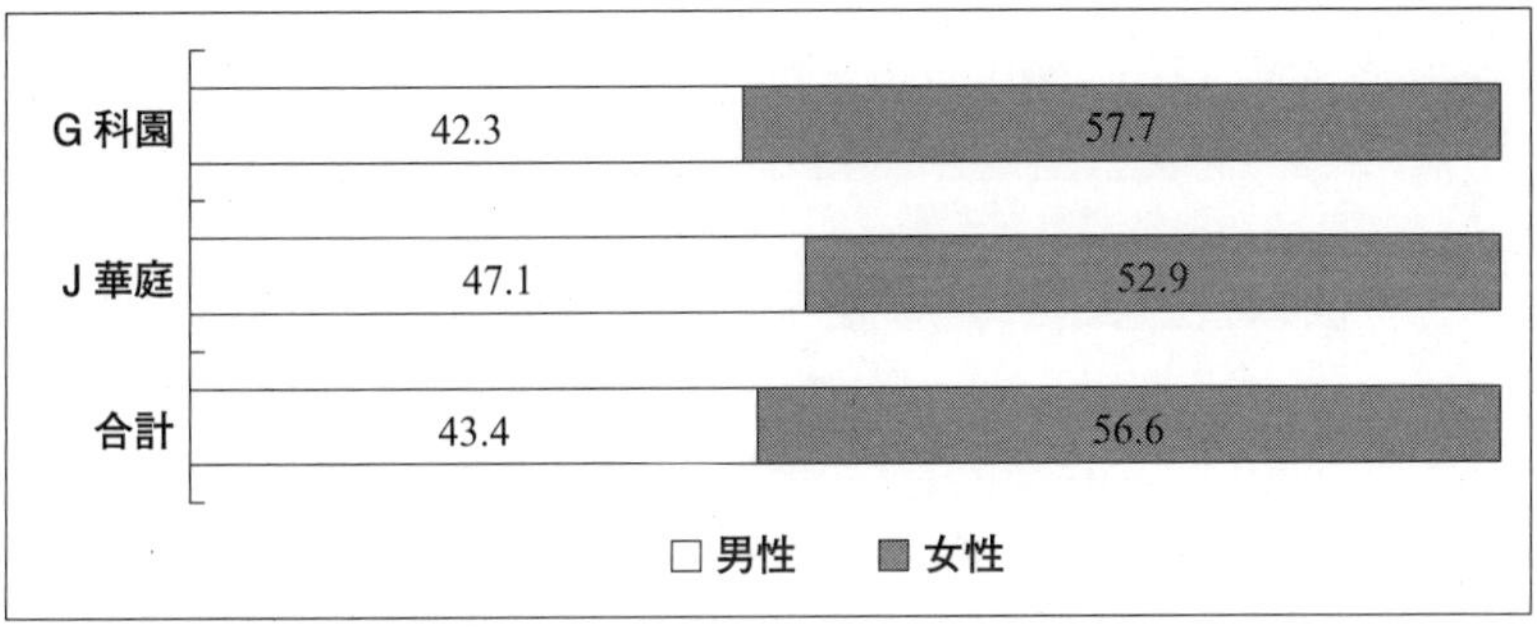

図3　出生地（四分類）

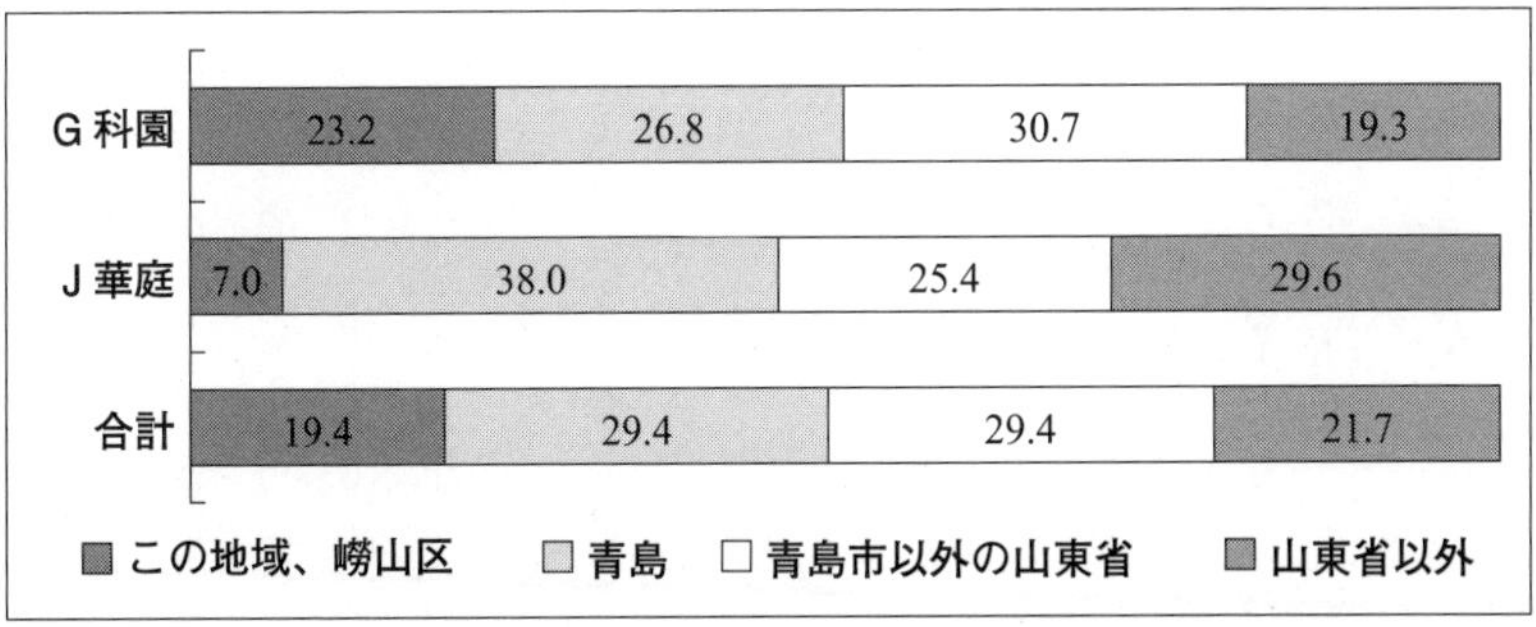

（二）青島市生まれ—どの代から青島に住んでいるか

次に青島市出身者（G科園一一四人、J華庭三二人）に対して「どの代から青島に住んでいるか」を尋ねた結果を図4に示す。全体では約八割が「曾祖父母の代（三代）以前から」青島市に住んでいる。

ただし、ここでも地域差が見られ、「曾祖父母の代（三代）以前から」という比率はG科園の八三・三パーセントに対してJ華庭では六二・五パーセントにとどまる。J華庭では「祖父母の代から」の比率が高い。もちろん、この問いについては調査対象者の年齢も関係する。たとえば三世代同居の場合、調査対象者が第一世代なのか第二世代なのかによって、同じ居住歴の世帯でも異なった回答となる。先にも見たとおり、G科園の方が調査対象者の年齢が高かったことを考え合わせると、G科園住民

図4　どの代から青島市に住んでいるか（青島市出身者のみ）

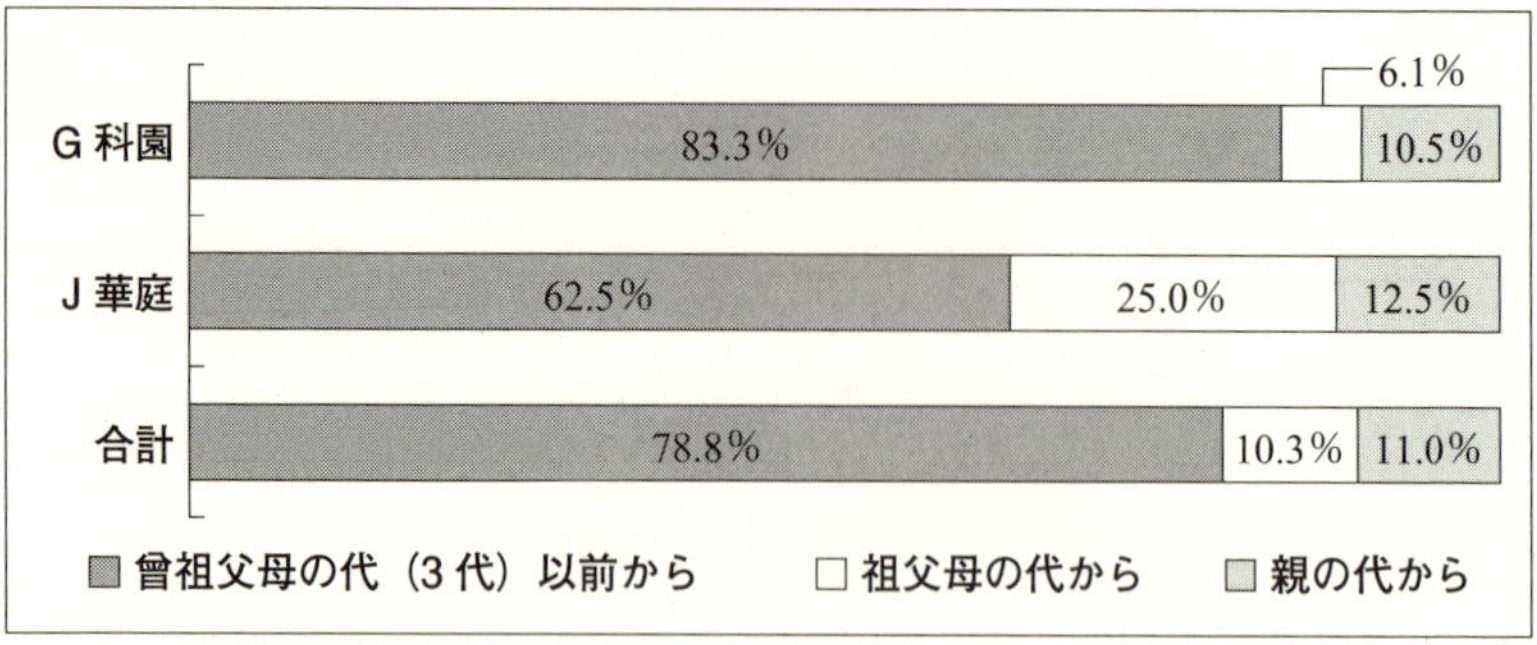

の方が相対的に土着性は高いと考えられる。

（三）青島市生まれ—ずっと青島市区に住んでいるか

青島市出身者については、その他出経験についても尋ねた。結果を図5に示す。G科園では「生まれてずっと嶗山区に住んでいる」が四九・一パーセント、「嶗山区以外の青島市生まれでずっと青島市に住んでいる」が三八・六パーセントで、両者をあわせると、青島出身者の約九割は他出経験を持たない。J華庭でも他出経験者は少なく一二・五パーセントである。ただし、J華庭では「生まれてずっと嶗山区に住んでいる」という人の比率はG科園にくらべて低く、二一・九パーセントにとどまる。

（四）いつから青島市に住んでいるか

いつから青島市に住んでいるのかを見たのが図6である。全体では、「一九五九年以前」から住んでいる古くからの住民が二一・七パーセント、逆に「二〇〇〇—二〇〇九年」という新規来住層が三三・三パーセントである。G科園とJ華庭をくらべると、古くからの住民の比率はG科園の方が高い。G科園には立ち退きに応じた村民への代替住宅があることも関係しているだろう。

図5　生まれてからずっと青島市に住んでいるか（青島出身者のみ）

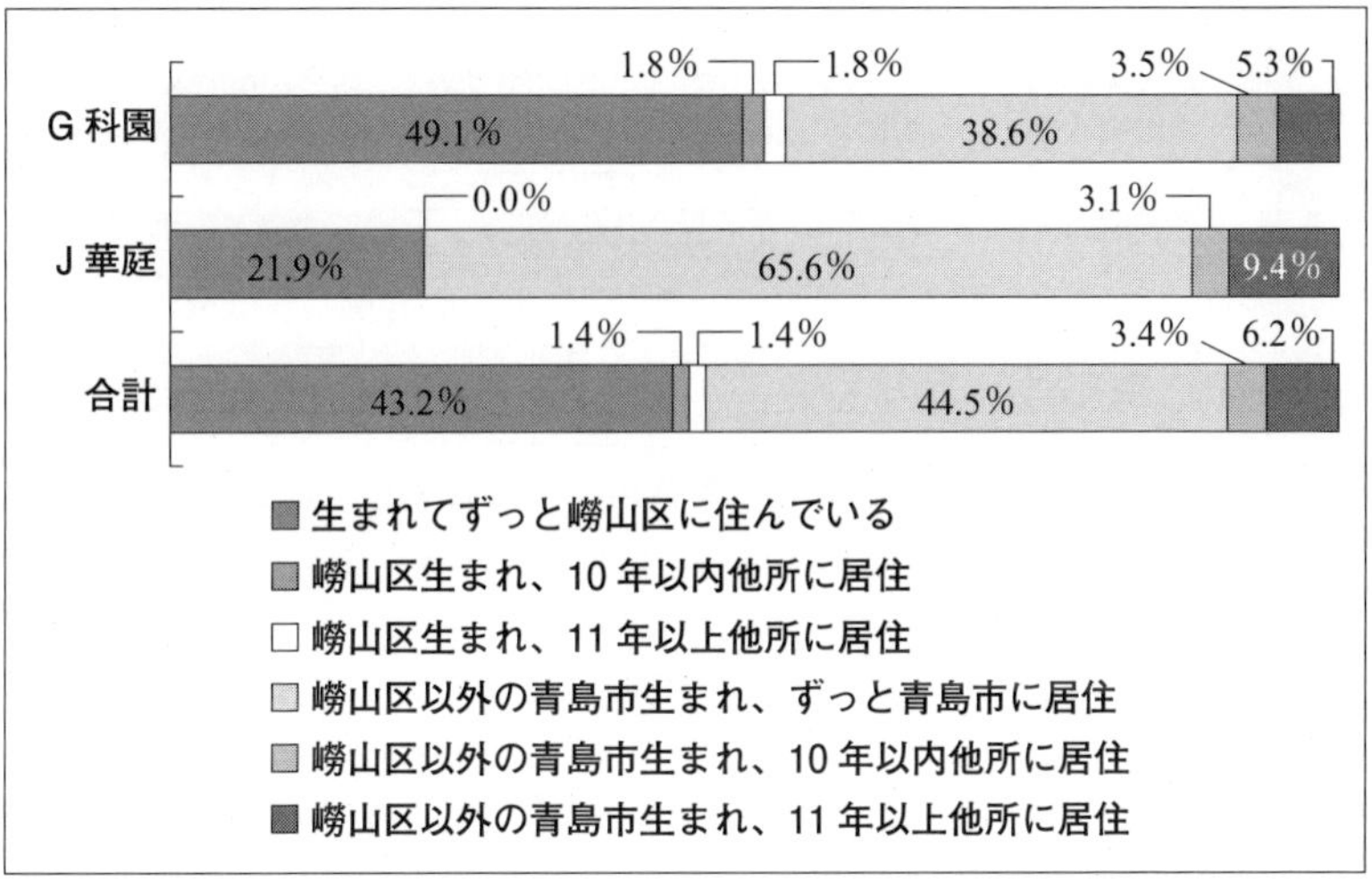

図6　いつから青島に住んでいるか

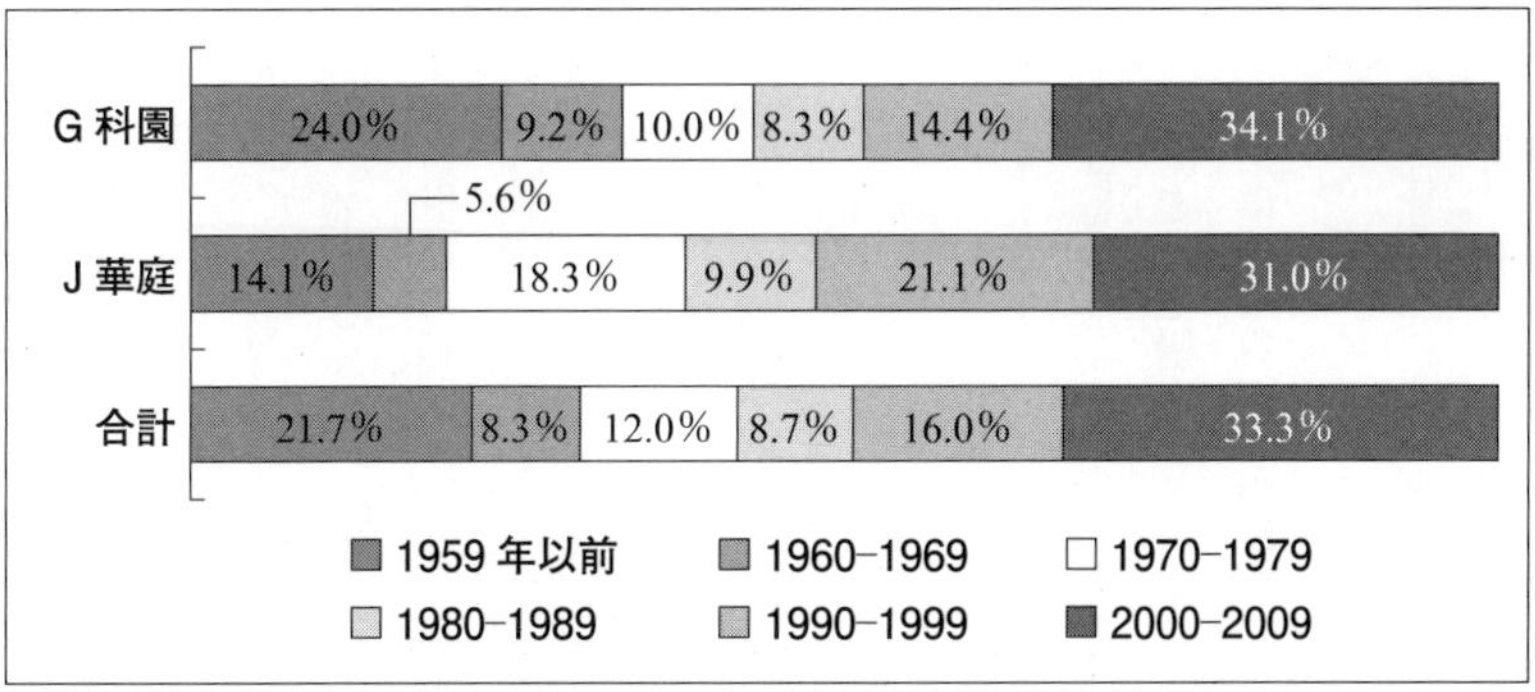

図7　教育歴

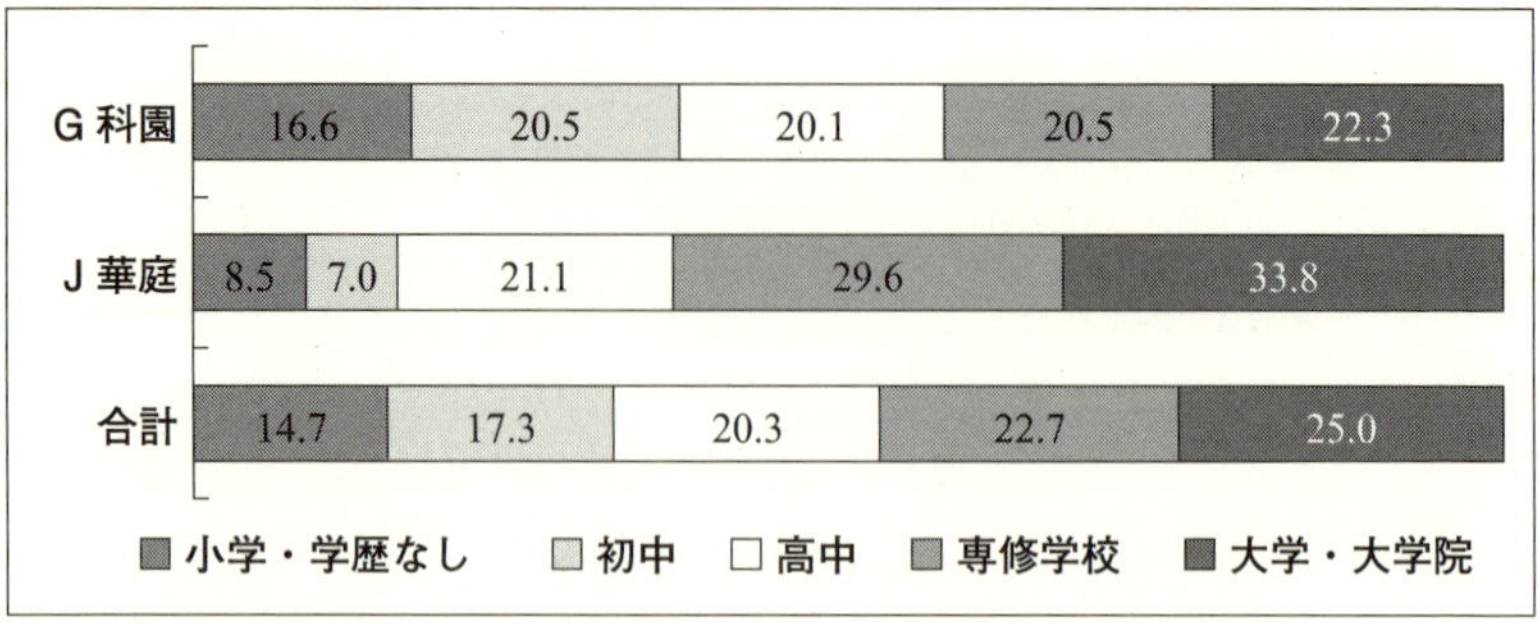

五、階層——教育歴、職業、所得

（一）教育歴

次に、対象者の階層について見てみよう。

まず、教育歴を示したのが図7である。両地域を比較すると、「大学・大学院」卒と「専修学校」卒の合計はG科園で四二・八パーセントであるのにたいして、J華庭では六三・四％パーセントある。明らかにJ華庭の住民の方が高い教育歴を示している。

（二）職業——初職、現職、父職

①初職

a　初職——六分類

次に、学校を卒業して最初に就いた仕事（初職）について見たのが図8である。全体では「個体、一般従業者、労働者、軍隊」が最も多く約五割を占める。地域別に見ると、J華庭では上層ホワイトカラーと位置づけられる「国家機関、党群組織、企業・事業単位請負人」の比率が高い。住民の相対的に高い教育歴（図7）を反映したものであろう。それに対して、G科園では「私営企業家、専業技術人員」「農、林、牧、漁、水利業生産人員」の比率が高い。G科園での農林水産業従事者比率の高さは、年齢の相対的な高さにも関係してい

図8　初職（六分類）

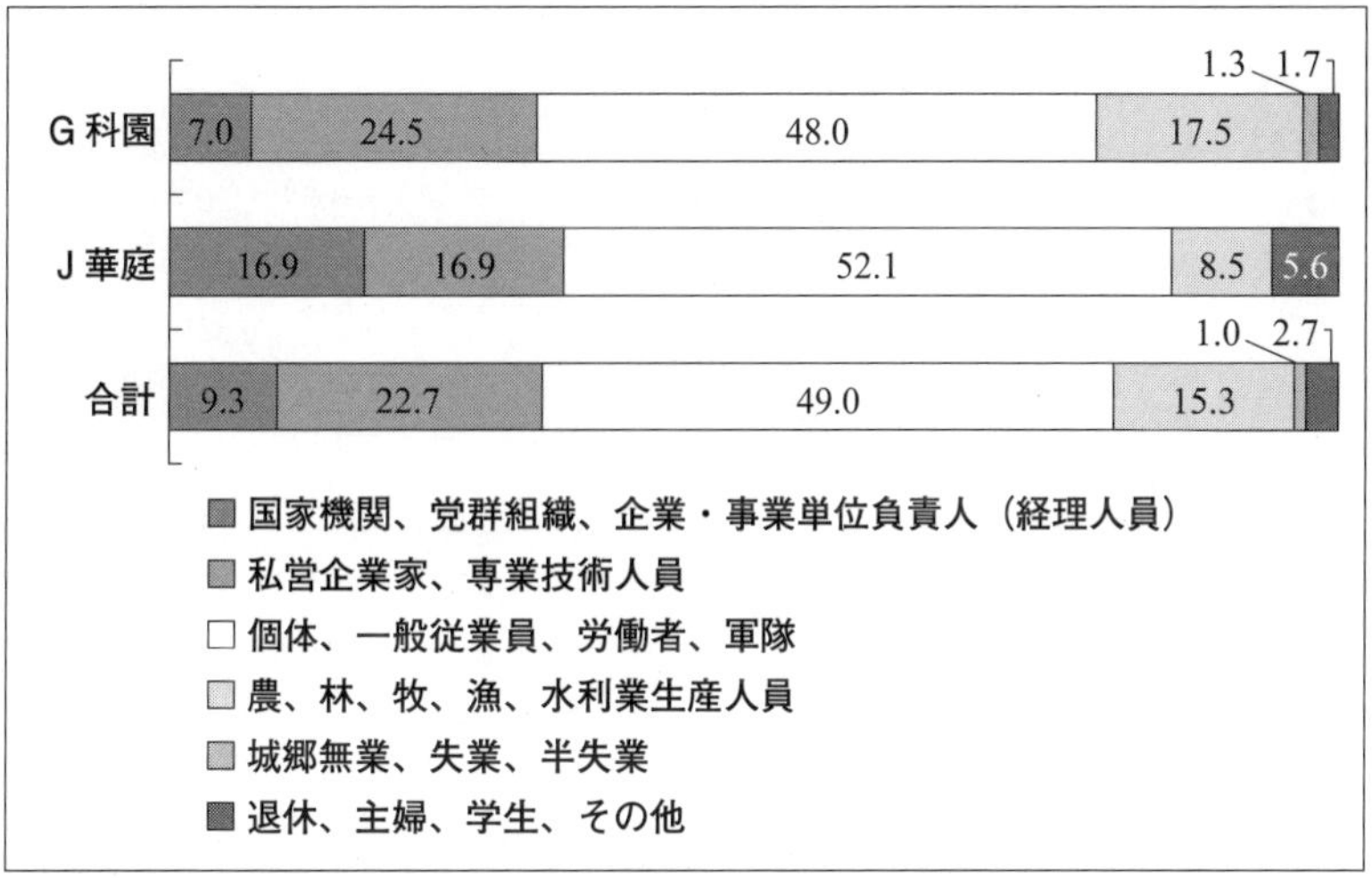
G 科園
J 華庭
合計
7.0
24.5
48.0
17.5
1.3
1.7
16.9
16.9
52.1
8.5
5.6
9.3
22.7
49.0
15.3
1.0
2.7
国家機関、党群組織、企業・事業単位負責人（経理人員）
私営企業家、専業技術人員
個体、一般従業員、労働者、軍隊
農、林、牧、漁、水利業生産人員
城郷無業、失業、半失業
退休、主婦、学生、その他

図9　初職従業上の地位

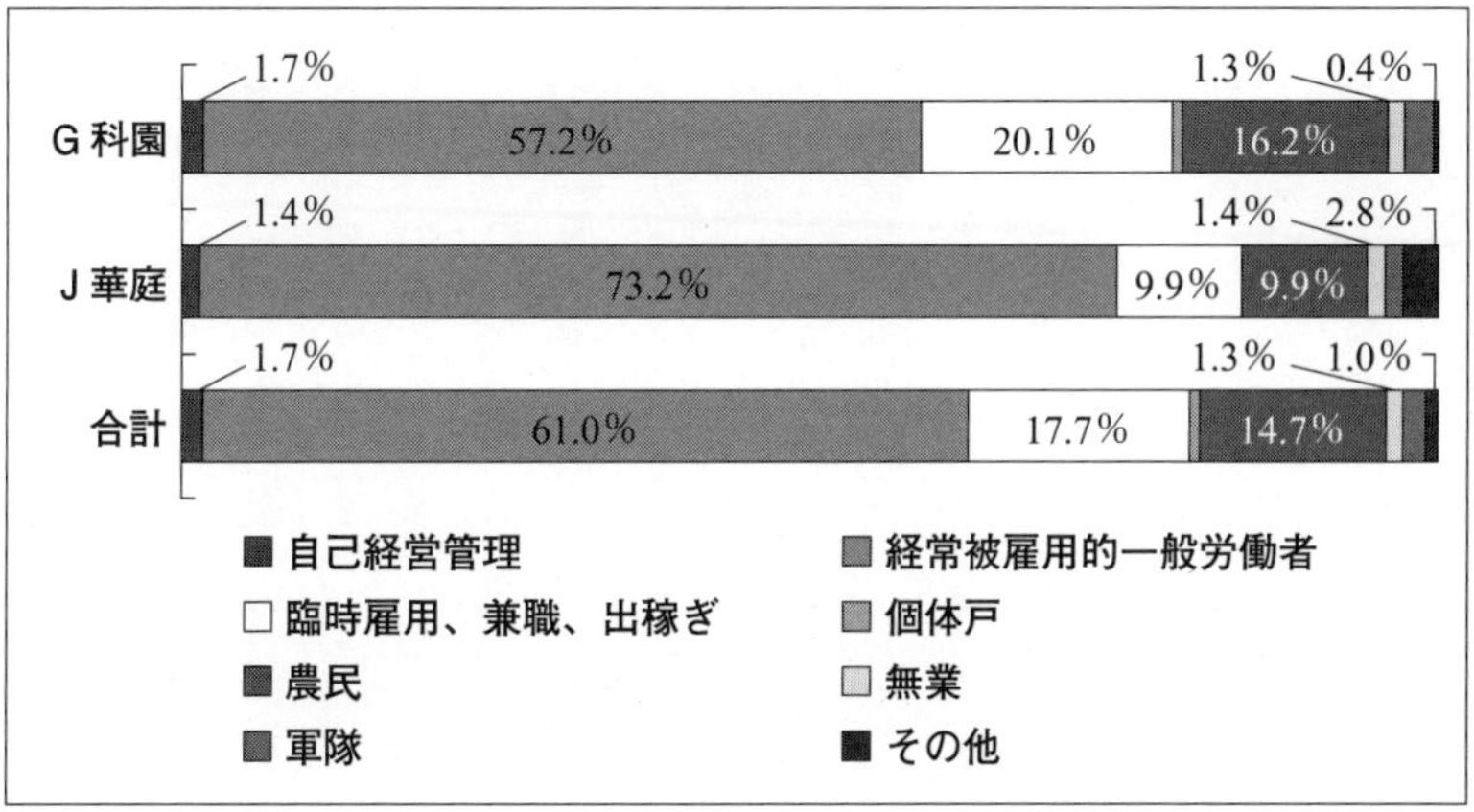
G 科園
J 華庭
合計
1.7%
57.2%
20.1%
16.2%
1.3%
0.4%
1.4%
73.2%
9.9%
9.9%
1.4%
2.8%
1.7%
61.0%
17.7%
14.7%
1.3%
1.0%
自己経営管理
経常被雇用的一般労働者
臨時雇用、兼職、出稼ぎ
個体戸
農民
無業
軍隊
その他

図10　初職 従業上の地位（男性のみ）

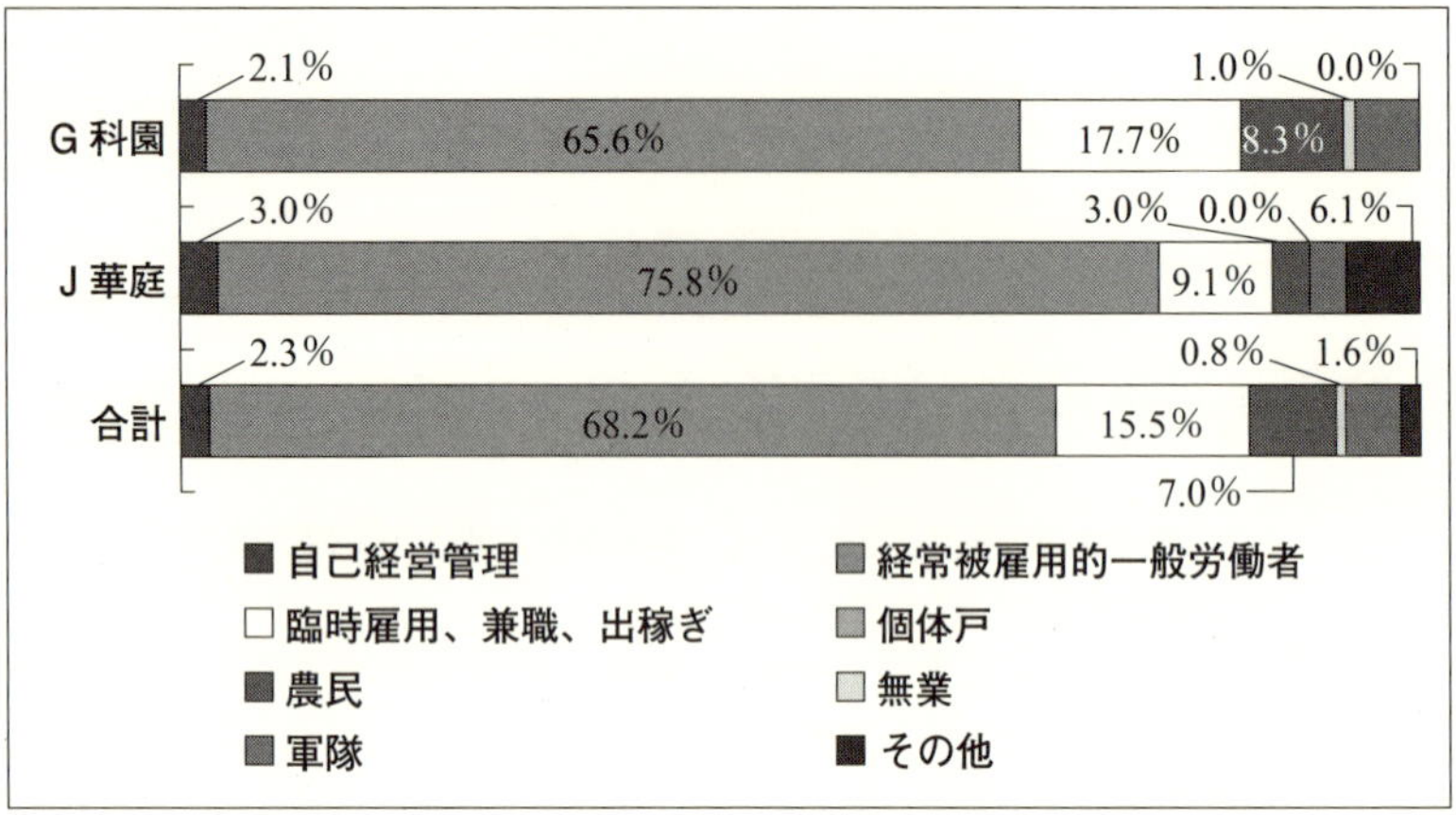

ると思われる。

b　初職――従業上の地位

初職の従業上の地位についても見てみた。結果を図9に示す。両地域とも「一般従業者」が多数を占めているが、その比率には地域差が見られ、J華庭の方が高い値を示している。G科園では「臨時雇用、兼職、出稼ぎ」や「農民」の比率が相対的に高い。

さらに、男性のみの従業上の地位を見たのが図10である。傾向的には図9とあまり大きな差はないが、「一般労働者」の比率がやや高く、「農民」の比率はやや低くなっている。

c　初職――企業・機関の形態

企業・機関の形態を示したのが図11である。J華庭では「国家機関」「私営企業」の比率がG科園よりも高い。それに対してG科園では「人民公社」「個体企業」の比率が高くなっている。

d　初職――就業のつて

初職の入職手段を示したのが図12である。両地域とも約三割の人が「分配的工作」で職に就いている。両地域で違いが見られるのは

図11　初職 企業・機関の形態

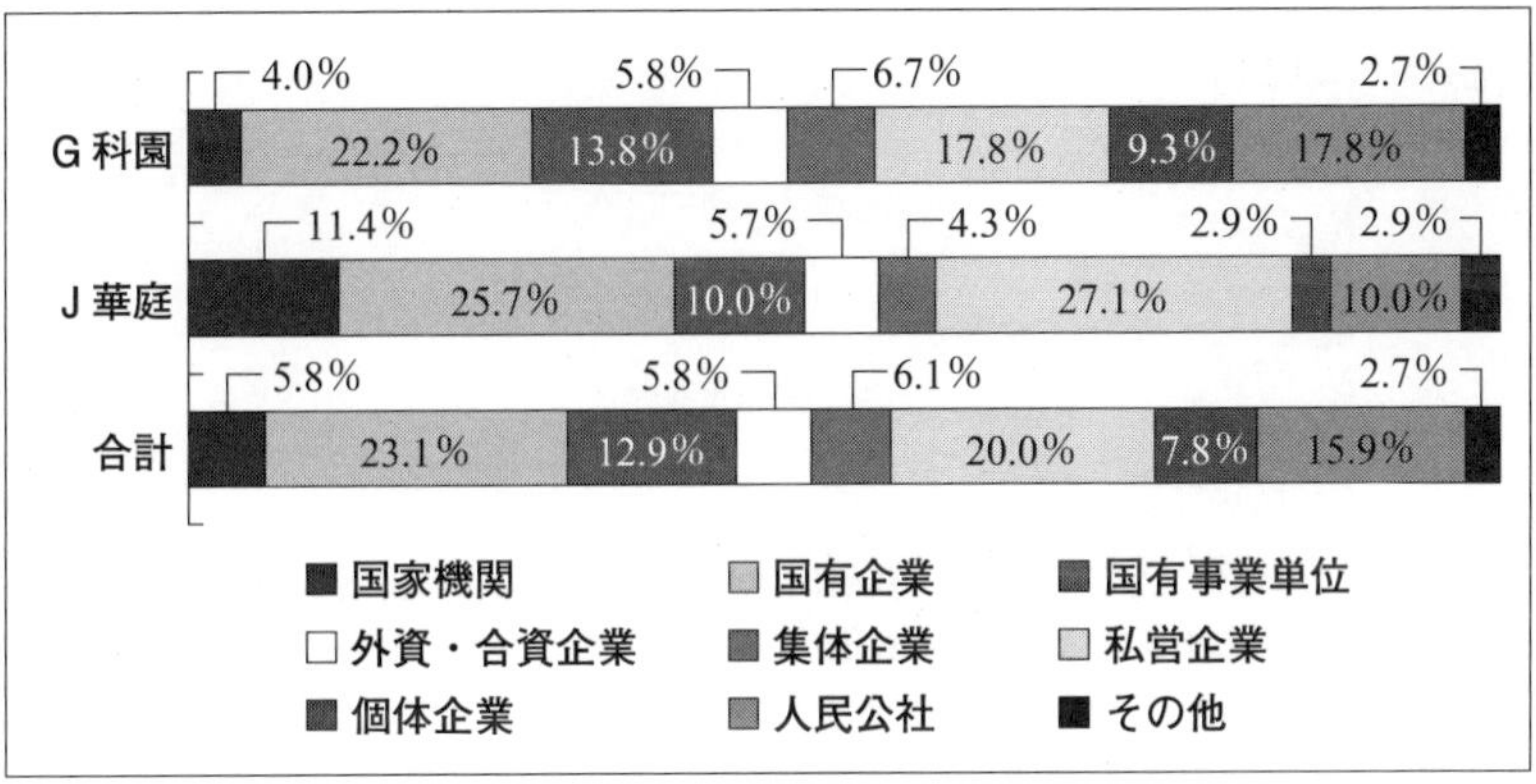

図12　初職 就業のつて

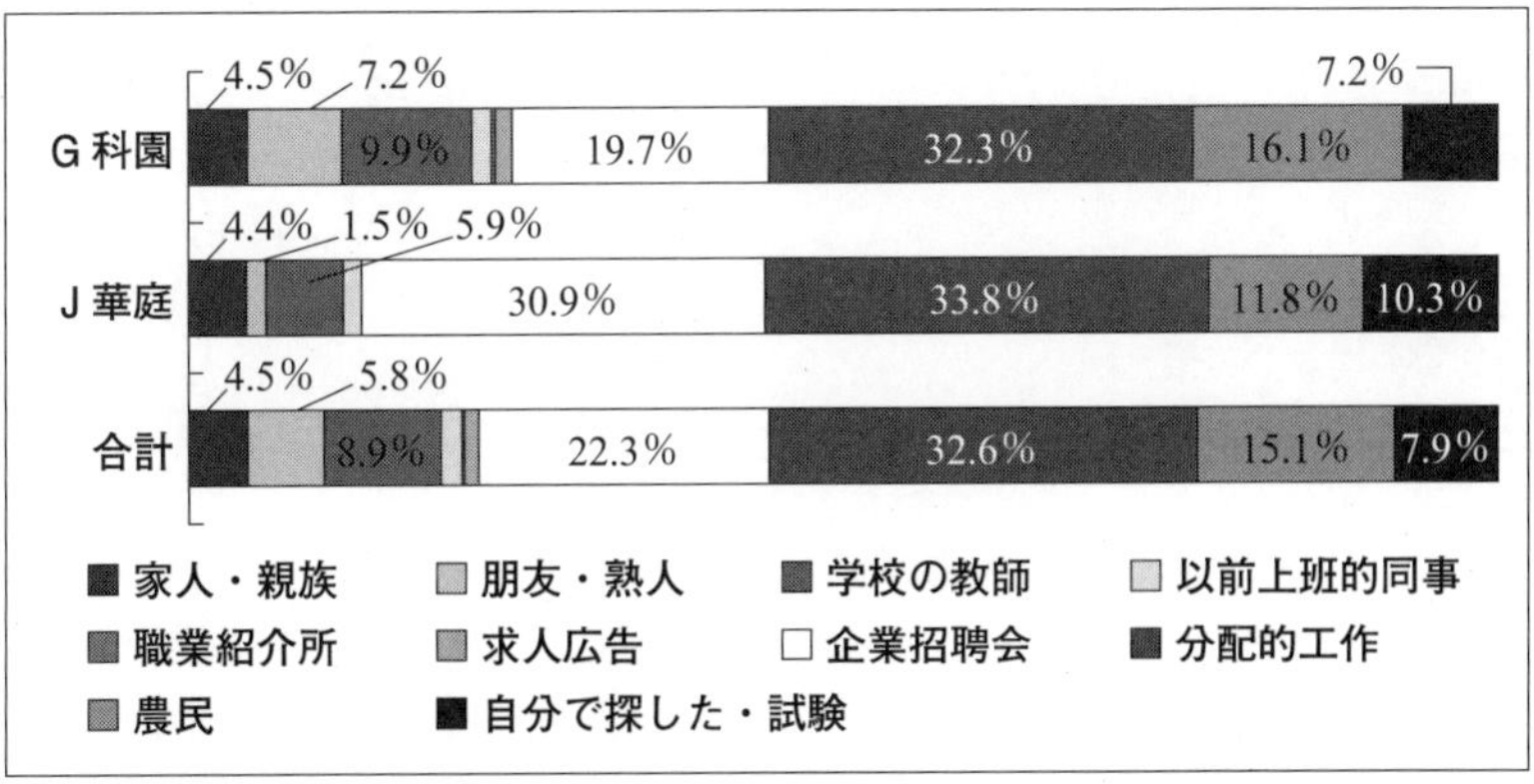

「企業招聘会」と「朋友・熟人」である。すなわち、J華庭では「企業招聘会」の比率が高く、G科園では「朋友・熟人」の比率が相対的に高い。「自分で探した・試験」の比率は両地域とも低い。逆に「農民」「家族・親族」といった世襲的な入職がG科園では二一・六パーセント、J華庭では一六・二パーセントに上る。上述の「分配的工作」の高さや「自分で探した・試験」の低さと考え合わせると、初職に関しては獲得的側面よりも分配・継承的側面が強いといえよう。

図13　初職就業地

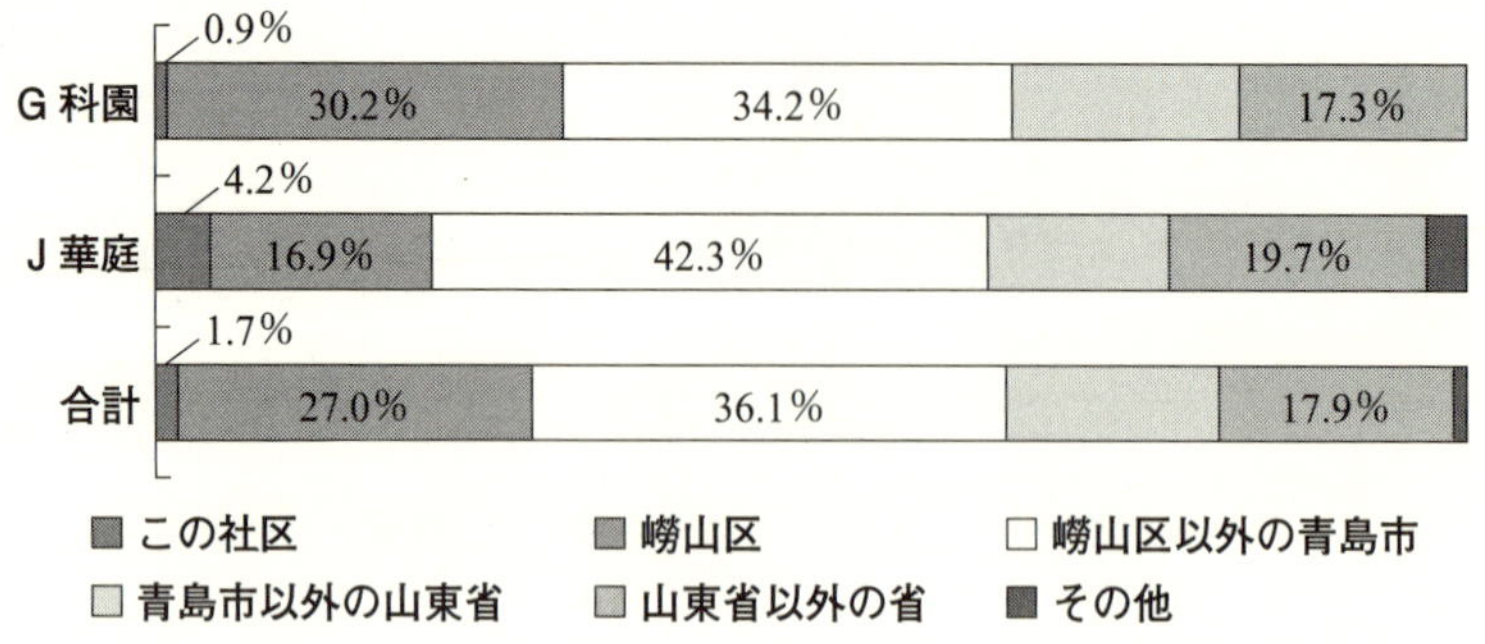

e　初職就業地

初職就業地を図13に示す。「この社区」「嶗山区」内で初職についた人はそれほど多くはなく、G科園で約三割、J華庭では約二割にとどまる。また、それらを含め「青島市内」で職に就いた人はG科園で六五・三パーセント、J華庭では六三・四パーセントである。

それに対して「山東省以外」という回答も比較的多く、G科園で一七・三パーセント、J華庭では一九・七パーセントを占める。

さらに男性のみについて初職就業地を見たのが図14である。傾向的には図13と大きな差は見られないが、J華庭の「山東省以外」での就業者比率はさらに高まり二四・二パーセントとなっている。

②現職

a　現職——六分類

次に、調査対象者の現職について見たのが図15である。全体では「無職・失業・半失業」が最も多く三三・〇パーセント、ついで「退職・主婦・学生」が三〇・三パーセントである。両地域を比較すると、「国家機関・党群組織・企業、事業単位負責人（経理人員）」の比率はJ華庭で高くなっている。これは、さきに示したJ華庭住民の教育歴の高さ（図8）と関係しているものと思われる。

図14　初職就業地（男性のみ）

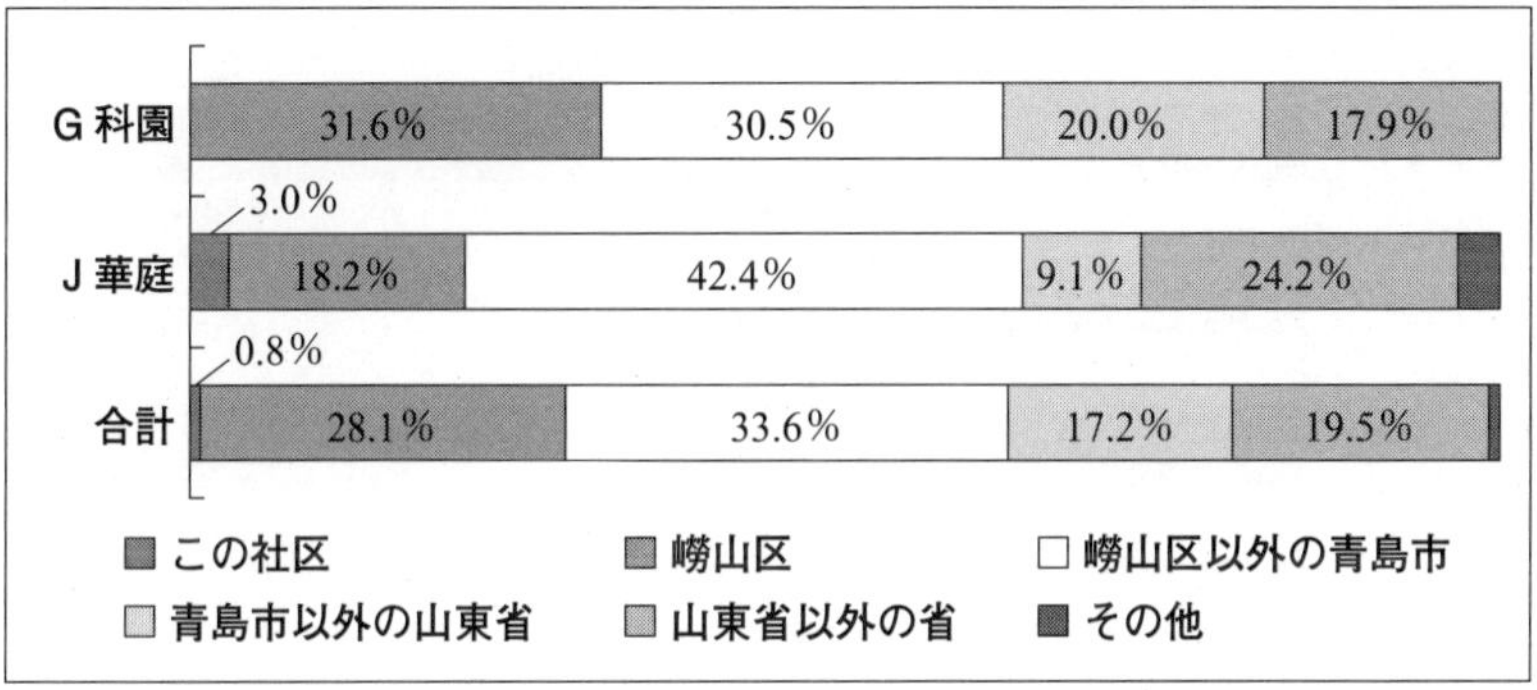
G 科園
31.6%
30.5%
20.0%
17.9%
3.0%
J 華庭
18.2%
42.4%
9.1%
24.2%
0.8%
合計
28.1%
33.6%
17.2%
19.5%
この社区
嶗山区
嶗山区以外の青島市
青島市以外の山東省
山東省以外の省
その他

図15　現職（6分類）

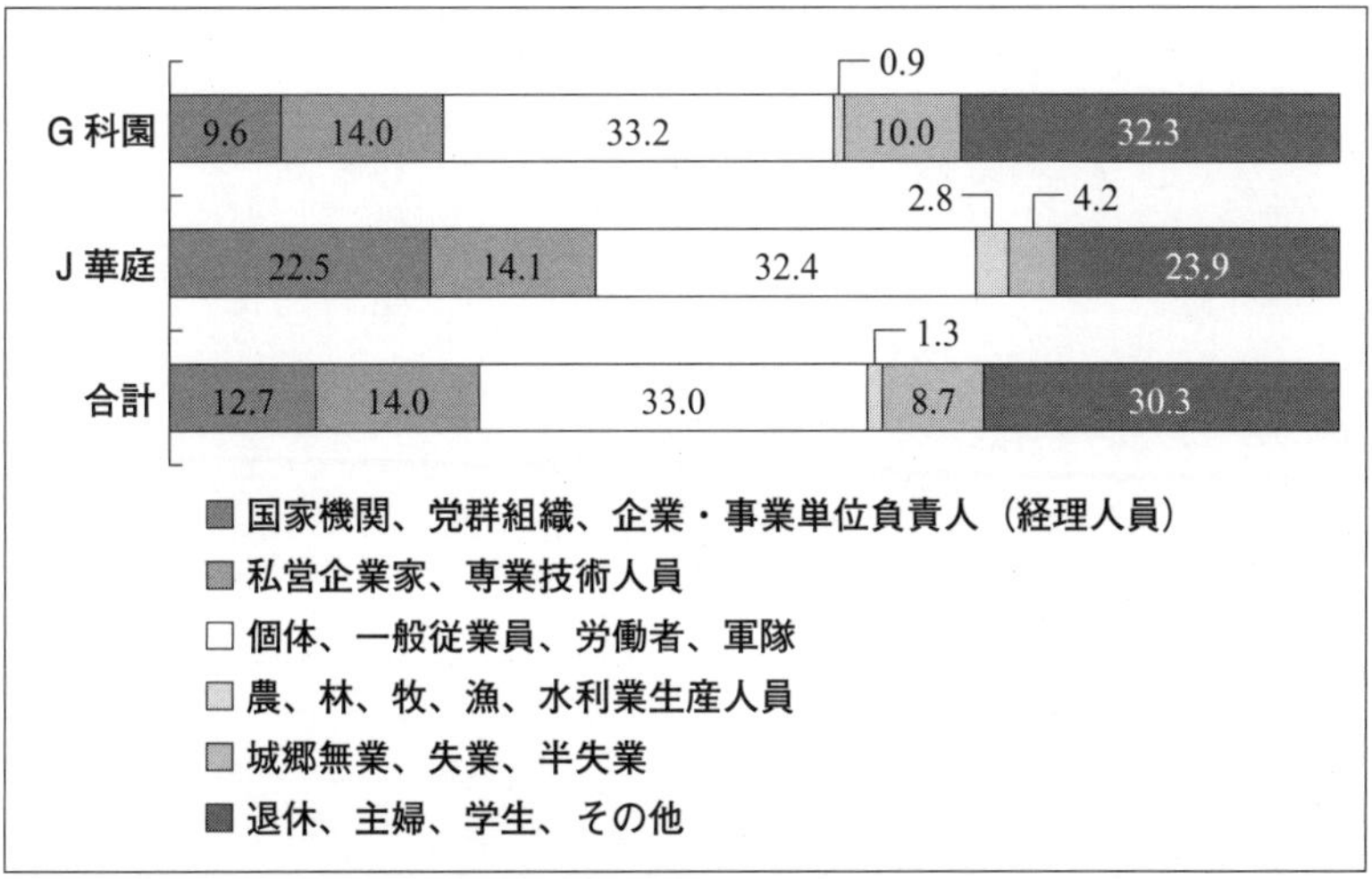
0.9
G 科園
9.6
14.0
33.2
10.0
32.3
2.8
4.2
J 華庭
22.5
14.1
32.4
23.9
1.3
合計
12.7
14.0
33.0
8.7
30.3
国家機関、党群組織、企業・事業単位負責人（経理人員）
私営企業家、専業技術人員
個体、一般従業員、労働者、軍隊
農、林、牧、漁、水利業生産人員
城郷無業、失業、半失業
退休、主婦、学生、その他

図16　教育歴別（2分類）に見た現職（6分類）

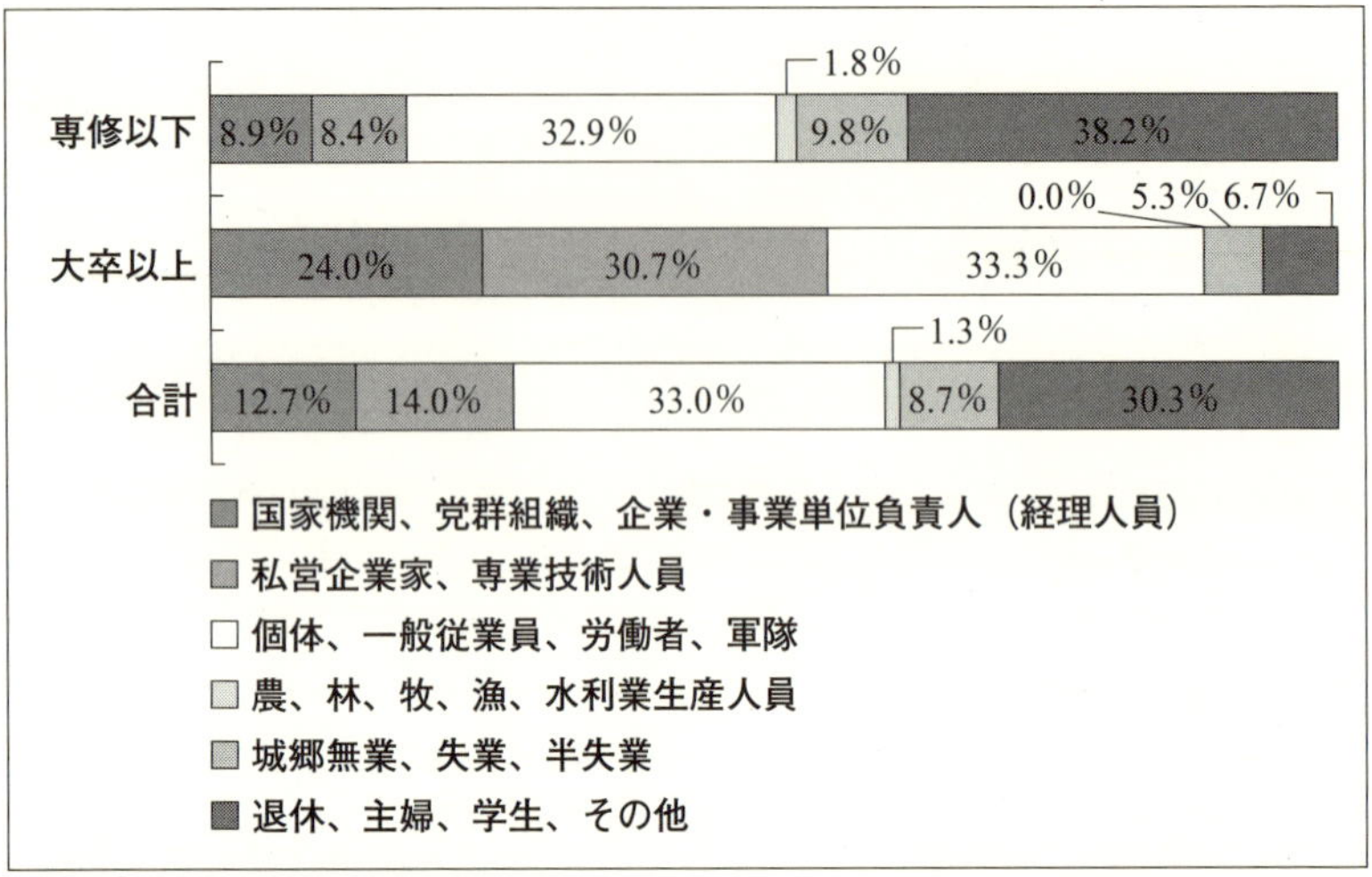

確認のため、図16に教育歴と現職との関係を示した。教育歴によって「国家機関、党群組織、企業・事業単位負責人（経理人員）」や「私営企業家、専業技術人員」の比率に違いが見られることがわかる。

なお、本調査の対象者には高齢で既に退職している人や主婦も含まれている。そこで、両地域の階層的な違いを示すため、二〇歳以上五九歳以下の男性に限って現職の分布を出してみた（G科園七一名、J華庭二九名、計一〇〇名）。結果を図17に示す。この図からは、上層ホワイトカラーと考えられる「国家機関、党群組織、企業・事業単位負責人（経理人員）」の比率はJ華庭の方が高いこと、逆に「個体、一般従業者、労働者、軍隊」や「無業、失業、半失業」の比率はG科園の方が高いことが分かる。J華庭の住民の方が職業階層的には高いと言えよう。

b　現職（二〇歳以上五九歳以下の男性）——従業上の地位

さらに、二〇歳以上五九歳以下の男性に限って、従業上の地位を見たのが図18である。両地域とも「一般従業者」の比率が高く七割近くを占めている。ただし、「自己経営管理」

図17　現職６分類（20歳以上59歳以下の男性のみ）

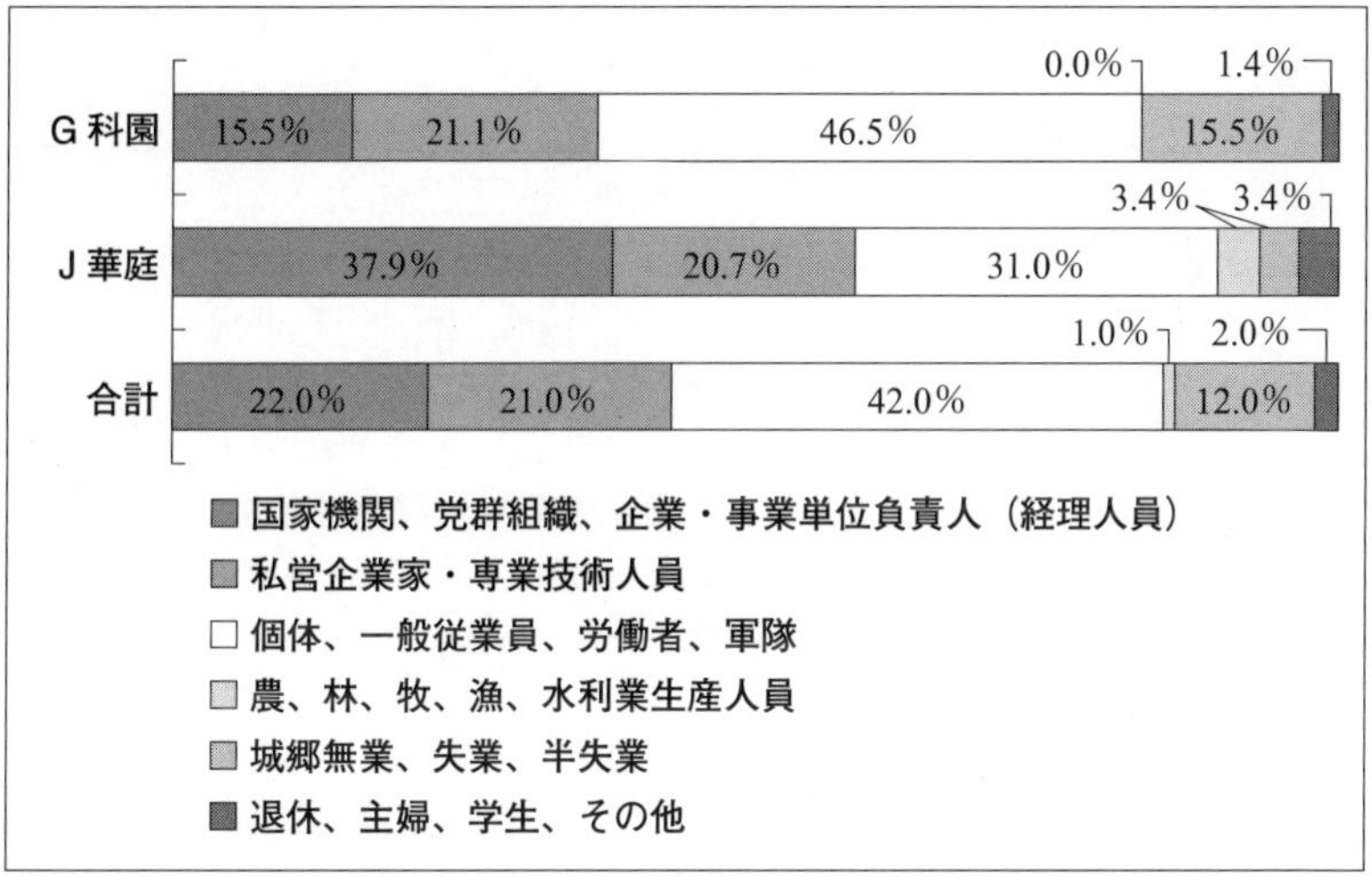

図18　現職 従業上の地位（20歳以上59歳以下の男性のみ）

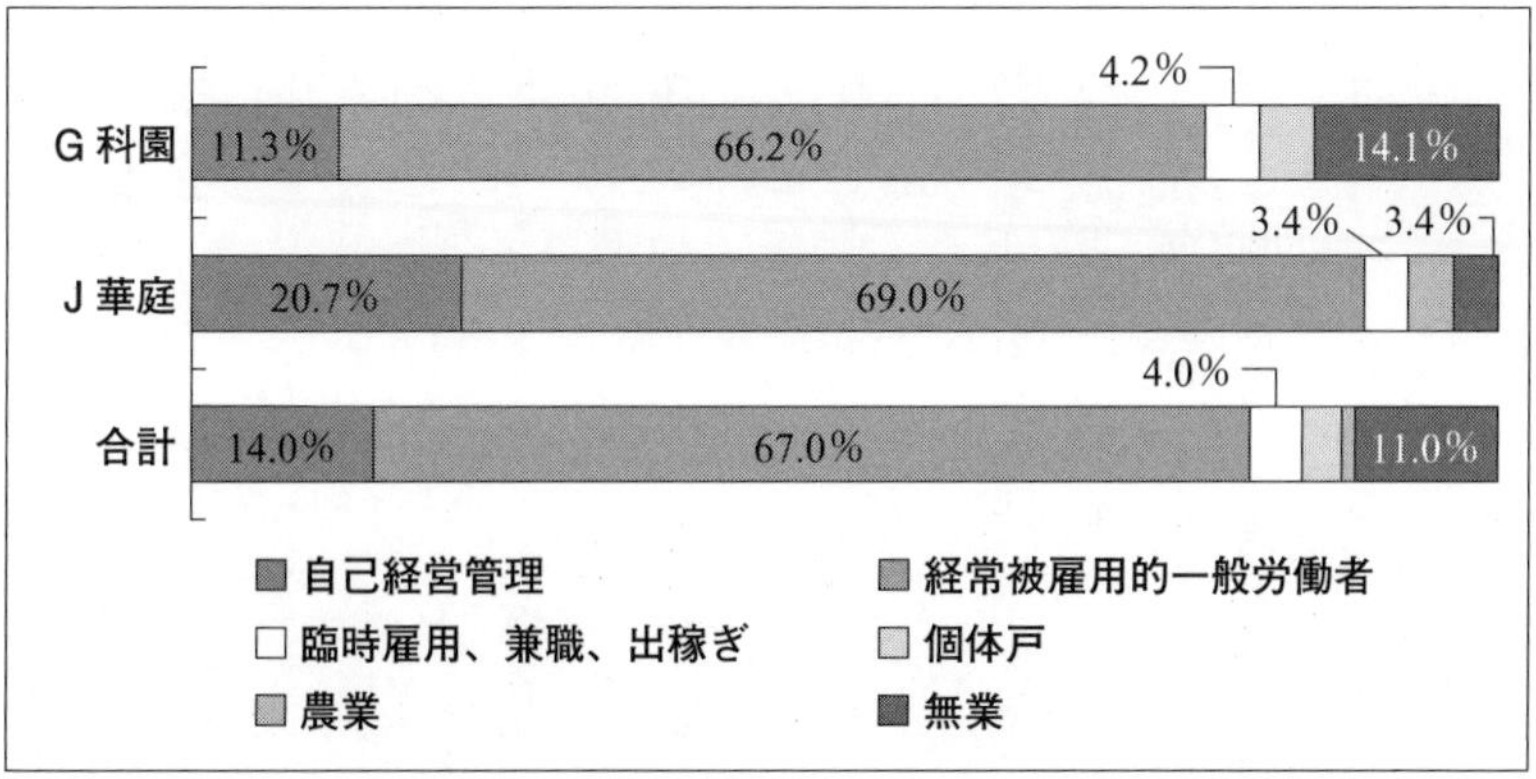

図19　現職 企業・機関の形態（20歳以上59歳以下の男性のみ）

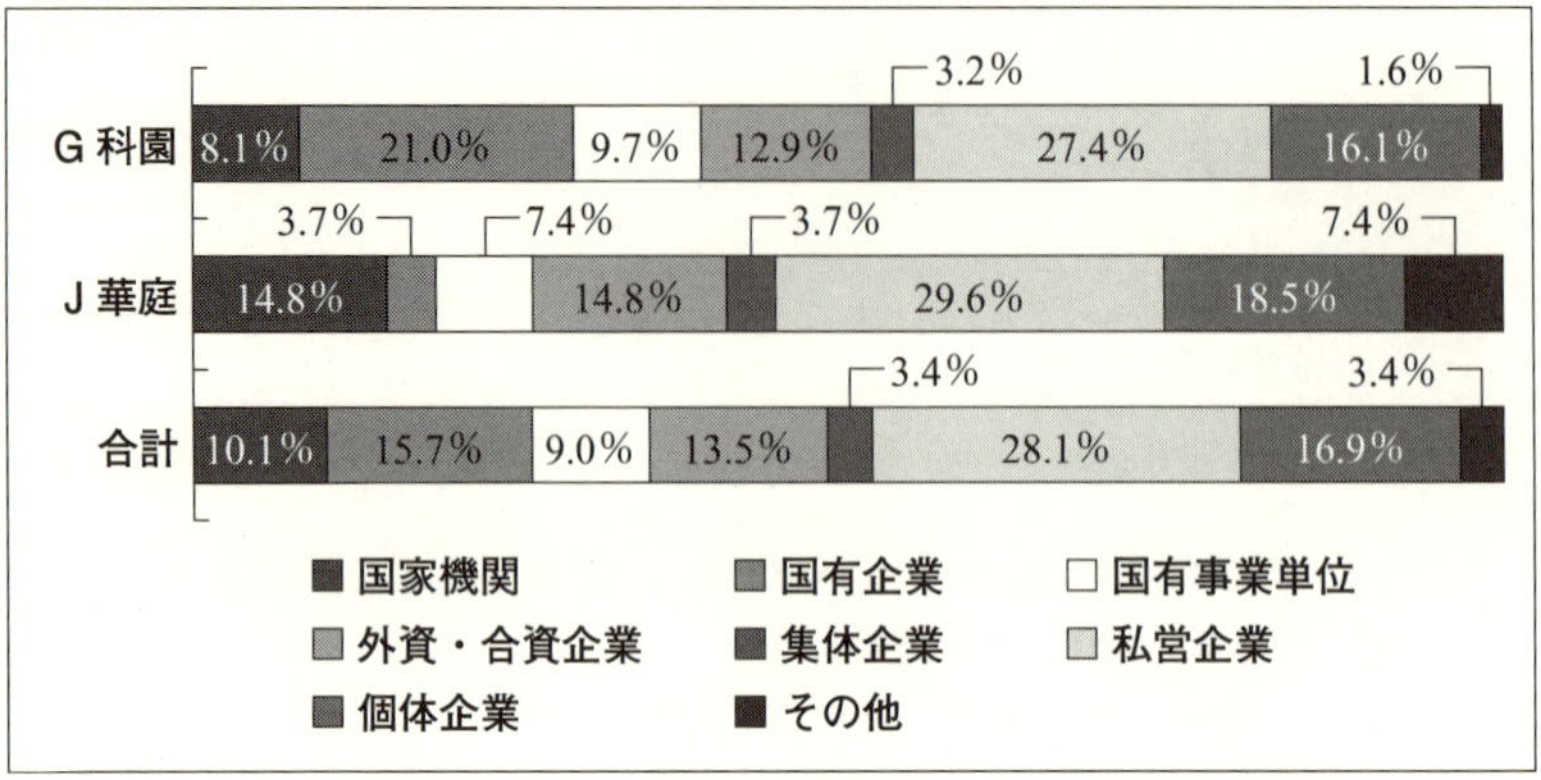

の比率はＪ華庭の方が高く、「無業」のそれはＧ科園の方が高い。この図からもＪ華庭住民の階層性の相対的な高さがわかる。

なお、図10に初職（男性のみ）の従業上の地位を示したが、その図と図18とを比べると両地域とも「農民」「臨時雇用、兼職、出稼ぎ」比率の低下が顕著である。（初職では「農民」はＧ科園で八・三パーセント、Ｊ華庭では三・〇パーセント、「臨時雇用、兼職、出稼ぎ」はＧ科園で一七・七パーセント、Ｊ華庭で九・一パーセントであった。）産業化効果と考えられる。

その一方で「自己経営管理」の比率は上昇している。特にＪ華庭では、その比率は初職時三・〇パーセントから二〇・七パーセントに増加している。加齢によるキャリアアップは当然だが、それに加えて産業化の進展に伴う上昇移動もあったのではないだろうか。

c　現職（二〇歳以上五九歳以下の男性）——企業・機関の形態

同様に、現職について企業・機関の形態についても見てみた。結果を図19に示す。最も比率が高いのは「私営企業」で両地域とも三割弱である。また、Ｇ科園では「国有企業」の比率が、Ｊ華庭では「国家機関」の比率が、相対的に高い。

d　現職——就業のつて

図20　現職 就業のつて（20歳以上59歳以下の男性のみ）

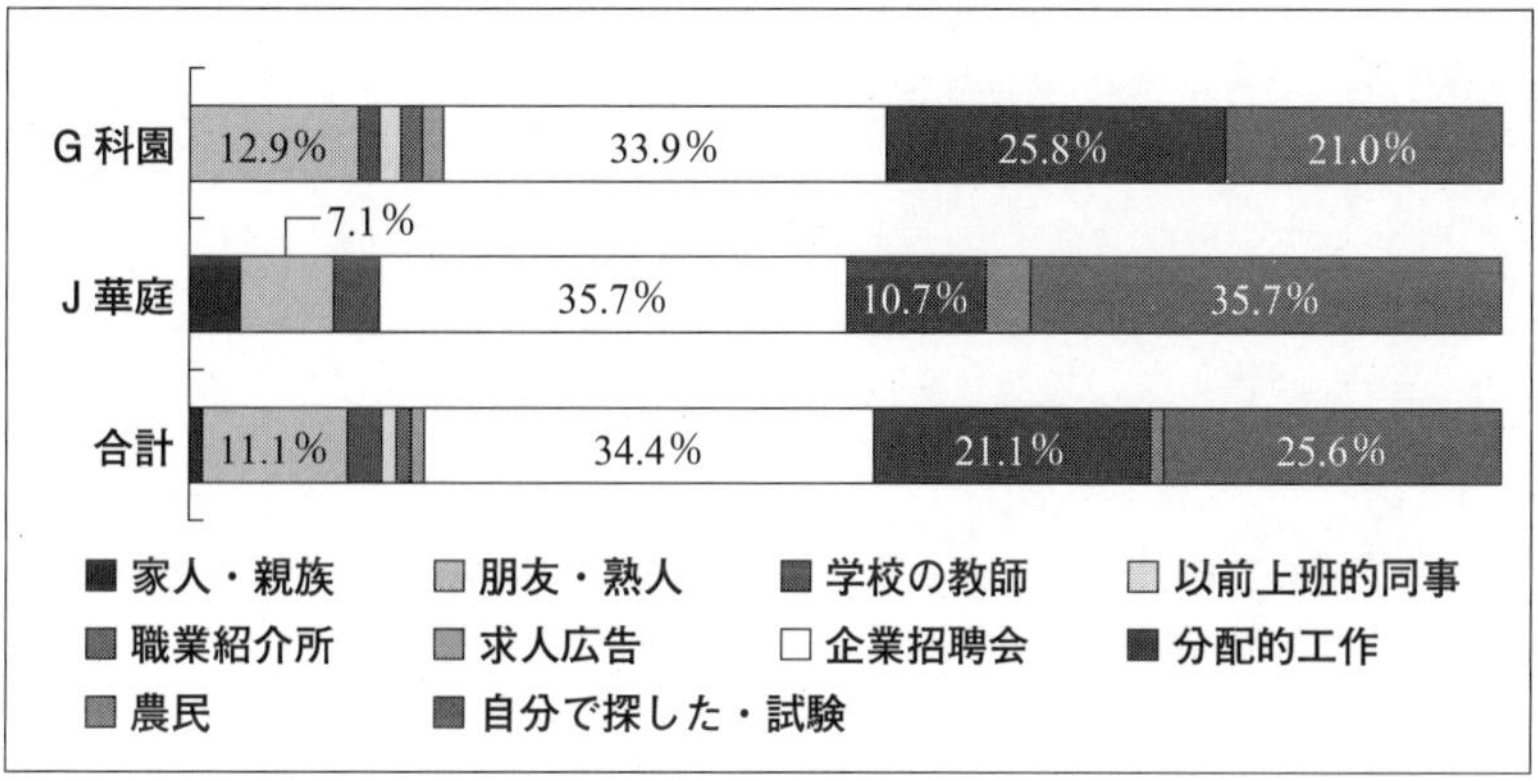

現職について、全体では図20に示すとおり「企業招聘会」「自分で探した・試験」「分配的工作」の三つで約八割を占める。ただし、地域によってやや違いが見られG科園では「分配的工作」の比率が相対的に高く、J華庭では「自分で探した・試験」の比率が高い。また、G科園では「朋友・熟人」の比率もJ華庭にくらべて高くなっている。先に、G科園では労働者の比率が高く、J華庭では高学歴・上層ホワイトカラー層の比率が高いことを示したが、入職手段の違いはそうした職種の違いによるものであろう。

なお、初職（図12）と比べると「自分で探した・試験」の比率が両地域とも高くなっている（G科園：七・二パーセント→二一・〇パーセント、J華庭：一〇・三パーセント→三五・七パーセント）。他方で「分配的工作」の比率は低下している（G科園：三二・三パーセント→二五・八パーセント、J華庭：三三・八パーセント→一〇・七パーセント）。また、こうした変化はJ華庭の方が顕著である。改革開放以後、J華庭住民では就職手段が「分配」から「獲得」へと変化したことがうかがえる。

e　現職地

現在の就業場所を見たのが図21である。九割以上は「青島市内」で

図21　現職地（20歳以上59歳以下の男性のみ）

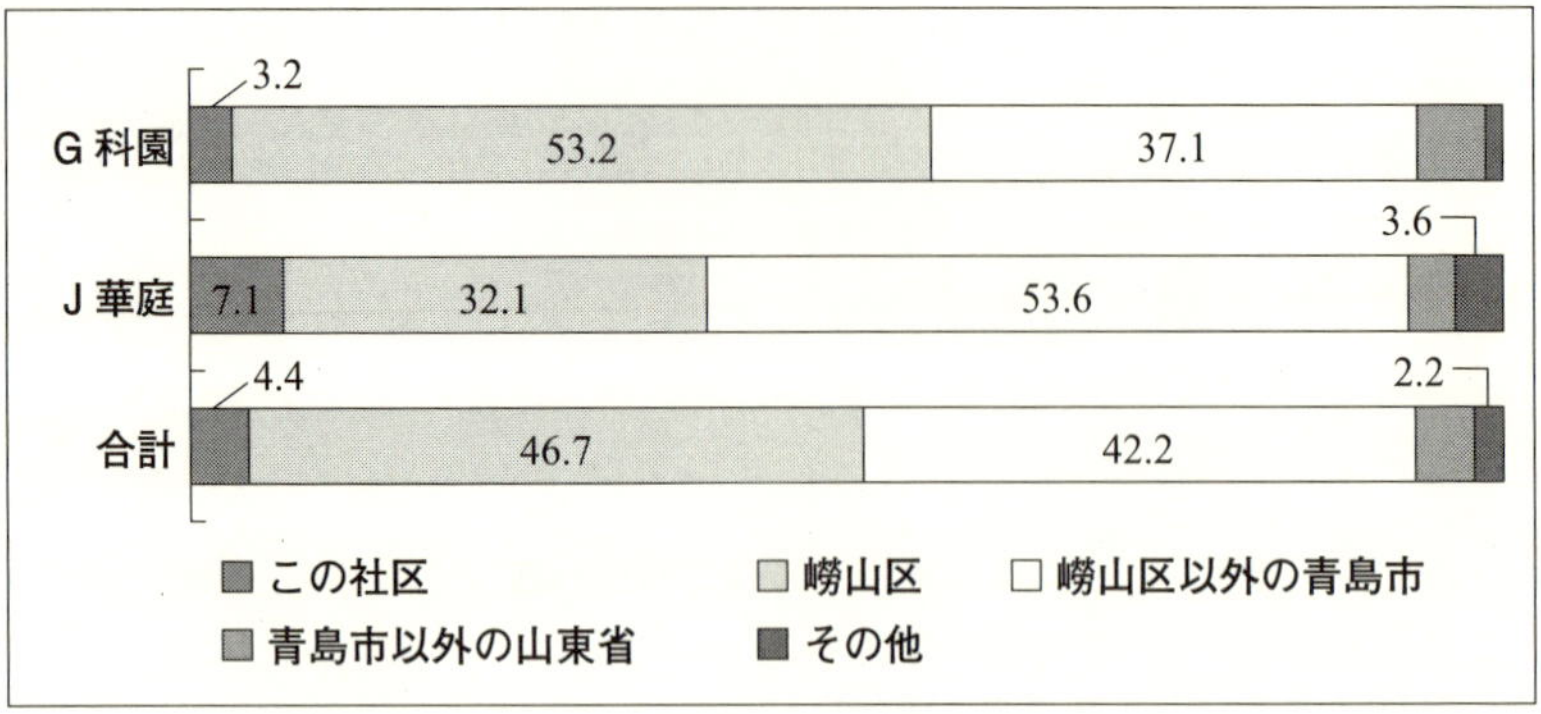

就業している。なお、同じく青島市内での就業であっても、G科園では「嶗山区内」で働いている人が五三・二パーセントを占めるのに対して、J華庭では「嶗山区以外の青島市」が五三・六パーセントを占めている。

ただ、いずれにせよ、初職時とくらべると青島市内での就業者比率は大きく増加している。初職就業地（図14）では、市内就業者の比率はG科園で六二・一パーセント、J華庭では六三・六パーセントであった。また、「嶗山区」内で就業している人の比率も、初職時にくらべて大幅に増加している（G科園：三一・六パーセント→五三・二パーセント、J華庭：一八・二パーセント→三二・一パーセント）。これも青島市ならびに嶗山区の開発や経済的な発展によるものと考えられる。

③父職

a　父職――六分類

さらに、調査対象者の父親の職業について見たのが図22である。これは出身階層を示すものでもある。

当然ではあるが、「農、林、牧、漁、水利業生産人員」の比率が高い。特にG科園ではその比率が四五・四パーセントを占めている。（これにはG科園の対象者の平均年齢の高さも関係しているだろう。）図17に示すとおり現職（男性、二〇～五九歳）では「農、林、牧、漁、水利業生産人員」の比率は、

図22　父職 6分類

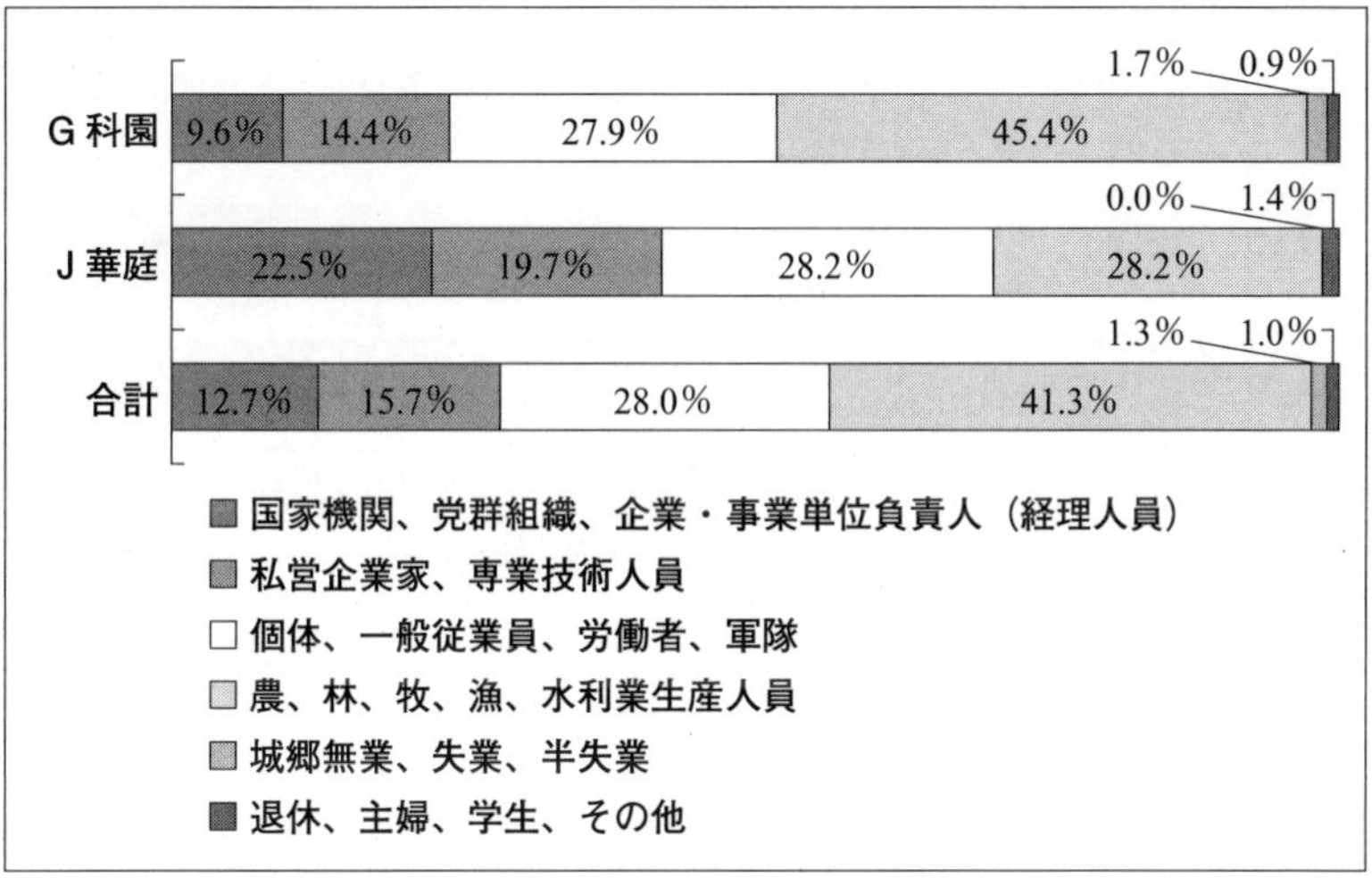

G科園〇パーセント、J華庭三・四パーセントに過ぎない。産業化に伴って世代間で急速な職業移動が生じていることがうかがえる。

　その他、「国家機関、党群組織、企業・事業単位負責人」の比率はG科園が九・六パーセントであるのに対し、J華庭では二二・五パーセントである。現職においてもこの層の比率はJ華庭の方が高かった。出身階層においてもJ華庭の対象者の方がG科園の対象者よりも高く、世代間の階層継承が生じていることが示唆される。

b　父職地

　父職地を図23に示した。父の職場が「この社区」内にあった人はほとんどいない。青島市内（「この社区」＋「嶗山区」内＋「嶗山区以外の青島市」）の比率はG科園で五〇・二パーセント、J華庭で四六・三パーセントである。先に出生地について見た際（図3）、青島市出身者の比率はG科園で五〇・〇パーセント、J華庭で四五・〇パーセントであったが、それと対応する数字となっている。

図23　父職地

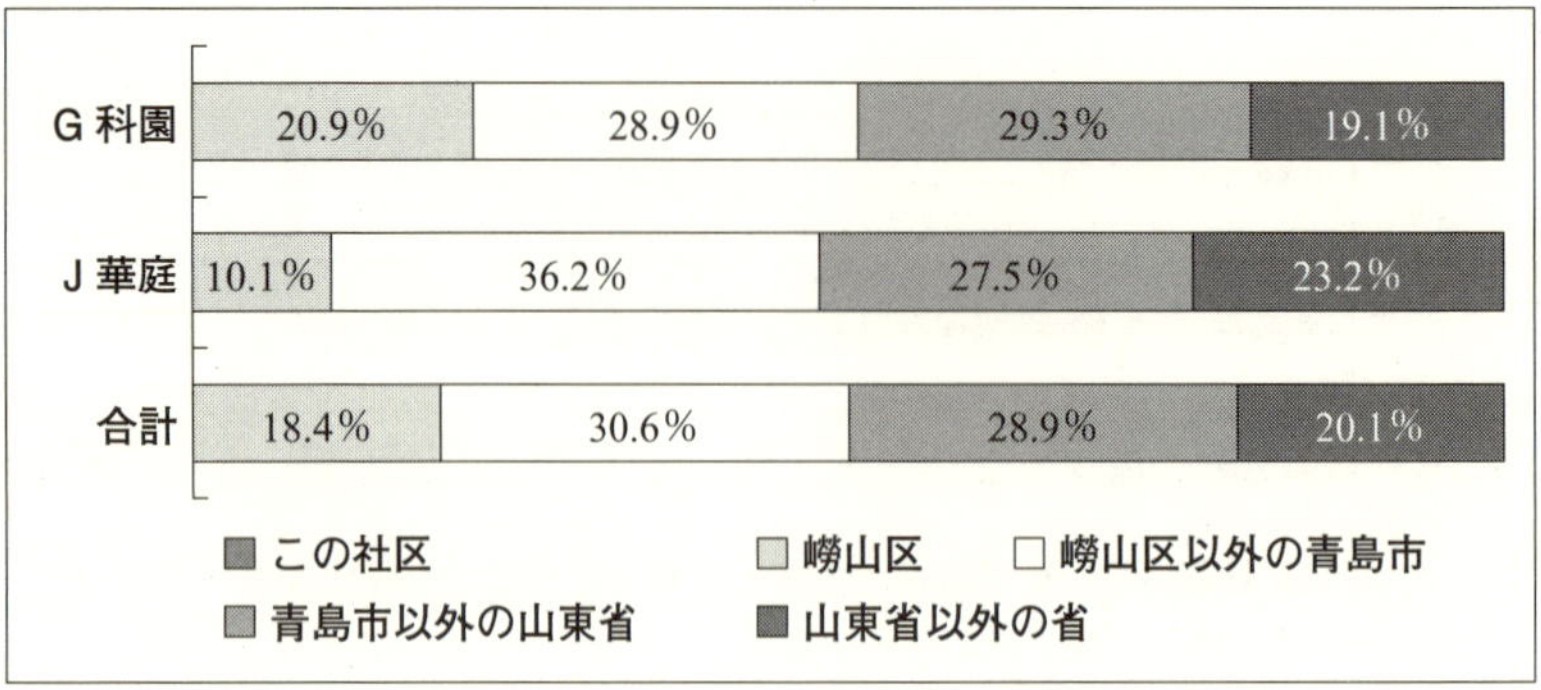

表3　世代内移動（男性のみ）

現職／初職	国家機関、党群組織、企業・事業単位負責人（経理人員）	私営企業家、専業技術人員	個体、一般従業員、労働者、軍隊	農、林、牧、漁、水利業生産人員	城郷無業、失業、半失業	退休、主婦、学生、その他	合計
国家機関、党群組織、企業・事業単位負責人（経理人員）	9		3		2	2	16
	56.3		18.8		12.5	12.5	100.0
私営企業家、専業技術人員	4	15	4		2	7	32
	12.5	46.9	12.5		6.3	21.9	100.0
個体、一般従業員、労働者、軍隊	12	6	36		5	5	64
	18.8	9.4	56.3		7.8	7.8	100.0
農、林、牧、漁、水利業生産人員			2	1	2	7	12
			16.7	8.3	16.7	58.3	100.0
城郷無業、失業、半失業		1	1		1		3
		33.3	33.3		33.3		100.0
退休、主婦、学生、その他	1					1	2
	50					50	100
合計	26	22	46	1	12	22	129
	20.2	17.1	35.7	0.8	9.3	17.1	100.0

表4　世代間移動

父職＼現職	国家機関、党群組織、企業・事業単位負責人（経理人員）	私営企業家、専業技術人員	個体、一般従業員、労働者、軍隊	農、林、牧、漁、水利業生産人員	城郷無業、失業、半失業	退休、主婦、学生、その他	合計
国家機関、党群組織、企業・事業単位負責人（経理人員）	9	3	5		1	2	20
	45.0	15.0	25.0		5.0	10.0	100.0
私営企業家、専業技術人員	2	6	9		1	4	22
	9.1	27.3	40.9		4.5	18.2	100.0
個体、一般従業員、労働者、軍隊	6	7	15		4	3	35
	17.1	20.0	42.9		11.4	8.6	100
農、林、牧、漁、水利業生産人員	9	5	16	1	5	12	48
	18.8	10.4	33.3	2.1	10.4	25.0	100.0
城郷無業、失業、半失業		1			1	1	3
		33.3			33.3	33.3	100.0
退休、主婦、学生、その他			1				1
			100.0				100.0
合計	26	22	46	1	12	22	129
	20.2	17.1	35.7	0.8	9.3	17.1	100.0

（三）職業移動

①世代内移動

さらに職業移動について見てみよう。

まず、世代内職業移動（男性のみ）を示したのが表3である。傾向を把握しやすくするために比率の高いセルには色を濃くしている。

初職と現職とが同じ人が多いのはある意味当然と言えるが、「国家機関、党群組織、企業・事業単位負責人」といった上層ホワイトカラー職と「個体、一般従業者、労働者、軍隊」のようなブルーカラー層で非移動者の比率が高い。

逆に世代内移動者が多いのは「農、林、牧、漁、水利業生産人員」である。初職が農林水産業に従事していた人（一二名）のうち現職も農林水産業の人はわずかに一人（八・三パーセント）で、多くはすでに退職している。改革開放以後の急速な産業化の影響であろう。

②世代間移動

次に世代間職業移動（男性のみ）を見てみよう。表4に示すように、世代間継承の比率が高いのは、世代内移動と同様、「国家機関、党群組織、企業・事業単位請負人」と「個体、一般従業者、労働者、軍隊」である。上層ホワイトカラー層とブルーカラー層の両極で職業の世代間継承の度合いは相対的に強いように思われる。

逆に世代間継承の比率が低いのは「農、林、牧、漁、水利業生産人員」、「私営企業家・専業技術人員」である。特に、父が「農、林、牧、漁、水利業生産人員」であった人（四八人）のうち、本人現職が「農、林、牧、漁、水利業生産人員」の人はわずか一名（二・一パーセント）である。父が農林水産業に従事していた人のうち三三・三パーセントは「個体、一般　従業者、労働者、軍隊」へ移動している。

また、「私営企業家、専業技術人員」から「個体、一般従業者、労働者、軍隊」への移動、「国家機関、党群組織、企業・事業単位請負人」から「個体、一般従業者、労働者、軍隊」への移動は多い。逆に「個体、一般従業者、労働者、軍隊」から「私営企業家、専業技術人員」への移動、「個体、一般従業者、労働者、軍隊」から「国家機関、党群組織、企業・事業単位請負人」への移動も多い。つまり、これらの職業カテゴリー間では、かなり活発な世代間職業移動が生じているのである。

さらに「農、林、牧、漁、水利業生産人員」から「国家機関、党群組織、企業・事業単位請負人」への移動、「個体、一般従業者、労働者、軍隊」から「国家機関、党群組織、企業・事業単位請負人」への移動も比較的多く見られる。これらは上昇移動と考えることもできよう。

出身階層が本人の職業に及ぼす影響は、上層ホワイトカラー層やブルーカラー層でやや見られるものの、全体的にはかなり活発な世代間職業移動や上昇移動傾向が見られる。まさに急速な産業化の影響であろう。

図24　個人月収（元）

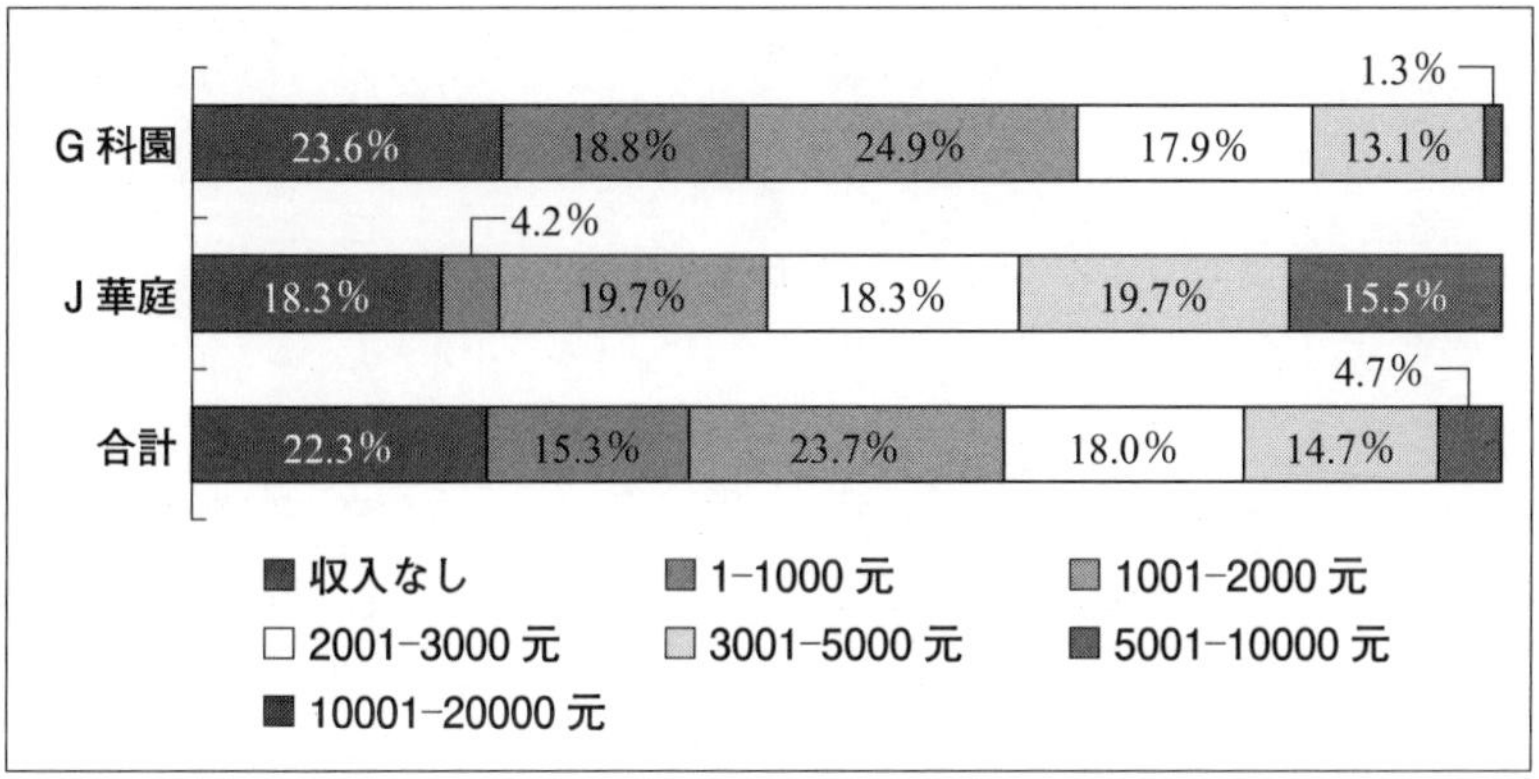

1.3%
G 科園
23.6%
18.8%
24.9%
17.9%
13.1%
4.2%
J 華庭
18.3%
19.7%
18.3%
19.7%
15.5%
4.7%
合計
22.3%
15.3%
23.7%
18.0%
14.7%
収入なし
1-1000 元
1001-2000 元
2001-3000 元
3001-5000 元
5001-10000 元
10001-20000 元

図25　世帯月収（元）

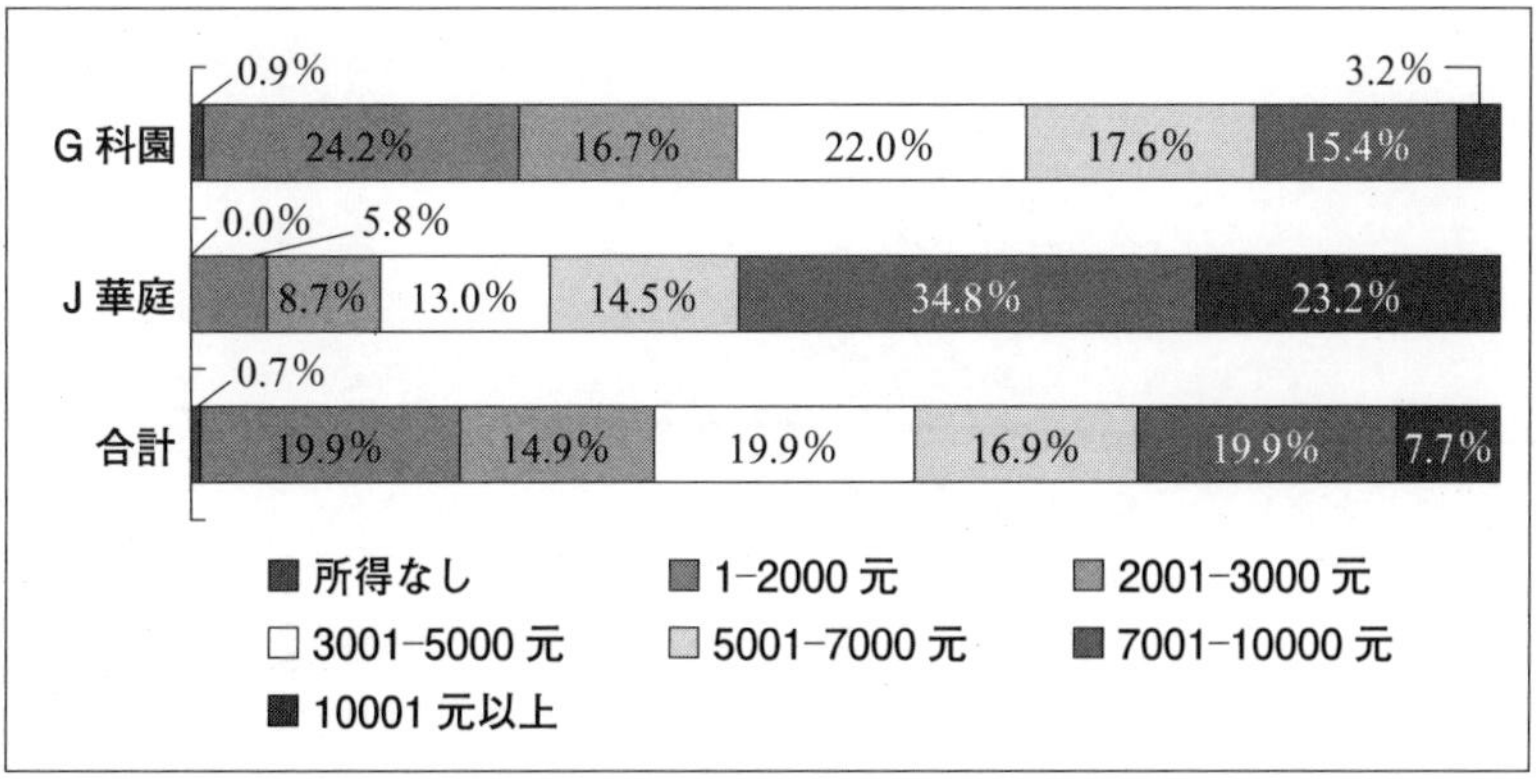

0.9%
3.2%
G 科園
24.2%
16.7%
22.0%
17.6%
15.4%
0.0%
5.8%
J 華庭
8.7%
13.0%
14.5%
34.8%
23.2%
0.7%
合計
19.9%
14.9%
19.9%
16.9%
19.9%
7.7%
所得なし
1-2000 元
2001-3000 元
3001-5000 元
5001-7000 元
7001-10000 元
10001 元以上

（四）所得——個人月収と世帯月収——八分類

両地域の所得を見たのが図24（個人月収）、図25（世帯月収）である。この二つの図からわかるとおり、J華庭の住民の方が明らかに所得は高い。

さきに現職について見た際（図15、図18）、J華庭の方が上層ホワイトカラー層や経営管理者層の比率が高いことを示したが、こうした所得差は職業の違いによるものであろう。また、その差は世帯所得になるとさらに広がることがわかる。

六、コミュニティ意識

（一）生活環境評価

これまで述べてきたような地域性や階層性は地域コミュニティに対する意識にも影響を与えているのだろうか。いくつかの観点から両地域住民の地域コミュニティに対する意識を尋ねた。

まず、地域の生活環境についての評価を以下の八項目について尋ねた。

①今住んでいる地域は買い物に便利だ
②今住んでいる地域は犯罪や非行が少なく安全だ
③今住んでいる場所は交通の便がよい
④今住んでいる場所は緑に恵まれた場所だ
⑤今住んでいる場所は医療環境がよい
⑥今住んでいる場所は教育環境がよい

図26　地域の生活環境評価（肯定的な回答の比率）

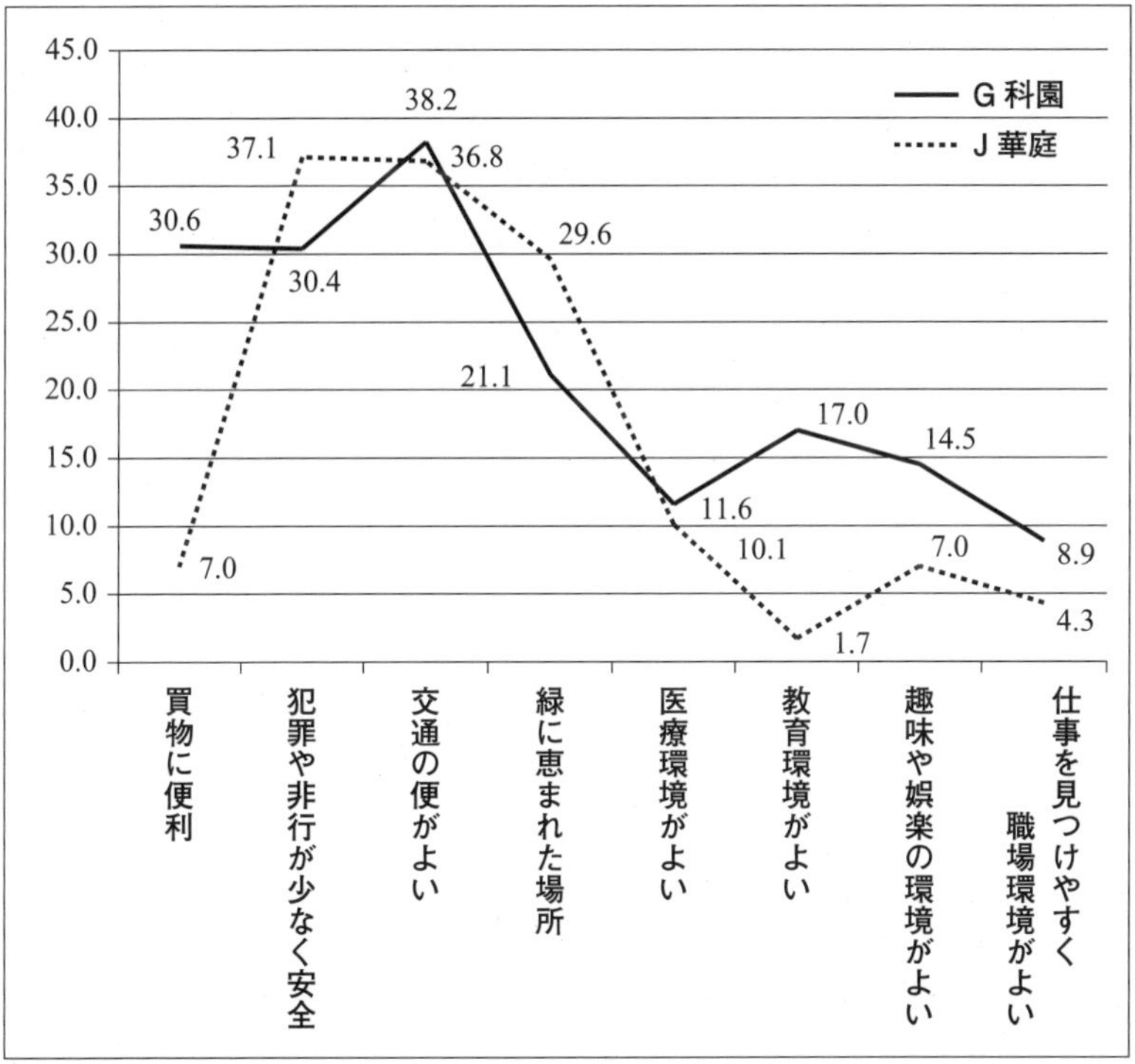

⑦今住んでいる場所は趣味や娯楽の
　環境がよい

⑧今住んでいる場所は仕事を見つけ
　やすく職場環境がよい

各項目ごとに肯定的な評価（「そう思う」＋「どちらかと言えばそう思う」）の比率を示したのが図26である。

全体的にG科園の方が生活環境評価は高い。階層的にはJ華庭の方が高いが、そうした階層性の高さが期待・欲求水準の高さをもたらすためか、地域の生活環境の満足（肯定的評価）には必ずしもつながっていない。特にJ華庭でG科園よりも顕著に低いのは「買い物」「教育環境」である。確かにG科園には大型の駐車場を備えた自由市場や商店が多い。ただ、それだけではなく階層差による消費性向の違いや子どもに期待する教育水準の差が反映されているのかもしれない。「趣味や娯楽」「就職・職場環境」でも高学歴者の多いJ華庭の方が評価が低くなっている。

逆に、J華庭の方が肯定的な回答の比率が高いのは「緑の多さ」「犯罪・非行の少なさ」である。まさに地域の物質的環境を反映したものだろう。佐々木（2010）も述べているように、J華庭は「道路の清掃と樹木の管理が行き届いており、閑静な空間を構成」している。また、ここは区画が塀と門で仕切られた「ゲイティッド・コミュニティ」であり、外部との出入りは警備員によって管理されているのである。

（二）コミュニティ・ノルム

次に、地域コミュニティに対する基本的な志向性を、①「格差―平準」、②「開放―閉鎖」、③「主体―客体」といった三つの観点から見てみよう。なお、これらは鈴木廣によって「コミュニティ・ノルム」と名づけられたものである。（鈴木は地域に関わる住民の意識を、その方向性と強さに区分し、前者を「コミュニティ・ノルム」、後者を「コミュニティ・モラール」としている。）

①格差―平準

「格差―平準」志向を測定するために用いたのは次のような文章である。

平準志向：自分の地域の利益だけを考えるのではなく、非常に困った問題のある他の地域のことを、まず考えてやるようにすべきだ。

格差志向：やはり自分の地域の利益を第一に考えるのが本当で、他の地域のために自分の地域が犠牲になる必要

図27　格差―平準

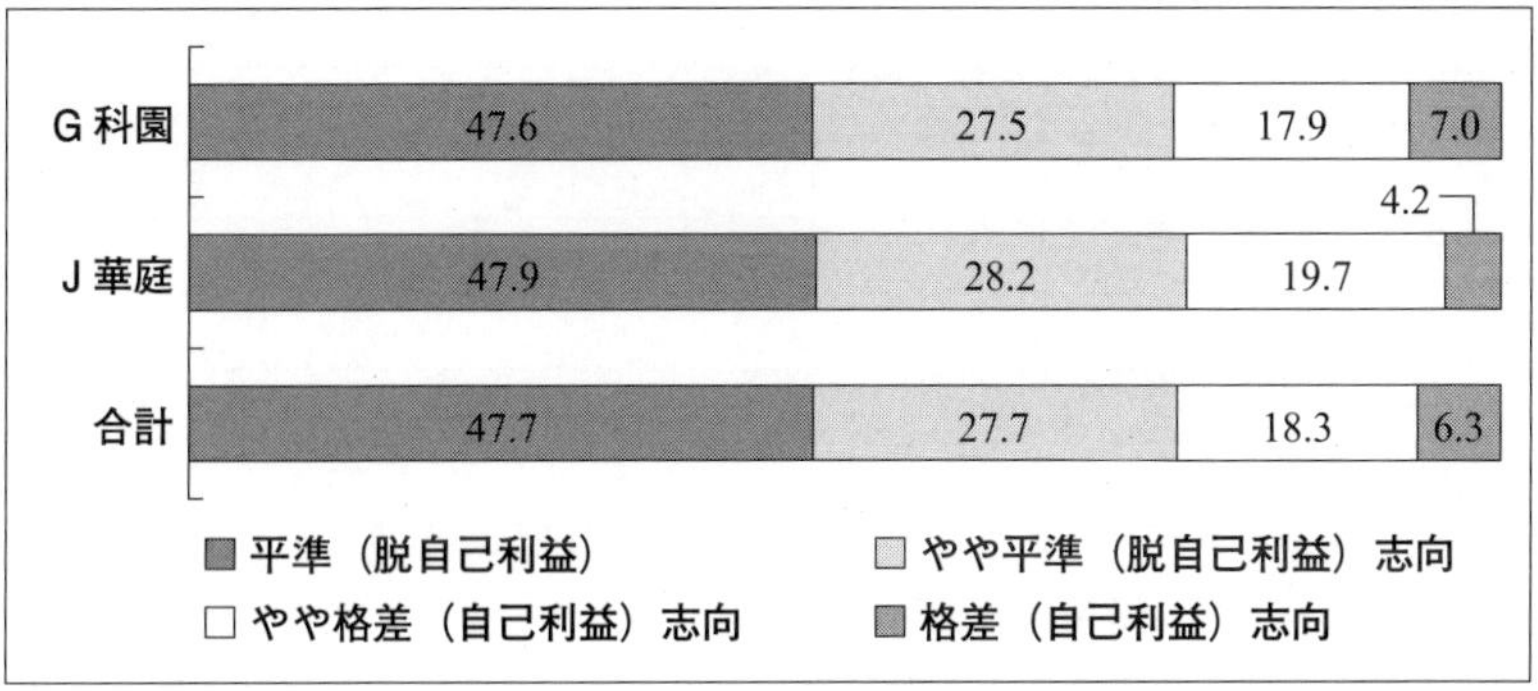

はない。

この二つの文を提示し、「そう思う」「少しそう思う」「あまりそうは思わない」「全くそうは思わない」という四点法で尋ねた。結果を図27に示す。

G科園、J華庭とも平準（脱自己利益）志向が極めて強い（両地域とも平準志向が七五パーセント）。佐々木（2010:61）は、中国の地域社会の基本原理として「肥水不落外人田（利益を外に漏らさない）」を挙げている。そして、実際の行動レベルで「利益を共有するものとそうでない者との分限が地域社会を構成する論理となっている」ことを示してきた。

そうした原理や行動から考えると、ここでの回答は極めて規範的なもの（タテマエ）のように思われる。

②開放―閉鎖

では「開放―閉鎖」についてはどうだろうか。「開放」は地域社会に積極的にかかわる志向性、「閉鎖」は私生活主義への志向性を示す。次のような文章で測定した。結果を図28に示す。

開放志向：自分中心の生活態度の人が多くなっているが、自分の家だけに

図28　開放―閉鎖

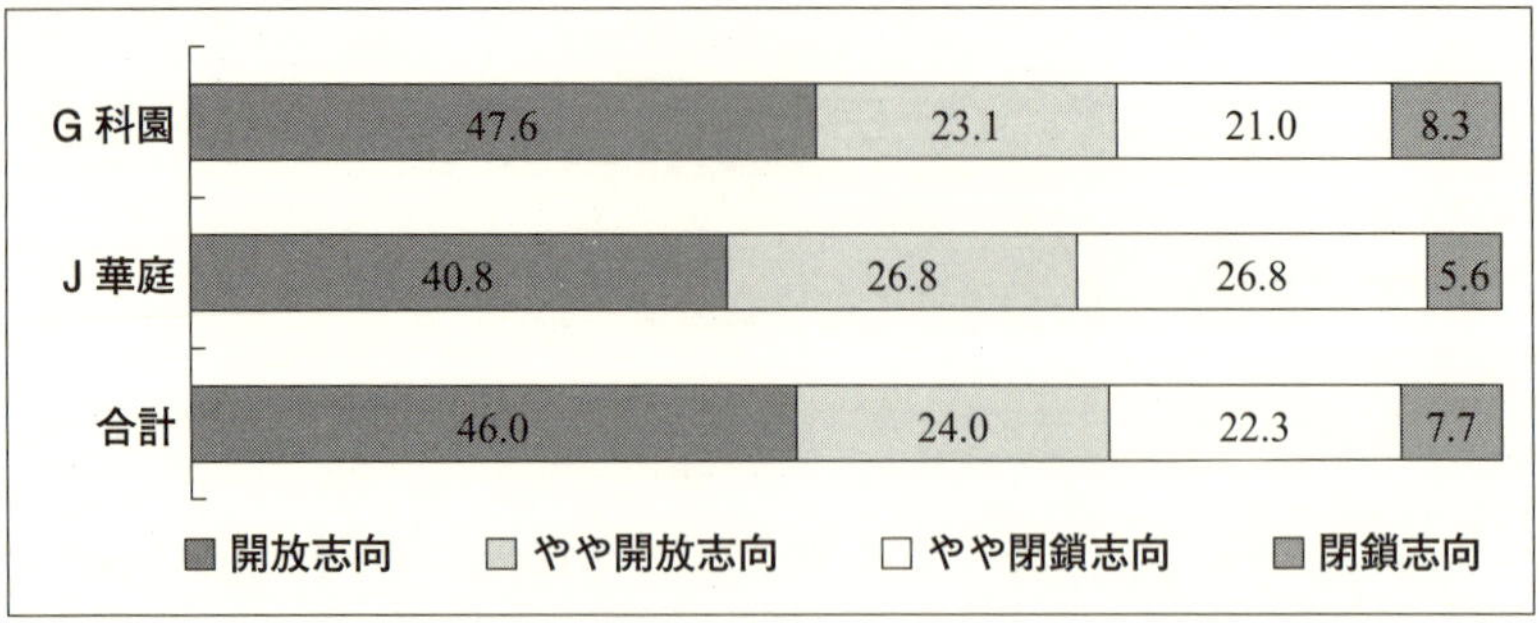

閉じこもらず、お互いの能力や知識を出し合い、話し合って、地域をよくしてゆくのが理想的なやりかただと思う。

閉鎖志向：あまりあくせくしないで人並みに働き、好きな趣味やスポーツなどをやったりして、家族仲良く、楽しく暮らしてゆくのが平凡だけれども理想的な人生だと思う。

ここでも両地域とも「開放」志向が極めて強い。G科園（七〇・七パーセント）に比べてJ華庭の方がやや「開放」志向が弱い（六七・六パーセント）といった程度である。

しかし、これも現実の行為からは、そのまま受け取るわけにはいかないのではないか。佐々木（2010：61）によれば、「不動産的価値が高まれば、（実業総公司の）社員としていっそう確実な便益を享受することができる」住民層であっても「面倒なことは居民委員会と不動産会社にお任せという態度」が強い。まして「他所から移り住んだ人たち、賃貸住宅に住んでいる人たちにとって、条件が悪ければ、もっと良いところを探して転出すればよい」といった態度が支配的だという。

③主体―客体

最後に「主体―客体」である。これは以下のような文章で測定した。地域に

図29　主体—客体

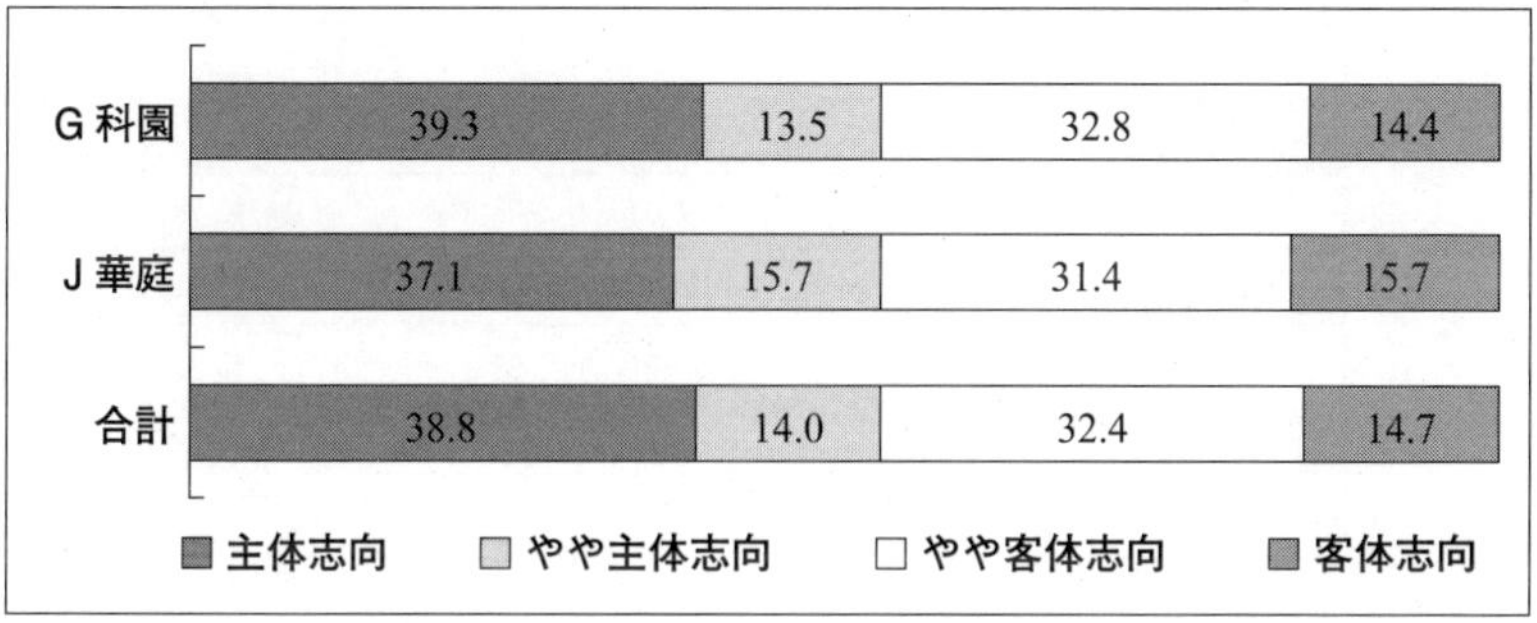

主体的に関わるか、リーダー任せにするかである。結果を図29に示す。

主体志向：私は自分から進んで地域を住みやすくするよう、できるだけの努力をしている。

客体志向：私は地域のことはあまりわからないので、よく知っている熱心で有能なリーダーにまかせたほうが、かえってうまくゆくと思う。

平準志向、開放志向と比べれば、やや主体志向の比率は低下するものの、両地域とも半数以上の人が主体志向である。両者に差はほとんど見られない。

これらの意識の志向性（コミュニティ・ノルム）は調査に対する「タテマエ」的なものなのか、それとも、実際の行為はともかく、意識の面ではある程度そうした志向性が実在するのか、今後、検討が必要であろう。

(三) コミュニティ・モラール

最後に、コミュニティ・モラールについて見ていこう。

（1）

①統合——この地域の人たちはお互いに協力する気持ちが強いか（問3

図30　この地域の人たちはお互いに協力する気持ちが強いか

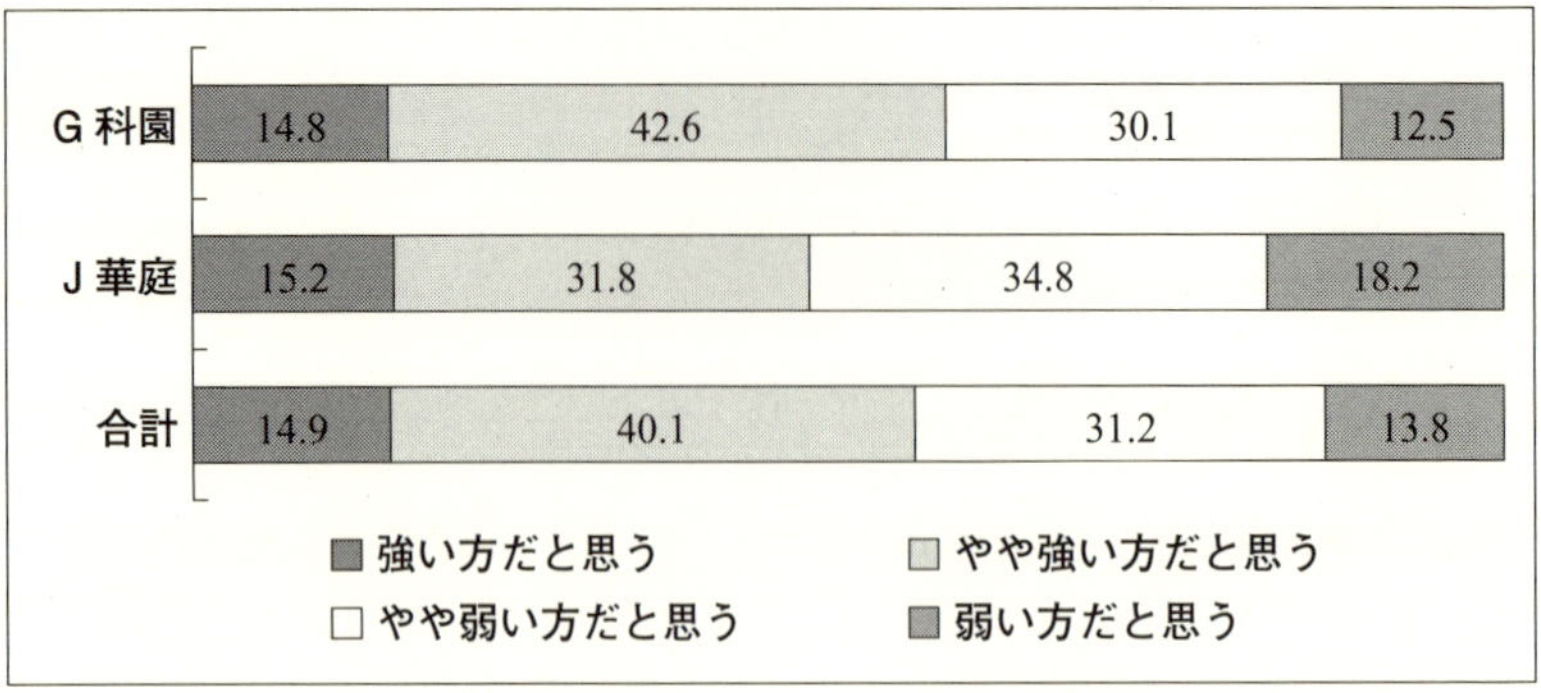

まず、地域の統合についての評価である。「この地域の人たちはお互いに協力する気持ちが強い方だと思いますか」と尋ね、四点法で回答してもらった。結果を図30に示す。

この図からわかるとおり、地域統合についての評価はG科園の方がやや高い。J華庭は「ゲイティッド・コミュニティ」であり、また、住民の閉鎖志向（私生活主義）もやや高かった。より個人主義的な住民の比率が高いことが示唆される。地域での問題等も、協働・共同で解決する動きは弱いのではないか。

②愛着——ずっとこの社区に住みたいと思うか

次に、「事情が許せば、ずっとこの社区に住みたいと思いますか」と尋ねた結果を図31に示す。「ぜひいつまでも住みたい」という人の比率は両地域で変わらないものの「なるべく住んでいたい」の比率はJ華庭では相対的に少ない。逆に、J華庭では「できれば移りたい」という人の比率が高いのである。先に地域の生活環境評価を見たが、G科園にくらべてJ華庭で地域環境への評価は概して低く、とりわけ「買い物」と「教育」とではその低さは顕著であった。J華庭では、階層の高さを背景とした期待水準の高さと移動可能性が、永住意志を弱めているのではないか。コミュニティ・ノルムでは（タテマエ的な？）平準、開放、主体性の高さを示してはいたものの、J華庭

図31　ずっとこの社区に住みたいと思うか

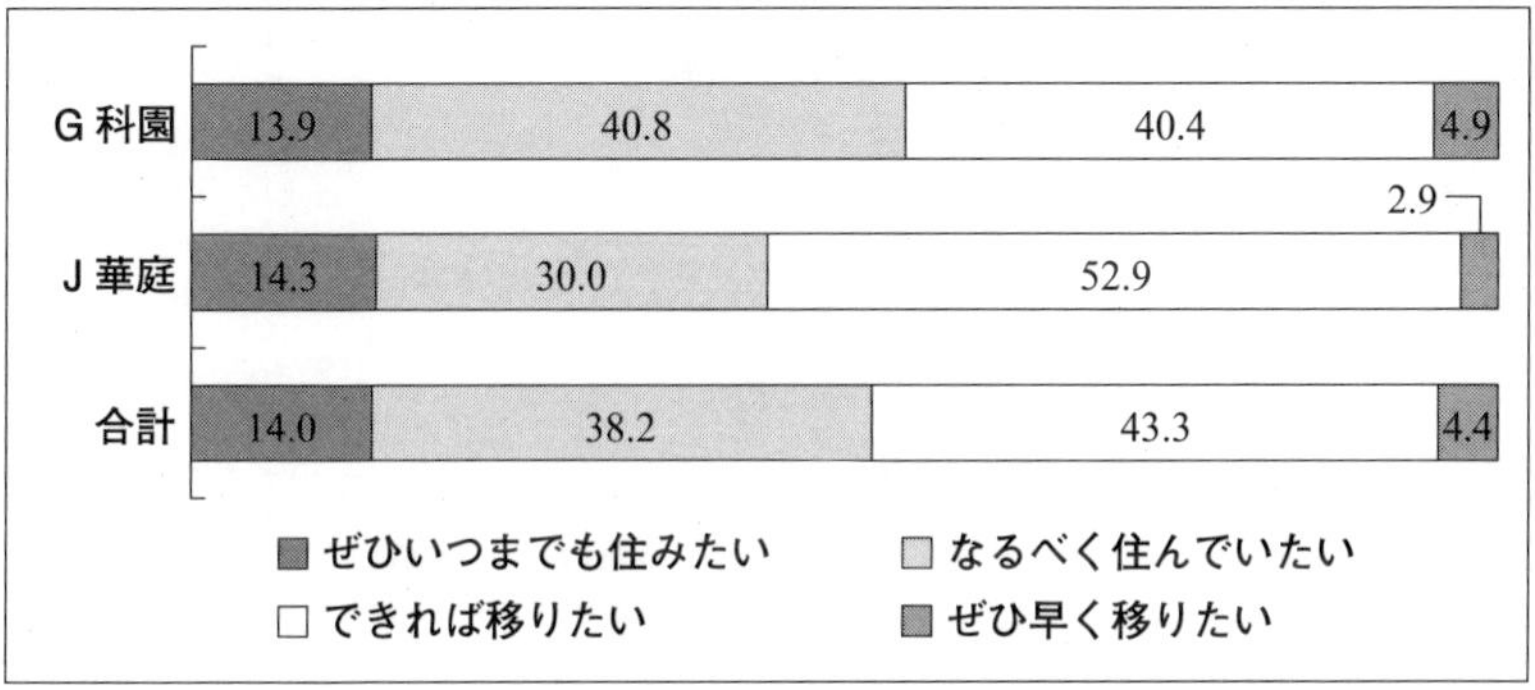

図32　この社区のためになることをして何か役に立ちたいと思うか

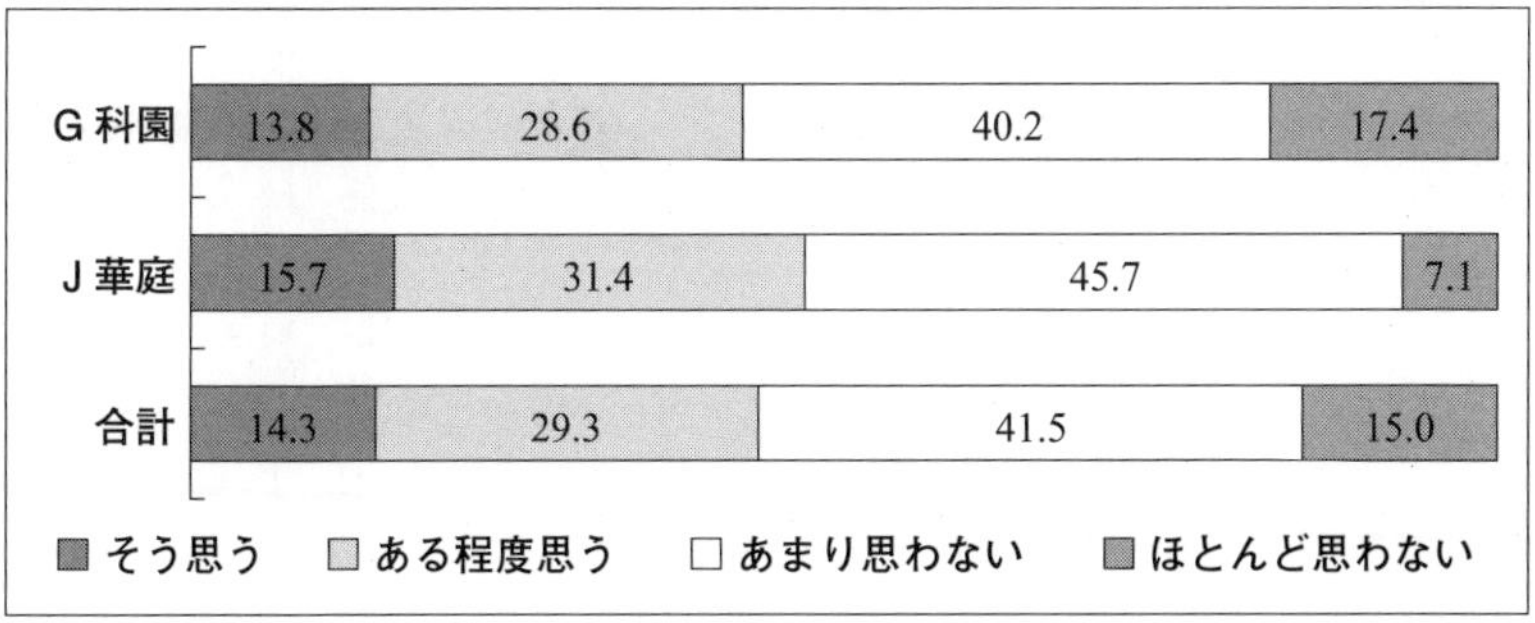

では何か問題が地域で生じた場合、地域を協働・共同でよくしていこうという動きが相対的に弱いように思われる。

③意欲――この社区のためになることをして、何か役に立ちたいと思うか

　では、地域に対する意欲についてはどうだろうか。「この社区のためになることをして、何か役に立ちたいと思いますか」と尋ねた結果を図32に示す。

　この問いでは両者にあまり差は見られず、むしろJ華庭のほうが「そう思う」「ある程度そう思う」という比率がやや高くなっている。「できれば移りたい」と考えている人が相対的に多い地域の方が地域への貢献意欲が高いことは、通常、考えられない。コミュ

ニティ・ノルムのところで述べたのと同様、調査に対する「タテマエ」的な回答なのか、それとも、なんらかのロジックでそうした意欲が生じているのか、今後、検討が必要であろう。

これまで行ってきた地域コミュニティ意識の比較は、G科園とJ華庭といった隣接する二つの小区についてのものであった。今後、生活構造に関わる所属性との関係の分析や日本の地域との比較分析も行っていきたいと考えている。

参考文献

倉沢進 2007「中国の社区建設と居民委員会」、『ヘスティアとクリオ』No.6、コミュニティ・自治・歴史研究会（www.sal.tohoku.ac.jp/~n-yoshi/hestia/archives/no6/kurasawa.pdf）
佐々木衞 2010「現代中国の地域社会をどの様に捉えるか」、『現代社会の構想と分析』、現代社会構想・分析研究所
鈴木広編 1978『コミュニティ・モラールと社会移動の研究』アカデミア出版会

終章

一、本書の構成と初出論文

本著を構成する各章の初出の論文は以下の通りである。

第一章

「現代中国社会のダイナミズムに関する試論的枠組み」『社会学雑誌』第十八号、二〇〇一年、一―一五頁

第二章

「近現代中国の農村調査」『歴史と地理』六三六号、二〇一〇年八月、三九―四三頁

第三章

「現代中国社会における農村―都市関連構造の展開」北原淳・竹内隆夫・佐々木衞・高田洋子編著『地域研究の課題と方法　アジア・アフリカ社会研究入門』文化書房博文社、二〇〇六年、八五―一〇二頁

「現代中国村落の構造的特質とモダニゼーション―河北省X村の事例から―」北原淳編『東アジアの家族・地域・エスニシティ：基層と動態』東信堂、二〇〇五年　一九九―二一三頁

第四章

「中国の現代家族の構造と変容――分家と養老からみた現代中国家族」北原淳編『東アジア近現代史6　変動の東アジア社会』青木書店、二〇〇二年、一六一―一九〇頁

第五章

初筆

第六章

「中国における土地開発ただ中のコミュニティ―青島嶗山（Laoshan）区、S村―」『社会学雑誌』二四号、二〇〇七年、三四―四六頁

第七章

「現代中国の地域社会をどの様に捉えるか―所謂〈コミュニティ〉はどこにあるのか―」『現代社会の構想と分析』第八号、二〇一〇年、四四―六二頁

第八章

「都市移住者の社会ネットワーク――青島市中国朝鮮族の事例から」佐々木衞編著『越境する移動とコミュニティの再構築』東方書店、二〇〇七年、三一―一八頁

補論

「華都社区（高科園一小区・世紀華庭）住民の生活について――「二〇〇九青島 建立乐居共生家园的调査表」をもとに」稲月正（北九州市立大学基盤教育センター教授）

『科学研究費補助金2010年度研究報告書　グローバル化における東アジア地域社会の構造転換』（研究代表者佐々木衛、課題番号19401008）二〇一一年三月、一八六―二一二頁

本書の出版に当たり、すべての章において大幅に書き直した。

二、パースペクティブの時代限定性と今後の課題

本書で検証した事項は、一九九〇年代の村落と家族の構造、二〇〇〇年代における地域社会の構造変容であった。この時代は人民公社と単位にもとづく社会体制を改革し、市場というアリーナでの競争を原理として、それぞれが生きる道を自らが開拓する社会への転換に向けて大胆に踏み出した時代であった。計画経済のたがをはずし「社会主義的市場原理」を導入することで、経済的な豊かさの実現に邁進して来た。この大転換の中にあって、本論はこの中に生きる人々のエネルギーと社会を構成する論理を理解しようとした。このテーマを検討する視点として「基層構造パラダイム」を提示した。歴史的に蓄積された社会的経験が育んできた人と人との関係構造、集団の構造、社会を構成する論理から、現代社会の変動を説明するパースペクティブである。

二十年間の社会構造の変容を振り返ってみると、一連の歴史的過程として連続している事実も新たに発見することが出来るであろう。即ち、中国社会の急激な変容も、集団の構成原理としての「持ち寄り関係」、および「本村人間の均分主義、よそ者に対する格差」という構造的特徴から読み解くと、社会変動の形態と論理の輪郭が浮き出てくるのではないかという仮説である。青島での地域研究は、まさに、この仮説の検証のために進めたものであった。開発ただ中のS村の開発事例を見ると、人民公社の生産大隊の構成論理を引継ぎ、元村民の分限を明確にすることで、住宅、教育、生活環境を保障した「小康社会」を構築する様子がよくうかがえた。こうした事例はただS

村に特殊なのではなく、富裕層が住宅を購入した「小区」にも同じ構造を見ることができ、格差的発展は現代中国の社会発展の一つの構造を構成しているのではないかと考えることができる。そしてこの事実は、中国共産党第十七期五中全会において表明された、都市・農村・地域間の発展の不調和、就業構造の矛盾、社会の矛盾という現代中国社会の格差構造への注視と重なっている。

二〇一一年三月に策定した「中華人民共和国国民経済・社会発展第十二次五ケ年計画要綱」では（田中修 2011）、格差是正のためのきわめて切迫した態度が明確に表現されている。即ち、十二次五ケ年計画では、民生の保障・改善を根本的な出発点としており、雇用関係の安定化、公平な所得配分、年金保険・医療保険などの各種社会保障制度の確立、そして税制改革を特に強調している。特に、農業人口の着実な都市部住民化をも記しており、都市・農村の戸籍管理による閉鎖性、「持つものの間の均分主義」と「よそ者に対する格差」による権利格差の壁が打ち破られ、国民として等しく受け入れられ、経費の負担を等しく分担する国民国家の実現を目指しているとも言えるであろう。

では、「差序」構造を基層論理とした社会から、格差を是正した中国的国民社会に転換した場合、「持ち寄り関係」としての「持つものの間の均分主義」と「よそ者に対する格差」という仮説的概念は価値を失うのであろうか。これまでの開発では村人が共有した土地が資産としての価値を持ち、経済外的な利益を生んだ。また、個体経営や私営企業は創業利益を家族によって独占することができ、世界を驚かすような富裕層が出現した。また、都市住民はかつての単位によって配分された住宅を初期資本として持つことができた。開発期のこうした優待的な利益は、成員の分限を明確にすることによって排他的に独占することができた。こうした時期の社会発展を説明する概念として、「持つものの間の均分主義」「よそ者に対する格差」はきわめて有効であったと言える。しかし、十二次五ケ年計画による中国的国民社会の実現によって閉鎖的・排他的な構造が変容すれば、「持ち寄り関係」の構造的特徴は乗り越えられることになり、新たな枠組みと概念が必要となるであろう。この意味では、ここに提示した研究枠組みは、まさに現在進行している社会変動を理解するためのタームとしての時代性をまとっていることになる。

しかし、他方では、「中国的」国民社会の特徴を規定する構造として継承されることを仮定することも出来る。青島市のコミュニティ意識調査の結果からすると、日本の地域コミュニティ意識の傾向として顕著に見られる特徴、即ち、地域への愛着、関与、統合の相互有機的な関連は、青島の調査地域ではその傾向をはっきり示さなかった。また、平準と格差、主体と客体の認識は、意見が分かれ、明確な傾向をたどることが難しかった。日本の地域社会を構成する論理と質が異なるものがあるのではないかと予測するところである。

日本の地域研究の出発点となったマッキーヴァーのコミュニティ論では、国民としての「共同の意思」(will)を育む基礎集団(community)は、村、都市、国という階梯的重層性をもつことを前提にしている(MacIver, 1917)。日本のコミュニティ研究では基層集団を「自然村」(鈴木栄太郎 1940)などの地域社会と読み替えて、コミュニティの規範的構造を検証した。この故、地域への愛着、関与、統合の相互有機的な関連の発見は重要な意味を持ったのである。しかし、中国における我々の調査では、この関連は曖昧であり、また、地域との関係よりもむしろ学歴と相関していた。中国における国民としての「共同の意思」は、基礎集団の重層性という枠組みを越えて、普遍的な理念や価値のなかに育まれるのではないかと予測する根拠がここにある。

中国的な国民社会の特有の構造があるとすれば、その特徴はいかなるものか、どの様な概念によって理解することができるのか、という問題が問われる。ここで改めて、中国の社会集団の構造的特徴として説明されてきた「持ち寄り関係」、「持つものの間の均分主義」「よそ者に対する格差」の論理は、どの様に継承されて中国的国民社会の構造を支えるのかという問題の検証が必要になって来るであろう。

参考文献

MacIver, Robert M., 1917, *Community: a sociological study: being an attempt to set out the nature and fundamental laws of social life*, Macmillan.（中久郎・松本通晴監訳『コミュニティ』ミネルヴァ書房、一九七五年）

鈴木栄太郎 1940『日本農村社会学原理』時潮社（『鈴木榮太郎著作集』一、二巻　未来社、一九六八年）

田中修 2011『二〇一一～二〇一五年の中国経済［第十二次五ヵ年計画を読む］』蒼蒼社

著者略歴

佐々木　衛（ささきまもる）

1948年生まれ。神戸大学大学院人文学研究科教授。

主な著書:『近代中国の社会と民衆文化』（共編、東方書店、1992年）、『中国朝鮮族の移住・家族・エスニシティ』（共著、東方書店、2001年）、『中国村落社会の構造とダイナミズム』（共著、東方書店、2003年）、『越境する移動とコミュニティの再構築』（編著、東方書店、2007年）など。

稲月　正（いなづきただし）

1961年生まれ。北九州市立大学基盤教育センター教授。

主な論文:「在日韓国・朝鮮人の社会移動——移動パターンの析出と解釈」（谷富夫編『民族関係における結合と分離』ミネルヴァ書房、2002年）など。

現代《げんだい》中国《ちゅうごく》社会《しゃかい》の基層構造《きそうこうぞう》

二〇一二年三月三〇日　初版第一刷発行

著　者●佐々木衛
発行者●山田真史
発行所●株式会社東方書店
東京都千代田区神田神保町一―三　〒一〇一―〇〇五一
電話〇三―三二九四―一〇〇一
営業電話〇三―三九三七―〇三〇〇
装　幀●加藤浩志（木曜舎）
印刷・製本●（株）シナノパブリッシングプレス

定価はカバーに表示してあります

ISBN978-4-497-21201-6　C3036
乱丁・落丁本はお取り替えいたします。
恐れ入りますが直接小社までお送りください。